La réinitialisation de l'état d'esprit de la richesse

La réinitialisation de l'état d'esprit de la richesse

Reprogrammez vos croyances pour réussir financièrement

Rami de Vries

Mindful Pages

Publié en 2025

ISBN: 9789371345798 (PB)
ISBN: 9789371342421 (**eBook**)

Publié par

Mindful Pages
Mentions légales d'Alpha Editions LLC
312 W. 2nd St #1834
Casper, WY 82601, États-Unis

Contenu

Introduction
Le portefeuille invisible

Nous ne nous contentons pas de dépenser de l'argent: nous mettons en pratique des systèmes de croyances. Chaque acte financier, qu'il s'agisse de passer une carte à la caisse, de choisir une profession, de négocier un salaire ou de renoncer à des vacances dont on rêve depuis longtemps, repose sur un tissu de convictions profondes. Ces convictions, souvent cachées, reflètent des récits profonds sur la valeur, la sécurité, la réussite et les possibilités. Elles ne naissent pas du hasard. Elles sont plutôt transmises, absorbées par la culture, gravées dans la mémoire émotionnelle et discrètement renforcées chaque fois que nous consultons un ticket de caisse ou cliquons sur « acheter maintenant ». Alors que les discussions courantes sur les difficultés financières ont tendance à se focaliser sur des indicateurs superficiels – revenus insuffisants, dépenses excessives, épargne insuffisante –, la vérité opère à un niveau plus subtil, plus psychologique. Derrière chaque budget se cache une biographie. Et dans chaque biographie, un système de croyances à l'œuvre.

Le discours financier dominant est tourné vers l'extérieur: gagner plus, dépenser moins, investir judicieusement, acheter un bien immobilier, et ainsi de suite. Ces aspects pratiques ont certes leur place. Mais ce n'est pas là que commence le véritable changement. Nombreux sont ceux qui, avec les meilleures intentions du monde, suivent des conseils, s'inscrivent à des ateliers ou testent le dernier logiciel de gestion budgétaire, pour finalement en revenir au même point: découragés, bloqués ou étrangement contre-productifs. Pourquoi? Parce qu'ils s'attaquent aux symptômes, et non aux causes. Le véritable terrain de la transformation est intérieur. Tant que nous n'aurons pas pris conscience de notre conditionnement financier – ce que ce livre appelle notre *économie intérieure* –, tout progrès est précaire, vulnérable au prochain facteur de stress ou à la prochaine poussée émotionnelle.

C'est ici que le voyage commence, avec un principe quelque peu atypique, mais essentiel: vos résultats financiers ne dépendent pas seulement de vos actions, mais aussi de vos convictions. Imaginez que vous portez un « portefeuille invisible ». Non pas fait de cuir ou de pixels, mais de convictions. Il vous accompagne en permanence. Il détermine non seulement vos dépenses, mais aussi ce à quoi vous vous sentez en droit, ce que vous désirez avec culpabilité, et même ce que vous repoussez inconsciemment. Contrairement à votre application bancaire, ce portefeuille ne vous envoie pas d'alertes et ne se réconcilie pas parfaitement. Il fonctionne en arrière-plan, scénarisant votre vie financière. Il ne s'agit pas de blâmer qui que ce soit, mais de mettre en lumière ce qui est inconscient. On ne peut pas modifier ce qui reste caché. Mais une fois mis en lumière, les schémas de croyances peuvent être réécrits.

Commençons donc par l'économie interne – ce monde nuancé et souvent négligé d'émotions, de souvenirs, d'idées et d'hypothèses qui influencent chaque décision financière. Tout comme les pays fonctionnent avec des politiques économiques complexes et des dettes héritées, les individus le font aussi. Les premiers chapitres vous inviteront à explorer votre environnement financier précoce: les mots prononcés sur l'argent, les tensions que vous avez absorbées, les permissions ou les interdictions que vous avez rencontrées, le sentiment de rareté ou d'abondance qui vous entourait. Ce ne sont pas des moments anodins. Ils sont structurels. De là naissent vos « scripts » subconscients – souvent ancrés dans la peur, la culpabilité, le manque ou le fardeau – qui façonnent votre rapport à l'argent à l'âge adulte.

Mais l'enfance n'est qu'une facette de la vie. Ce livre s'intéresse également aux influences culturelles et sociétales qui conditionnent notre rapport à l'argent. Publicités, influenceurs Instagram, contes de fées, discours politiques: tous véhiculent des messages implicites sur la richesse: qui la mérite, comment elle est acquise, ce qu'elle symbolise. Ces mythes sont rarement remis en question directement, et pourtant ils imprègnent notre psyché. Ils peuvent semer le doute, éroder notre capacité d'agir et renforcer des rôles que nous n'avons jamais consciemment choisis. Si vous avez déjà ressenti un malaise à vouloir plus, une honte de gagner trop peu ou un ressentiment vis-à-vis de vos finances, sachez que ces sentiments ne sont pas purement personnels. Ils trouvent souvent leur origine dans des histoires que nous avons assimilées plutôt que dans des réalités que nous avons créées.

C'est pourquoi ce livre ne prétend pas être un manuel étape par étape sur la gestion financière. Il vous invite plutôt à entreprendre quelque chose de bien plus radical: reprogrammer le système qui régit votre relation à l'argent. Avant d'aborder des pratiques comme la budgétisation ou l'investissement, nous poserons de nouvelles bases psychologiques. Une base fondée non pas sur la peur ou la pénurie, mais sur la perspicacité, la confiance en soi et la souveraineté.

Les chapitres sont délibérément structurés pour refléter cette évolution. Le premier chapitre vous guide dans la cartographie de votre paysage financier intérieur. Vous revisiterez vos premières expériences, décoderez vos croyances héritées et commencerez à retracer comment ces moments ont façonné vos schémas. C'est une sorte de fouille archéologique: vous découvrirez les racines émotionnelles et symboliques de votre identité financière.

Le chapitre deux met l'accent sur cette identité. Comment vous présentez-vous face à l'argent? Êtes-vous l'épargnant compulsif, le gagnant réticent, le donneur rongé par la culpabilité, l'accumulateur, le minimaliste? Ces archétypes ne sont pas des excentricités. Ils expriment des thèmes émotionnels plus profonds: le mérite, le contrôle, l'appartenance, la sécurité. Ici, vous commencerez à remodeler consciemment cette identité, en vous enracinant dans ce que vous devenez, et non dans ce que vous avez été conditionné à être.

Le chapitre trois s'intéresse aux croyances elles-mêmes. Comment se forment-elles? Comment se dissimulent-elles? Et comment les démanteler et les reconstruire? S'appuyant sur la psychologie et les neurosciences, ce chapitre vous apprend à repérer les croyances limitantes – ces scénarios silencieux qui disent: « Je n'arriverai jamais à m'en sortir » ou « L'argent corrompt » – et à les remplacer non pas par une positivité naïve, mais par des alternatives fondées sur la vérité. Il s'agit de créer un écosystème de croyances qui accompagne l'évolution de votre réalité financière.

Nous nous pencherons ensuite sur l'émotion, souvent la main invisible derrière nos décisions financières. Le chapitre quatre explore les circuits émotionnels de l'argent: dépenses compulsives, épargne culpabilisée, anxiété financière. Il ne s'agit pas de défauts moraux, mais de réactions du système nerveux. Vous apprendrez à repérer vos comportements liés aux « traumatismes financiers », qu'il s'agisse de dépenses excessives sous l'effet du stress, de blocage face à l'indécision ou de compromissions financières pour éviter les conflits. Des techniques issues de la psychologie somatique et de l'intelligence émotionnelle vous aideront à passer de la réactivité à l'intentionnalité.

Dans le chapitre cinq, le langage devient notre objectif. Les expressions que nous utilisons – « Je ne peux pas me le permettre », « Je suis nul avec l'argent » – ne sont pas de simples affirmations. Ce sont des affirmations, réaffirmant constamment notre position financière. Ce chapitre vous aide à modifier votre vocabulaire financier – sans verser dans le déni ou l'optimisme toxique – afin qu'il reflète les possibilités, la responsabilité et le choix. Vous élaborerez même vos propres « scénarios de richesse », des récits sur mesure qui articulent votre histoire en évolution avec clarté et maîtrise.

Ensuite, au chapitre six, nous commençons à traduire le travail intérieur en habitudes concrètes. L'objectif est la durabilité, et non l'autodiscipline par la culpabilité. Pensez à des systèmes pratiques: épargne automatisée, déclencheurs comportementaux, rituels qui renforcent vos valeurs. L'idée n'est pas de construire un système parfait, mais un système qui ancre doucement votre nouvel état d'esprit. Le changement est plus durable lorsqu'il est en phase avec votre identité, et non imposé par la pression.

Le chapitre sept ouvre ensuite une question plus vaste: que signifie la richesse pour vous? Non pas de manière abstraite, mais comme une vision vécue. Oubliez la culture du travail acharné. Oubliez la richesse performative. Ce chapitre vous aide à façonner une définition de la prospérité qui correspond à vos valeurs et inclut la joie, le repos, la contribution et la beauté. C'est particulièrement crucial pour ceux dont les dons – qu'il s'agisse de guérison, d'enseignement, d'art ou de soins – ont été sous-estimés dans le discours économique. Vous méritez de prospérer, pas seulement de survivre.

Enfin, le chapitre huit prend du recul. Nous passons de la stabilisation de vos finances à la vision de l'avenir. Vous serez encouragé à voir plus grand, à dépasser la logique de survie et à privilégier la croissance. Ce chapitre offre des conseils pour gérer les risques, cultiver des environnements favorables et croire au caractère cyclique de la création de richesse. Plus important encore, vous comprendrez comment l'état d'esprit et les revenus fonctionnent en boucle de rétroaction: changer l'un modifie inévitablement l'autre.

Malgré tout, le message principal demeure: vous n'êtes pas brisé. Vos difficultés financières ne sont pas des défauts de caractère. Vous avez suivi un programme, largement invisible, souvent hérité. Mais la programmation peut être modifiée. Les habitudes peuvent être réécrites. Il ne s'agit pas seulement de mettre de l'ordre dans votre argent. Il s'agit de transformer votre rapport à lui, de l'intérieur.

Le livre « Walked Mindset Reset » n'est pas destiné à être survolé ou conquis. C'est un compagnon, un guide vers lequel se tourner, sur lequel se reposer. Chaque chapitre offre à la fois réflexion et pratique. Car l'argent, qu'on le veuille ou non, est l'une de nos relations les plus durables. Il mérite attention, réflexion et courage.

À la fin, vous n'en saurez pas simplement plus sur l'argent. Vous aurez commencé à l'appréhender différemment , ancrée dans la clarté, la souveraineté et un sentiment de suffisance. Et à partir de ce fondement, la véritable richesse – non seulement monétaire, mais aussi porteuse de sens – pourra commencer à croître.

Chapitre 1
L'argent que vous ne pouvez pas voir

Lorsque nous imaginons l'argent, nous avons tendance à voir les éléments mesurables: les chiffres sur un écran, la fiche de paie mensuelle, la pile de lettres bancaires non ouvertes, peut-être les fluctuations d'un compte d'investissement. Ce sont les chiffres que nous comptabilisons, les indicateurs que l'on nous apprend à surveiller. Pourtant, ils ne représentent que la moitié de l'histoire. Sous la surface se cache une force plus subtile et plus influente: notre économie interne. Celle-ci ne peut être cartographiée sur un tableur. Elle ne fonctionne pas avec des livres et des sous, mais avec des convictions, des émotions et des schémas hérités. Et ne vous y trompez pas: c'est cette architecture silencieuse qui régit véritablement notre vie financière.

À l'instar d'un pays doté de sa propre politique économique, de son histoire et de ses règles tacites, chaque individu possède son économie personnelle. Si l'on pouvait dire, on pourrait l'appeler son PIB psychologique: « Programmation par défaut générée ». C'est le moteur subconscient qui décide si vous sous-estimez votre valeur, si vous accumulez compulsivement de l'argent, si vous redoutez d'investir ou si vous craignez de facturer votre valeur réelle. Ces tendances découlent rarement de la logique. Elles sont plutôt motivées par l'émotion, l'expérience passée et des récits profondément ancrés. Ainsi, pour parler d'argent de manière pertinente – au-delà des tactiques et des tendances –, nous devons commencer par là.

Une grande partie de ce schéma intérieur est établi très tôt. Après tout, l'enfance n'est pas seulement le lieu où l'on apprend une langue ou où l'on fait du vélo: c'est aussi celui où l'on absorbe pour la première fois la fréquence émotionnelle de l'argent. En parlait-on librement ou avec tension? Était-ce lié à la sécurité ou au contrôle? À la générosité ou à la culpabilité? Un enfant qui ressent une terreur sourde chaque fois qu'un billet atterrit sur le paillasson peut grandir en associant l'argent au danger. Un autre, entendant sans cesse « on ne peut pas se le permettre » sans contexte, peut intérioriser le message que le désir lui-même est en quelque sorte honteux. Ces messages, même exprimés subtilement, s'ancrent avec une persistance surprenante.

Prenons l'exemple de Tara, une entrepreneuse prospère, confiante et prospère en apparence. Pourtant, elle sous-facturait régulièrement ses clients et livrait trop, jusqu'au burn-out. Un comportement financièrement insensé. À la réflexion, elle y retrouva des échos de son éducation: des parents bienveillants et travailleurs, mais attachés au sacrifice. Pour eux, le confort confinait à la complaisance ; l'argent, bien que nécessaire, n'était jamais digne de confiance. Tara, malgré ses réussites, avait hérité, sans le savoir, d'un malaise moral face à l'aisance financière. Ses décisions d'adulte étaient guidées par l'héritage émotionnel d'un enfant.

Et c'est là le cœur du problème: on ne peut pas surpasser ses convictions. Pas durablement. C'est pourquoi la première étape vers une transformation financière ne consiste pas à budgétiser ou à investir, mais à les exhumer. Commencez par cartographier vos souvenirs financiers clés. Non seulement ce qui s'est passé, mais aussi ce qui a été ressenti. Recevoir un cadeau était-il source de culpabilité? L'épargne vous a-t-elle valu des éloges? Parlait-on de dette avec appréhension, ou pas du tout? Il ne s'agit pas d'un audit judiciaire. C'est un examen de conscience en douceur. Vous ne cherchez pas de coupables, vous en remontez les origines.

La notion de traumatisme financier est étroitement liée aux premières impressions. Si elle peut paraître dramatique à première vue, son fondement psychologique est solide. Le traumatisme, par essence, survient lorsqu'une expérience dépasse notre capacité de traitement. Et l'argent, surtout lorsqu'il est lié à la survie, peut avoir exactement ce genre de conséquences. Pensez à une perte d'emploi soudaine, une expulsion, une instabilité financière persistante ou le poids écrasant d'une pauvreté héritée. Ces moments ne sont pas seulement difficiles. Ils laissent des traces – neurologiques, émotionnelles et comportementales.

Prenons l'exemple de James. Élevé dans un foyer où l'expulsion était imminente, il gagne désormais largement assez. Et pourtant, il consulte son compte en banque de manière obsessionnelle, parfois une douzaine de fois par jour. Rationnellement, il sait qu'il est en sécurité. Mais son corps, lui, ne le sait pas. Son système nerveux est toujours prêt à s'effondrer. La planification financière seule ne suffira pas à apaiser cette inquiétude. Ce dont il a besoin, ce n'est pas seulement d'une stratégie, c'est d'une réparation. D'un ancrage somatique. D'une intégration émotionnelle. D'une réécriture de la croyance selon laquelle l'argent est synonyme d'instabilité.

C'est une dimension souvent négligée dans l'enseignement financier traditionnel. Elle suppose un acteur rationnel. Or, sous pression, les humains sont tout sauf rationnels. Nous accumulons, nous nous gavons, nous nions, nous remettons à plus tard. La guérison n'est donc pas sentimentale, elle est structurelle. Tant que nous n'aurons pas fait preuve de bienveillance envers les parties de nous-mêmes qui réagissent sous le stress financier, nous ne ferons que gérer les symptômes, et non les causes profondes.

Et ce n'est pas seulement notre éducation qui façonne ces schémas. Nous vivons dans un monde saturé d'histoires d'argent, diffusées par le cinéma, la publicité, les mythes de la cour d'école et le brouillard scintillant d'Instagram. « L'argent, c'est le pouvoir », nous dit-on, ce qui paraît audacieux jusqu'à ce qu'il se transforme en la croyance selon laquelle la recherche de la richesse rend dominateur. Ou encore le vieux dicton: « Les riches sont cupides. » Un récit réconfortant, peut-être, si vous n'avez jamais été à l'aise avec l'abondance. Ces croyances, souvent tacites, forment le brouillard culturel dans lequel nous évoluons tous.

Les médias n'arrangent rien. Les personnages riches sont présentés comme émotionnellement dénués ou moralement compromis. La pauvreté, quant à elle, est idéalisée, associée à la pureté, à la lutte ou à l'authenticité artistique. Les réseaux sociaux, quant à eux, offrent un flux continu de modes de vie soigneusement sélectionnés, révélant rarement ce qui se cache derrière: l'endettement, l'épuisement professionnel, le désespoir silencieux de l'abondance performative. Nous commençons à nous évaluer non pas à l'aune de nos valeurs, mais à l'aune de ce que nous percevons chez les autres.

L'antidote? L'édition consciente. Demandez-vous: quels discours financiers suis-je en train d'absorber? À qui ai-je emprunté la définition du succès sans la considérer? Et plus précisément: ces idées me sont-elles utiles? Il ne s'agit pas simplement de devenir un expert des médias. Il s'agit de se réapproprier le prisme à travers lequel nous percevons la valeur, la richesse et l'estime de soi.

Pour ancrer ce travail, imaginez votre vie financière comme une histoire. Quel est son titre? De quel genre s'agit-il? Drame, farce, quête épique? Qui sont ses personnages principaux? Quels tournants ont façonné l'intrigue? Premier emploi, première dette, une aubaine ou une trahison? Cet exercice peut paraître abstrait, voire complaisant. Mais il ne l'est pas. C'est l'un des moyens les plus efficaces de transformer l'argent, source d'anxiété, en source de cohérence narrative. Car une fois que vous avez vu l'histoire, vous ne la vivez plus seulement: vous pouvez commencer à la modifier.

En fin de compte, ce que cette exploration révèle douloureusement et magnifiquement, c'est que l'argent n'a jamais été qu'une question de transactions. Il est question de sécurité. D'identité. De mémoire, d'appartenance, de risque et de récompense. Il est question des innombrables petits choix, souvent tacites, que nous faisons – non pas à partir de feuilles de calcul, mais de nos convictions sur qui nous sommes et ce que nous méritons.

Ce chapitre n'offre donc pas de réponses toutes faites ni de mesures normatives. Il pose une question plus profonde: êtes-vous prêt à voir? À réellement percevoir les forces qui façonnent vos choix financiers, bien avant de vous asseoir avec une calculatrice ou d'ouvrir un compte d'investissement? Si oui, ce qui suit peut être plus qu'instructif. Il peut être transformateur.

Après tout, la conscience n'est pas passive. Elle est catalytique. Et lorsque vous commencez à observer l' économie invisible dans laquelle vous évoluez – consciemment ou non – vous gagnez quelque chose de plus précieux que n'importe quelle manne financière. Vous acquérez la capacité de choisir. De réécrire. De recommencer. Et c'est cela, au sens propre du terme, la richesse.

L'économie interne

Chaque nation possède une économie: un système d'échange, un flux de ressources, un cadre d'incitations et de dissuasion qui détermine la prospérité ou les difficultés. Les économistes mesurent ces systèmes à l'aune du produit intérieur brut (PIB), des taux d'inflation, des chiffres de l'emploi et de la confiance des consommateurs. Pourtant, ce que l'on reconnaît beaucoup moins, c'est que les individus, eux aussi, évoluent au sein de leurs propres systèmes économiques. Chacun de nous possède une économie interne – un cadre psychologique complexe composé de croyances, d'émotions, de souvenirs et de récits – qui gouverne silencieusement nos décisions financières. Elle n'émet pas de monnaie et n'apparaît pas sur les déclarations d'impôts, mais son influence est sans doute plus puissante que n'importe quelle fluctuation du marché ou politique budgétaire. C'est, littéralement, votre PIB personnel: *Programmation par défaut générée* .

Cette économie interne est rarement étudiée, et pourtant elle est constamment active. Elle façonne votre ressenti lorsque vous consultez votre compte bancaire. Elle influence votre réaction face à une manne financière ou à une dépense imprévue. Elle murmure dans les moments d'ambition et crie lors des moments de doute. Malgré sa subtilité, elle constitue le fondement de votre vie financière. La comprendre, ce n'est pas seulement acquérir une meilleure compréhension, c'est reprendre le contrôle.

Fondamentalement, l'économie interne repose sur des systèmes de croyances. Ces croyances, souvent héritées plutôt que choisies consciemment, agissent comme des filtres à travers lesquels nous interprétons nos expériences financières. Certaines sont manifestes, comme « l'argent ne pousse pas sur les arbres », tandis que d'autres opèrent de manière plus subtile: une gêne à demander une augmentation, une sous-estimation habituelle de ses services ou un sentiment persistant de culpabilité face aux dépenses personnelles. Ces schémas n'apparaissent pas au hasard ; ils sont le reflet de scénarios internes développés au fil des années d'observation, d'émotion et de répétition.

Prenons le cas d'Ana, une graphiste talentueuse qui sous-estimait systématiquement ses prestations. Malgré les retours élogieux de ses clients et une demande croissante, elle hésitait à augmenter ses prix. Invitée à explorer ses croyances financières, Ana se souvenait d'une enfance où la modestie financière était valorisée. Ses parents, tous deux travailleurs sociaux, parlaient de richesse avec scepticisme et assimilaient subtilement ambition financière et cupidité. Sans jamais en avoir reçu l'instruction directe, Ana a intégré la conviction que désirer plus revenait à trahir ses valeurs. Ce récit intériorisé a limité ses revenus, non pas à cause des conditions du marché ou d'un manque de compétences, mais à cause d'une fidélité inconsciente aux valeurs familiales.

Nos émotions renforcent encore davantage ces systèmes de croyances. Les neurosciences ont montré que les décisions financières sont fortement influencées par le système limbique – le centre émotionnel du cerveau – plutôt que par le cortex préfrontal rationnel. Cela explique pourquoi les gens font souvent des choix financiers qui défient la logique: dépenser impulsivement sous l'effet de l'anxiété, éviter les factures par honte ou accumuler des économies par peur malgré des objectifs d'investissement à long terme. Les émotions agissent à la fois comme un carburant et une source de friction dans notre économie interne. Elles déterminent la vitesse et l'orientation de notre comportement financier, souvent sans en avoir conscience.

Prenons par exemple le concept d' *aversion aux pertes en finance comportementale* . Des études menées par Kahneman et Tversky ont révélé que la douleur psychologique liée à la perte d'argent est environ deux fois plus intense que le plaisir d'en gagner. Ce biais émotionnel conduit les individus à faire des choix conservateurs susceptibles de freiner la création de richesse à long terme, comme conserver des investissements sous-performants ou éviter les risques entrepreneuriaux. Il ne s'agit pas de simples erreurs stratégiques. Ce sont des réflexes émotionnels ancrés dans le système de fonctionnement de l'économie interne.

La structure narrative de l'esprit humain ajoute une couche supplémentaire à cette complexité. Nous ne nous contentons pas de nous souvenir de faits concernant notre passé financier ; nous construisons des histoires. Ces histoires nous aident à donner du sens à nos expériences, mais elles cimentent également notre identité. Une personne aux prises avec des dettes peut développer un récit de « mauvaise gestion de l'argent », et cette identité peut devenir auto-réalisatrice. Même lorsque les circonstances changent, le scénario interne demeure. Les tentatives d'amélioration financière peuvent alors paraître étrangères ou insoutenables, car elles entrent en conflit avec le récit établi.

Cette dynamique est illustrée par l'histoire de Marcus, qui, après des années de difficultés financières, a décroché un emploi bien rémunéré dans le secteur des technologies. Malgré l'augmentation de ses revenus, Marcus s'est retrouvé à vivre d'un salaire à l'autre. Il justifiait ses dépenses en disant qu'il « vivait enfin », mais sous-jacent se cachait un problème plus profond: son image de soi n'avait pas été adaptée à sa nouvelle réalité. Il se considérait toujours comme quelqu'un qui survivait à peine. Par conséquent, il a inconsciemment trouvé des moyens de recréer l'atmosphère émotionnelle de la pénurie: il dépensait excessivement, négligeait l'épargne et évitait toute planification à long terme. Son comportement n'était pas un manque de discipline, mais le symptôme d'une incohérence narrative.

Comprendre votre économie interne nécessite donc une approche multidimensionnelle, alliant introspection et analyse psychologique. Commencez par observer vos schémas financiers sans jugement. Quels comportements vous semblent automatiques? Quelles situations déclenchent anxiété, évitement ou surcompensation? Souvent, les données les plus révélatrices ne sont pas les états financiers, mais les données émotionnelles. En examinant vos décisions financières avec curiosité plutôt qu'avec critique, vous commencez à cartographier les contours de votre système économique interne.

À partir de là, la réflexion devient un puissant outil de diagnostic. Souvenez-vous de vos premiers contacts avec l'argent. Étaient-ils empreints de liberté ou de restriction, de stabilité ou de chaos? Vos aidants ont-ils été un modèle de confiance ou de peur financière? Comment la richesse était-elle abordée au sein de votre foyer: était-elle admirée, enviée, condamnée ou simplement ignorée? Ces premières empreintes constituent les fondements de votre économie interne. Elles deviennent le langage émotionnel qui vous permet d'appréhender le fait de gagner, de dépenser, d'épargner et de donner.

Il est également essentiel d'examiner les influences culturelles et sociétales sur votre économie personnelle. Nous sommes constamment immergés dans des messages idéologiques sur la signification de l'argent. De la publicité à la politique, des traditions religieuses à la dynamique du travail, nous absorbons d'innombrables récits: que la réussite est synonyme de revenu, que la richesse corrompt, que le travail acharné est moralement supérieur au revenu passif. Ces messages n'influencent pas seulement nos opinions ; ils façonnent nos seuils de ce qui nous semble normal, désirable ou atteignable. Si on ne les remet pas en question, ils se figent en plafonds inconscients.

Un exemple révélateur est le concept de « problème de limite supérieure », un terme inventé par la psychologue Gay Hendricks. Il désigne la tendance des individus à s'auto-saboter lorsque leur vie dépasse leur seuil intériorisé de réussite ou de bonheur. En termes financiers, cela peut se manifester par des dépenses soudaines et importantes après avoir reçu une prime, ou par une anxiété inexplicable après avoir atteint un objectif de revenu tant attendu. L'économie interne, ancrée dans des récits anciens, résiste au changement, même positif, s'il menace l'équilibre émotionnel que nous associons inconsciemment à la sécurité.

Heureusement, les économies internes, comme les économies nationales, ne sont pas figées. Elles peuvent être auditées, restructurées et renouvelées. Mais contrairement à un changement de carrière ou à l'ouverture d'un nouveau compte épargne, ce type de transformation commence au niveau cognitivo-émotionnel. Il s'agit d'identifier les croyances sous-jacentes qui motivent vos décisions, de remettre en question leur validité et de choisir consciemment des alternatives plus cohérentes. Les recherches sur la neuroplasticité ont démontré la remarquable capacité du cerveau à se reprogrammer par la répétition et la prégnance émotionnelle. Concrètement, cela signifie que la transformation financière est possible non seulement par la volonté, mais aussi par le développement délibéré de nouvelles croyances, renforcées par des actions significatives.

Par exemple, une personne qui pense « être nulle avec l'argent » pourrait commencer par observer la fréquence à laquelle elle répète cette phrase, intérieurement ou à voix haute. En la remplaçant par une affirmation plus douce et constructive, comme « j'apprends à comprendre mes finances », et en l'associant à des actions concrètes et génératrices de confiance, comme la vérification hebdomadaire de ses comptes, elle commence à modifier son identité financière intérieure. Au fil du temps, cela crée une nouvelle boucle de rétroaction: une action positive renforce une nouvelle conviction, qui à son tour inspire un comportement plus autonome.

Pourtant, ce travail n'est pas linéaire. Les économies internes sont influencées par les blessures passées, les pressions actuelles et les angoisses futures. Comme tout système complexe, elles nécessitent une attention et une adaptabilité constantes. Cependant, les bénéfices de cet audit interne sont considérables. En alignant vos schémas psychologiques sur vos objectifs financiers, vous réduisez les conflits internes, clarifiez vos prises de décision et ouvrez la voie à une prospérité durable, non seulement en termes de revenus, mais aussi dans votre relation à l'argent dans son ensemble.

Comprendre et remodeler son économie interne n'est pas seulement un préalable à la création de richesse. C'est son essence. La liberté financière ne se définit pas uniquement par des chiffres externes. Elle se définit par la cohérence interne, c'est-à-dire l'alignement de ce que vous croyez, ressentez et faites. Lorsque vos croyances soutiennent vos objectifs, lorsque vos émotions renforcent vos décisions et lorsque vos récits élargissent vos possibilités au lieu de les restreindre, vous commencez à fonctionner non pas par défaut, mais par conception.

Ce chapitre vous invite à devenir l'économiste en chef de votre vie. À analyser vos croyances, à réguler vos émotions et à réécrire les récits qui régissent votre monde financier. Les outils et stratégies présentés dans ce livre vous permettront de bâtir une richesse externe. Mais ils ne peuvent prendre racine que si votre économie interne est préparée. Lorsque votre monde intérieur soutient vos objectifs extérieurs, l'argent cesse d'être une source de confusion ou d'anxiété: il devient un instrument d'alignement, d'intention et d'abondance véritable.

Échos financiers de l'enfance

Bien avant de toucher notre premier salaire ou d'ouvrir un compte en banque, nous héritons d'une relation à l'argent. Celle-ci ne s'apprend pas dans un cours formel, ni n'est encadrée par des règles explicites. Elle s'imprègne – discrètement, émotionnellement et souvent inconsciemment – à travers les routines, les tensions, les silences et les valeurs, exprimées ou non, de notre enfance. Ces premières expériences financières fonctionnent comme un ADN émotionnel. Elles deviennent les modèles à travers lesquels nous interprétons, réagissons et, souvent inconsciemment, reproduisons nos comportements financiers à l'âge adulte. Ce qui peut apparaître comme un problème de budget ou un manque de contrôle des impulsions est souvent le résultat de réponses structurées forgées dès l'enfance.

L'enfance est une période de formation psychologique intense, et l'argent est l'un des sujets les plus chargés d'émotion que nous rencontrons, même s'il est rarement abordé directement. Les enfants sont extrêmement sensibles aux courants émotionnels qui entourent les conversations entre adultes. Une porte claquée après une conversation sur les factures, un regard inquiet lorsqu'on leur demande de l'argent de poche, ou une célébration d'une promotion: ces événements, même mineurs pris isolément, s'accumulent avec le temps pour former des impressions fortes. Que nous ayons grandi dans l'abondance, la pénurie, ou un mélange instable des deux, nous avons intériorisé des messages sur ce qu'est l'argent, ce qu'il signifie et comment il doit être traité.

L'une des dimensions les plus formatrices de la socialisation financière précoce réside dans la manière dont les règles financières étaient communiquées – ou non – au sein de la structure familiale. Prenons l'exemple simple de l'argent de poche. Certains enfants reçoivent une allocation hebdomadaire liée aux tâches ménagères, renforçant ainsi l'idée que l'argent se gagne. D'autres reçoivent de l'argent selon leurs besoins, parfois de manière irrégulière, ce qui peut entretenir un sentiment de droit acquis ou une confusion entre effort et récompense. D'autres encore ne reçoivent rien et apprennent à faire avec ou sans, codant des croyances d'inutilité ou d'invisibilité financière. Chacune de ces expériences nourrit des attentes et des associations qui perdurent souvent à l'âge adulte, dictant notre façon de travailler, de dépenser, d'épargner et notre rapport aux systèmes financiers.

Prenons l'exemple de Leila, une chef de projet accomplie à la fin de la trentaine, qui s'est mise à surveiller compulsivement chaque centime et à éviter les dépenses discrétionnaires, même lorsqu'elles étaient dans ses moyens. Grâce à une thérapie financière, elle a découvert qu'enfant, ses demandes de fournitures scolaires étaient souvent accueillies par des sermons stressants sur la gestion du budget et les sacrifices. Bien qu'on ne lui ait jamais ouvertement dit que ses besoins étaient excessifs, elle a assimilé le message selon lequel demander de l'argent créait des tensions et devait être évité. Adulte, sa frugalité n'était pas une question de discipline ; c'était un mécanisme de protection destiné à minimiser le risque émotionnel qu'elle associait aux demandes financières.

Tout aussi impactants sont les foyers où l'argent est source de conflits. Les disputes parentales concernant les dépenses, les dettes ou l'instabilité économique ne sont pas de simples épisodes passagers ; elles deviennent des scénarios chargés d'émotion. Les enfants dans de tels environnements peuvent en venir à associer l'argent au stress, à la culpabilité ou à la honte. Ces associations disparaissent rarement avec l'âge. Au contraire, elles refont souvent surface à l'âge adulte sous forme d'anxiété financière, de comportements d'évitement ou de sous-revenu chronique. L'adulte peut gagner sa vie tout en ressentant une anxiété inexplicable lorsqu'il consulte le solde de son compte, ou remettre à plus tard ses décisions financières pour échapper au poids émotionnel que ces décisions représentent.

De plus, de nombreux adultes souffrent des effets de ce que les psychologues appellent *le traumatisme de la pénurie* . Ce terme ne se limite pas à l'extrême pauvreté ou au sans-abrisme ; il inclut toute expérience formatrice où la sécurité financière de base était incertaine. Grandir dans un foyer où l'électricité était régulièrement coupée, où les repas étaient sautés ou où les avis d'expulsion étaient une menace familière laisse une empreinte profonde sur le système nerveux. Les neurosciences ont démontré que le stress financier chronique durant l'enfance peut activer durablement les systèmes cérébraux de réponse au stress, entraînant une anxiété accrue, une altération de la prise de décision et des difficultés de planification à long terme.

Un cas illustratif est celui de Roberto, un ingénieur informatique qui a développé une habitude d'épargne obsessionnelle, accumulant des sommes importantes sur son compte tout en négligeant sa santé, ses relations et son développement professionnel. Malgré sa réussite apparente, Roberto vivait avec une peur persistante de l'effondrement financier. Cette peur n'était pas fondée sur la réalité actuelle, mais enracinée dans une enfance marquée par une précarité immobilière fréquente. Selon ses propres termes: « Chaque mois, nous avions l'impression d'être à un loyer manqué près du désastre. » Bien que cette époque fût révolue depuis longtemps, son système nerveux n'avait jamais rattrapé son retard. Son état d'esprit de pénurie n'était pas un défaut de caractère, mais une stratégie de survie devenue obsolète.

Les conséquences à long terme des difficultés financières de l'enfance ne se limitent pas aux réponses fondées sur la pénurie. Une éducation aisée peut engendrer ses propres difficultés. Les enfants élevés dans des foyers où l'argent était abondant mais rarement évoqué peuvent atteindre l'âge adulte avec peu de connaissances financières ou un malaise inconscient face à l'idée de gagner de l'argent. D'autres peuvent intérioriser la pression de maintenir un certain niveau de vie, non pas pour leur épanouissement personnel, mais pour préserver leur statut familial ou éviter un sentiment d'échec. Il peut en résulter une vie qui semble réussie sur le papier, mais qui paraît creuse, performative ou pesante en comparaison.

Pour commencer à démêler ces influences précoces, il est essentiel de dépasser l'analyse et de passer à la réflexion consciente. Une pratique utile consiste à effectuer un inventaire structuré de la mémoire, un exercice qui consiste à revisiter et à recadrer les moments financiers clés de l'enfance. Commencez par vous remémorer quelques souvenirs précis liés à l'argent. Il peut s'agir d'une demande refusée, d'un parent qui se réjouit ou s'inquiète de ses finances, d'un cadeau précieux reçu, ou encore de l'accès (ou non) à des informations financières. Pour chaque souvenir, posez-vous les questions suivantes: que s'est-il passé? Qu'ai-je ressenti? Quelles conclusions ai-je tirées de cette expérience concernant l'argent? Quelles conclusions ai-je tirées de moi-même concernant l'argent ?

Des schémas récurrents se dessinent souvent. Vous remarquerez peut-être des thèmes récurrents: la peur de manquer, le sentiment d'obligation de subvenir aux besoins, la réticence à dépendre des autres ou le malaise de recevoir. Reconnaître ces thèmes ne revient pas à blâmer les aidants, qui eux-mêmes transmettaient souvent des croyances héritées. Il s'agit plutôt d'identifier les scénarios que vous suivez encore afin de déterminer s'ils vous servent toujours. Tel un propriétaire découvrant un vieux plan sous le plancher, vous n'êtes pas lié par lui, mais vous ne pouvez pas rénover ce que vous n'avez pas découvert au préalable.

Il est également utile d'aborder ces réflexions dans la conversation. Que ce soit avec un coach, un thérapeute ou un proche de confiance, articuler l'histoire de vos origines financières peut révéler des perspectives qui restent enfouies dans votre ruminaison. Exprimer ces vérités à voix haute révèle souvent la charge émotionnelle qu'elles portent encore et ouvre la voie à un choix conscient. Ainsi, la réflexion devient un outil non seulement de prise de conscience, mais aussi de réécriture. Une fois que nous avons identifié l'origine d'une croyance, nous pouvons commencer à la questionner et à imaginer des alternatives plus valorisantes.

Des changements pratiques découlent souvent naturellement de ce travail intérieur. Une personne qui reconnaît une tendance à sous-gagner, ancrée dans des messages précoces d'humilité, peut commencer à plaider avec plus d'assurance pour une rémunération équitable. Une personne qui a longtemps surcompensé la pénurie par des dépenses excessives peut trouver une nouvelle satisfaction dans les plaisirs simples, détachés de la consommation performative. Ces changements ne sont pas superficiels. Ils représentent de profonds rééquilibrages identitaires et affectifs. Et parce qu'ils sont ancrés dans une conscience vécue, ils ont tendance à être durables.

À l'échelle sociétale plus large, l'importance de la socialisation financière est de plus en plus reconnue. Les recherches en économie comportementale, en psychologie du développement et même en études sur les traumatismes confirment de plus en plus ce que beaucoup savaient intuitivement: les comportements financiers ne sont pas de simples habitudes, mais l'expression d'une histoire émotionnelle et d'un héritage psychologique. Cette idée remet en question l'idée simpliste selon laquelle la réussite financière serait uniquement une question de discipline ou d'éducation. Elle souligne plutôt la nécessité d'un développement financier intégré, qui tienne compte à la fois des dimensions cognitives et émotionnelles de l'argent.

En fin de compte, les souvenirs de l'enfance ne dictent pas votre destin financier, mais ils influencent vos paramètres par défaut. En les faisant émerger, en examinant leurs origines et en les abordant consciemment, vous créez l'espace nécessaire à l'émergence d'un nouveau récit financier, non plus dicté par le passé, mais conçu pour l'avenir que vous souhaitez construire.

À mesure que vous progressez dans ce chapitre et ce livre, laissez ce sous-chapitre vous servir de base. Non pas un jugement, mais un point de départ. Vos comportements financiers prennent sens à la lumière de vos expériences. Ce sont des adaptations, pas des défauts. Et ils peuvent être actualisés. En remontant jusqu'à l'enfance, vous honorez les racines de votre identité financière tout en vous donnant les moyens de les dépasser. L'histoire est encore en cours d'écriture. Vous tenez maintenant la plume.

Le rôle du traumatisme financier

L'argent est souvent présenté comme un outil neutre: un moyen d'échange objectif, une mesure de valeur ou un système d'échange. Pourtant, pour beaucoup, l'argent est tout sauf neutre. Il peut être source d'appréhension, un déclencheur de honte ou un champ de bataille d'émotions contradictoires. Si les conseils financiers traditionnels se concentrent principalement sur la stratégie (budgétisation, épargne, investissement), ce qui est souvent négligé, c'est l'architecture émotionnelle profonde qui façonne le rapport à l'argent. Parmi ces influences psychologiques, les plus puissantes et les plus négligées figurent les traumatismes financiers.

Le traumatisme financier désigne les conséquences psychologiques, émotionnelles et physiologiques durables d'expériences financières pénibles. Ces expériences peuvent inclure la pauvreté chronique, la perte d'emploi, l'expulsion, l'endettement croissant, l'exploitation financière ou l'insécurité financière répétée pendant l'enfance ou l'âge adulte. Contrairement aux revers financiers ponctuels, le traumatisme financier laisse des traces durables. Il active le système nerveux de manière similaire à d'autres formes de traumatisme, influençant la capacité d'une personne à prendre des décisions éclairées, à maintenir sa stabilité, voire à envisager une croissance financière. Comprendre le rôle du traumatisme financier n'est pas seulement un exercice d'empathie: c'est essentiel à toute transformation financière significative.

Le système nerveux est au cœur de ce débat. Des recherches neuroscientifiques ont montré que les expériences traumatiques, notamment celles impliquant des menaces pour la survie, contournent les centres logiques du cerveau et activent des réponses plus primitives ancrées dans l'amygdale et le tronc cérébral. Ces régions sont responsables du déclenchement des réactions de « combat, fuite, immobilité ou inhibition » – des mécanismes de défense qui privilégient la sécurité immédiate à la planification à long terme. Lorsqu'une personne a subi un traumatisme financier, son système nerveux peut devenir sensible aux facteurs de stress liés à l'argent. Une transaction refusée, une facture surprise, ou même le simple fait de consulter son compte bancaire, peut déclencher un sentiment disproportionné de panique ou de paralysie.

Prenons par exemple le cas de Darren, illustrateur indépendant qui a grandi dans un foyer en proie à l'instabilité financière. Enfant, il entendait souvent ses parents se disputer à propos de loyers impayés et de dettes de carte de crédit. À plusieurs reprises, l'électricité a été coupée. Adulte, malgré une relative réussite financière, Darren ressentait une anxiété extrême dès qu'il recevait des paiements importants. Au lieu de se sentir en sécurité ou accompli, il se sentait dépassé. Sans vraiment comprendre pourquoi, il dépensait souvent son argent rapidement ou le donnait. Une thérapie a révélé que son système nerveux associait l'argent à l'instabilité et à une perte imminente. Le garder lui semblait risqué, comme attendre que la situation se détériore.

L'expérience de Darren n'est pas rare. Pour beaucoup, la mémoire nerveuse d'un traumatisme financier est plus puissante que la conscience intellectuelle. Rationnellement, ils savent qu'ils ne sont pas en danger immédiat. Pourtant, émotionnellement et physiologiquement, leur corps réagit comme si une catastrophe était imminente. Cette incohérence peut conduire à une multitude de comportements qui, vus de l'extérieur, semblent irrationnels, mais qui constituent en réalité des stratégies adaptatives de survie. Il peut s'agir d'éviter les conversations financières, de dépenses compulsives, d'accumulation excessive ou d'une incapacité à faire confiance aux autres en matière d'argent.

Les traumatismes financiers érodent également le sentiment d'autonomie. L'exposition répétée à des difficultés financières peut engendrer ce que les psychologues appellent *l'impuissance acquise* , un état où l'on commence à croire qu'aucune action ne peut améliorer sa situation. Cette croyance conduit souvent au désengagement. On cesse de payer ses factures, on retarde sa déclaration d'impôts, on évite de consulter ses comptes ou on refuse des opportunités qui pourraient améliorer sa situation financière. Le problème ici n'est pas la paresse ou l'irresponsabilité, mais la fatigue psychologique. La vigilance constante, l'incertitude et le stress épuisent les ressources cognitives et émotionnelles, rendant plus difficile la planification, la persévérance et l'espoir.

De plus, les traumatismes financiers sont rarement vécus de manière isolée. Ils se conjuguent souvent avec d'autres formes de marginalisation: inégalités raciales, écarts de rémunération entre les sexes, disparités en matière de santé ou handicap. Les recherches montrent systématiquement que les obstacles systémiques aggravent les traumatismes financiers, rendant le rétablissement plus complexe et plus urgent. Par exemple, les communautés noires et autochtones de diverses régions du monde sont touchées de manière disproportionnée par les écarts de richesse intergénérationnels, la discrimination à l'emploi et les pratiques de prêt abusives. Ces forces externes amplifient les conséquences internes, enracinant des traumatismes à la fois sociétaux et personnels qui ne peuvent être traités avec de simples feuilles de calcul.

C'est là que les conseils budgétaires traditionnels s'avèrent insuffisants. Budgétiser suppose un niveau de sécurité émotionnelle et de fonctions exécutives souvent perturbé par un traumatisme financier. Cela suppose qu'une personne puisse se fixer des objectifs réalistes, retarder la gratification et s'en tenir à un plan – des capacités qui nécessitent un système nerveux régulé et une estime de soi stable. Lorsque ces fondements sont compromis, la budgétisation devient non seulement inefficace, mais parfois même traumatisante. Se faire dire de « simplement réduire les dépenses » ou de « constituer un fonds d'urgence » sans tenir compte du contexte psychologique peut, par inadvertance, renforcer la honte et le sentiment d'inadéquation.

Il est plutôt nécessaire d'adopter un cadre de *guérison financière* . Cette approche reconnaît que la transformation financière n'est pas seulement comportementale, mais profondément émotionnelle et, dans de nombreux cas, somatique. La guérison commence par reconnaître que le corps se souvient de ce que l'esprit tente d'oublier. Elle implique d'apprendre à reconnaître les signaux d'un système nerveux dérégulé – oppression thoracique, accélération du rythme cardiaque, confusion mentale – lors des tâches financières. À partir de là, des techniques telles que les exercices d'ancrage, la respiration ou le suivi somatique peuvent être utilisées pour créer un sentiment de sécurité corporelle. Cette sécurité n'est pas un luxe. C'est une condition préalable à une réflexion financière d'ordre supérieur.

Prenons l'histoire de Priya, une propriétaire de petite entreprise qui peinait à gérer sa trésorerie. Chaque fois qu'elle s'asseyait pour examiner ses comptes, elle souffrait de maux de tête, d'une respiration saccadée et d'un sentiment d'appréhension. Le coaching financier l'a aidée à mettre en place un système comptable de base, mais le véritable changement s'est produit lorsqu'elle a commencé à intégrer la pleine conscience à sa routine financière. Avant d'ouvrir son application bancaire, elle posait la main sur son cœur, prenait plusieurs respirations profondes et affirmait qu'elle était en sécurité, même si les chiffres la mettaient mal à l'aise. Au fil du temps, cette pratique a transformé son rapport à l'examen financier, passant d'une réaction face à une menace à un moment d'auto-leadership.

Un autre aspect essentiel de la guérison financière est *le recadrage*. Un traumatisme fausse la perception. Il peut conduire à interpréter à tort des événements neutres comme dangereux ou à surestimer les conséquences d'un risque financier. Le recadrage consiste à remettre en question ces distorsions et à les remplacer par des récits plus équilibrés. Par exemple, la croyance « Je ne me sortirai jamais de mes dettes » peut être reformulée en « J'ai déjà connu des difficultés et j'apprends de nouvelles méthodes pour gérer mes finances ». Ce processus de recadrage, soutenu par une thérapie cognitivo-comportementale ou une journalisation guidée, peut contribuer à rompre la boucle du traumatisme et à laisser place à l'espoir.

Le soutien communautaire joue également un rôle essentiel. Le traumatisme se développe dans l'isolement, mais se dissout progressivement dans les liens. Trouver ou créer des espaces sécurisants pour parler d'argent, que ce soit par le biais de groupes de thérapie financière, d'ateliers communautaires ou de réseaux de pairs, peut atténuer la honte et normaliser les dimensions émotionnelles liées à la finance. Entendre d'autres personnes exprimer leurs difficultés aide souvent les individus à contextualiser les leurs, transformant un fardeau solitaire en une expérience humaine partagée. C'est dans cet espace de reconnaissance collective que de nouveaux récits et stratégies peuvent émerger.

Il est important de noter que la guérison financière ne consiste pas à négliger les actions concrètes. Il s'agit de les séquencer correctement. Plutôt que de commencer par établir un budget ou investir, les personnes touchées par un traumatisme financier peuvent avoir besoin de commencer par la régulation, c'est-à-dire par cultiver une stabilité émotionnelle et physiologique face aux facteurs de stress financiers. À partir de là, elles peuvent commencer à faire des choix non pas réactifs, mais intentionnels. La guérison crée les conditions internes nécessaires à une croissance financière durable.

Ce processus de guérison est également intrinsèquement non linéaire. Tout comme le traumatisme est cumulatif, la guérison se déroule par étapes. Les progrès peuvent être suivis de revers, la confiance peut céder la place au doute, et le succès peut faire surgir des émotions inattendues. Cela ne signifie pas un échec. Cela fait partie du recalibrage du système nerveux et de l'identité. Avec patience et soutien, de nouveaux schémas s'installent, non par la force, mais par la répétition, la sécurité et un engagement conscient.

Sur le plan culturel, la reconnaissance des traumatismes financiers favorise un modèle d'éducation financière plus humain et plus efficace. Elle remet en question le mythe selon lequel les personnes aux prises avec des difficultés financières manquent simplement de discipline ou d'intelligence. Elle repositionne le bien-être financier non pas comme une simple compétence technique, mais comme un processus intégratif impliquant la santé mentale, l'intelligence émotionnelle, le contexte social et la conscience de soi. Ce changement de paradigme ne dilue pas la responsabilité financière, il l'enrichit. Lorsque les individus se sentent considérés et soutenus dans leur pleine humanité, ils sont plus susceptibles de s'engager dans la gestion de leurs finances, d'assumer leurs choix et de développer leur résilience au fil du temps.

En fin de compte, s'attaquer au rôle du traumatisme financier n'est pas seulement une nécessité psychologique, c'est aussi une question éthique. Si nous voulons créer des systèmes et des sociétés qui favorisent une véritable inclusion financière, nous devons commencer par reconnaître les blessures invisibles qui altèrent l'action financière. En intégrant la guérison financière à l'éducation financière personnelle, au coaching et à l'élaboration des politiques, nous créons les conditions d'une transformation plus profonde et plus durable.

En réalité, beaucoup de gens n'apprennent pas seulement à gérer un budget, ils apprennent aussi à se sentir en sécurité. Ils ne se contentent pas d'économiser, ils reprennent le contrôle. Et ils ne se contentent pas de rembourser leurs dettes, ils libèrent les séquelles émotionnelles d'années passées en mode survie. C'est le travail de guérison financière. C'est délicat, courageux et profondément humain. Et pour ceux qui sont prêts à s'y engager, cela ouvre la porte non seulement à la santé financière, mais aussi à la plénitude.

Les influenceurs silencieux: culture, médias et mythes

Lorsque nous analysons nos comportements financiers – comment nous gagnons, dépensons, épargnons ou investissons – nous nous intéressons souvent à nous-mêmes. Nous prenons en compte notre éducation, nos choix personnels et peut-être notre histoire psychologique. Mais pour bien comprendre notre rapport à l'argent, il faut aussi regarder vers l'extérieur. La culture, les médias et les mythes jouent un rôle profond, souvent invisible, dans la formation de nos perceptions financières. Ces influenceurs silencieux n'agissent pas isolément ; ils sont ancrés dans chaque publicité, chaque intrigue télévisée, chaque fil d'actualité sur les réseaux sociaux et chaque discours politique. Ils façonnent les idées reçues sur la richesse, la moralité, la réussite et l'identité. Sans examen conscient, ils deviennent le prisme à travers lequel nous percevons la vie économique – et, plus important encore, nous-mêmes.

Les récits culturels autour de l'argent comptent parmi les histoires les plus persistantes et les plus répandues. Dans les sociétés occidentales, par exemple, l'un des scénarios les plus dominants est l'assimilation de l'argent au pouvoir. La richesse est souvent présentée comme la forme ultime d'action: ceux qui ont de l'argent sont censés avoir le choix, la voix et l'influence. À l'inverse, ceux qui manquent de ressources financières sont souvent perçus comme passifs, dépendants, voire moralement inférieurs. Ces préjugés sont non seulement inexacts, mais profondément préjudiciables. Ils perpétuent les hiérarchies de valeur et érodent subtilement l'estime de soi de ceux qui ont des difficultés financières, suggérant que leur situation est non seulement malheureuse, mais méritée.

Ce système de croyances est renforcé par des mythologies culturelles vieilles de plusieurs siècles. Prenons l'exemple de la représentation historique de la richesse dans les traditions religieuses et philosophiques. Dans certaines interprétations, la prospérité est perçue comme un signe de faveur divine ; dans d'autres, elle est perçue comme une distraction de la pureté spirituelle. L'idée que « les riches sont cupides » n'est pas une création contemporaine ; elle puise ses racines dans des récits édifiants et des paraboles morales qui assimilent l'abondance à l'excès et à la décadence morale. Si ces récits ont pu servir des objectifs historiques, ils continuent d'influencer les attitudes modernes, souvent inconsciemment.

Les médias contemporains s'emparent de ces récits et les amplifient. L'industrie du divertissement, en particulier, fait un usage intensif des caricatures financières. Le milliardaire méchant. Le pauvre altruiste. Le banquier corrompu. L'artiste en difficulté. Ces personnages ne sont pas seulement fictifs: ils deviennent des archétypes symboliques. Au fil du temps, ils se figent dans des hypothèses sur ce que signifie être riche ou pauvre, réussir ou peiner, mériter ou non. Une étude menée par l'Annenberg School for Communication de l'Université de Californie du Sud a révélé que dans plus de 700 films à succès, les personnages fortunés étaient dépeints de manière disproportionnée comme manipulateurs ou déconnectés de leurs responsabilités morales. Bien que subtil, ce message façonne nos réactions émotionnelles. Il n'est pas surprenant que de nombreuses personnes ressentent un malaise discret à l'idée de devenir riches, craignant ce que cela pourrait leur apporter – ou la perception que les autres pourraient avoir d'elles.

L'essor des réseaux sociaux a ajouté une nouvelle dimension à cette distorsion. Des plateformes comme Instagram et TikTok créent souvent des illusions financières à travers des modes de vie soignés. Les influenceurs mettent en scène des vacances de luxe, déballent des produits haut de gamme et présentent des astuces financières sans dévoiler les véritables mécanismes économiques derrière leurs publications: sponsoring, dettes ou éclairage soigneusement conçu. Cela crée une dissonance émotionnelle. Les spectateurs peuvent se sentir inférieurs ou anxieux, se demandant pourquoi leur réalité ne correspond pas à la façade scintillante qu'ils contemplent quotidiennement. Le danger ici n'est pas seulement l'envie, mais un mauvais calibrage. Lorsque le contenu ambitieux remplace la transparence, il fausse notre perception de ce qui est normal, atteignable ou nécessaire pour être considéré comme « réussi ».

De plus, ces messages médiatiques interagissent avec des mythes culturels existants pour engendrer des attentes contradictoires. On nous encourage à aspirer à la richesse, sans pour autant paraître trop à l'aise avec elle. On nous dit de nous démener, mais aussi d'être humbles. Les femmes, en particulier, sont confrontées à une double contrainte: encouragées à être financièrement indépendantes, elles sont souvent jugées pour leur ambition excessive ou leur assurance dans leur quête de richesse. Ces signaux contradictoires créent des frictions internes, conduisant souvent à l'auto-sabotage ou à la paralysie. Le problème n'est pas simplement que ces messages existent, mais que nous nous arrêtons rarement pour remettre en question leur origine ou leur exactitude.

Pour démanteler ces mythes intériorisés, la première étape consiste à en prendre conscience. Quelles sont les règles financières tacites que vous avez assimilées de votre culture, de votre communauté ou de votre consommation médiatique? Peut-être s'agit-il de la croyance selon laquelle « l'argent ne fait pas le bonheur », souvent invoquée pour justifier le maintien d'emplois sous-payés. Ou encore de l'idée que « parler d'argent est impoli », qui décourage la transparence dans les relations et perpétue les inégalités. Ce ne sont pas des vérités immuables. Ce sont des constructions sociales, acquises et donc inapprenables.

Des études de cas concrets illustrent l'impact de telles croyances non examinées. Prenons l'exemple de Maya, une universitaire brillante qui sous-évaluait systématiquement ses services de conseil. Malgré ses diplômes et son influence, elle craignait d'être perçue comme cupide ou opportuniste. Sa réticence trouvait son origine dans un message culturel intériorisé en grandissant: l'éducation doit être poursuivie par amour de l'apprentissage, et non par intérêt financier. Cette conviction est restée incontestée pendant des décennies, jusqu'à ce qu'un mentor l'invite à réfléchir au coût – non seulement pour elle, mais aussi pour les communautés qu'elle servait – d'une situation financière précaire. Lorsque Maya a repensé ses revenus, non pas comme une forme de plaisir personnel, mais comme une question de durabilité, elle a pu augmenter ses tarifs sans culpabilité, sachant que cela lui permettrait de poursuivre sa mission en étant forte plutôt que dans la précarité.

Ces réévaluations ne signifient pas abandonner des valeurs, mais garantir que les récits hérités soient examinés plutôt qu'acceptés par défaut. Un autre exemple est celui de Théo, un travailleur social élevé dans une tradition religieuse où la richesse matérielle était perçue avec suspicion. Alors qu'il commençait à bâtir une entreprise de coaching prospère, il se retrouva oscillant entre fierté et honte. Ce n'est qu'en dialoguant avec d'autres personnes partageant son parcours qu'il put contextualiser ces croyances et adopter une vision plus intégrée, respectueuse de ses valeurs tout en considérant l'abondance comme un moyen de servir, et non comme un péché.

Des outils pratiques peuvent faciliter ce processus de déconstruction. L'audit médiatique en est une. Pendant une semaine, notez chaque message lié à l'argent que vous rencontrez: émissions de télévision, articles, publicités, podcasts, et même conversations informelles. Pour chacun, notez les hypothèses implicites. La richesse est-elle présentée comme vertueuse ou corruptrice? Les difficultés financières sont-elles idéalisées ou critiquées? Qui est présenté comme financièrement compétent et qui ne l'est pas? Réfléchissez ensuite: lesquels de ces messages correspondent à votre vécu et à vos valeurs? Lesquels ne correspondent pas? Cette pratique permet de distinguer la vérité intérieure du bruit extérieur.

Une autre approche efficace est le remplacement narratif. Une fois que vous avez identifié un mythe culturel qui ne vous sert plus, élaborez un nouveau récit qui vous correspond. Si vous avez été élevé avec l'idée que « les riches ne se soucient pas des autres », pensez à des contre-exemples: philanthropes, entrepreneurs éthiques, leaders communautaires fortunés. Utilisez ces histoires pour remodeler vos associations internes. Au fil du temps, ces récits révisés forment l'échafaudage de nouveaux comportements, vous permettant d'atteindre vos objectifs financiers avec plus d'intégrité et moins de blocages émotionnels.

Il est également essentiel de reconnaître les dimensions de justice sociale de ces récits. Les mythes culturels sur l'argent ne sont pas seulement personnels: ils ont des implications politiques et économiques. Les mythes qui présentent la pauvreté comme un échec personnel plutôt que comme un problème systémique sapent le soutien aux filets de sécurité sociale. Les récits qui diabolisent la richesse peuvent décourager les personnes éthiques d'accumuler les ressources nécessaires au changement. Dans ce contexte, revoir et recadrer nos récits financiers n'est pas seulement un acte d'autonomisation personnelle, c'est une responsabilité civique.

En fin de compte, les influenceurs silencieux de la culture, des médias et des mythes continueront de façonner le débat collectif autour de l'argent. Mais vous pouvez choisir d'absorber ces messages passivement ou de les aborder avec un esprit critique. La prise de conscience n'est pas une question de cynisme, mais de discernement. Lorsqu'un personnage riche est vilipendé à l'écran, vous pouvez vous demander à quoi sert cette représentation. Lorsqu'un conférencier motivateur assimile le revenu à la valeur, vous pouvez interroger les valeurs profondes qui y sont véhiculées. Cette clarté d'esprit fait plus que vous protéger de la manipulation: elle vous aide à construire une identité financière ancrée dans l'intentionnalité plutôt que dans des présupposés hérités.

L'argent, à sa base, est une création humaine. Et comme toute création, sa signification est façonnée par des histoires. La question n'est pas de savoir si nous serons influencés par ces histoires – nous le sommes déjà. La question est de savoir si nous les laisserons perdurer. En nommant les mythes, en décodant les médias et en réécrivant nos propres récits, nous reprenons le pouvoir de définir la richesse selon nos propres termes. Non pas selon les dictats des influenceurs silencieux, mais selon l'expression consciente de soi. C'est sur ces fondements que peut véritablement se construire un bien-être financier significatif et durable.

Cartographier votre récit financier actuel

Chaque personne a une histoire d'argent. Il ne s'agit pas simplement d'une succession d'événements financiers ou d'étapes clés de sa carrière ; c'est le récit émotionnel et psychologique qui traverse chaque transaction bancaire, chaque décision de dépense et chaque choix d'investissement. Ce récit influence notre façon de gagner sa vie, ce que nous estimons mériter, notre façon de réagir aux opportunités ou aux risques, et notre perception de l'argent comme un outil d'autonomisation ou une source d'anxiété. Plus important encore, il opère en grande partie sous la surface de notre conscience. Cartographier son récit financier actuel n'est pas seulement un exercice de réflexion: c'est un processus de diagnostic essentiel qui pose les bases d'une transformation significative.

Le concept de « récit financier » s'inspire de la psychologie narrative, qui postule que les individus se comprennent eux-mêmes à travers les récits qu'ils racontent sur leur vie. Ces récits ne sont pas des souvenirs objectifs, mais des cadres d'interprétation. En termes financiers, cela signifie que nous interprétons les expériences financières passées – qu'il s'agisse de recevoir un héritage, de subir un licenciement ou de grandir dans un foyer aux règles de dépenses strictes – non pas comme des incidents isolés, mais comme les éléments d'un complot personnel en cours de développement. L'histoire que nous construisons à partir de ces événements devient le scénario que nous suivons. Pour en modifier le résultat, nous devons d'abord examiner ce scénario.

Prenons l'exemple d'Emily, une consultante en marketing qui déclinait systématiquement des opportunités susceptibles d'augmenter considérablement ses revenus. Malgré ses compétences et son dynamisme, elle se décrivait comme quelqu'un qui n'était « pas très douée avec l'argent » et « pas le genre de personne à s'enrichir ». Lorsqu'elle a commencé à explorer son histoire financière, elle s'est souvenue d'une enfance marquée par la volatilité: un père qui faisait fortune et perdait fortune à la même vitesse, et une mère qui assimilait frugalité et moralité. Son récit intériorisé est devenu ambivalent: la richesse était à la fois désirable et dangereuse, le succès admirable mais suspect. Ce récit, bien que jamais explicitement exprimé, a influencé ses décisions, la conduisant à éviter inconsciemment l'abondance même qu'elle prétendait rechercher.

Cartographier votre histoire financière exige une introspection tout aussi approfondie. Commencez par vous interroger non pas sur vos résultats financiers, mais sur votre propre vision de l'argent. Êtes-vous le survivant courageux? L'opprimé? Le soutien de famille responsable? Le martyr? L'heureux élu? Ces rôles, souvent hérités de la famille, de la culture ou d'expériences passées, servent de repères. Ils nous semblent familiers, même lorsqu'ils sont limitants. Nommer ces identités est la première étape pour les appréhender.

Pour soutenir ce processus réflexif, il peut être utile de réaliser un « inventaire de vos histoires financières », c'est-à-dire une analyse structurée de vos souvenirs financiers clés et des interprétations qui les accompagnent. Commencez par identifier les étapes financières importantes: votre premier emploi rémunéré, une expérience formatrice avec vos dettes ou vos économies, une aubaine, une perte importante, ou même un souvenir simple mais chargé d'émotion, comme se voir refuser un jouet ou voir un parent pleurer sur ses factures. Pour chaque événement, demandez-vous: que s'est-il passé? Quelles émotions ai-je ressenties? Que me suis-je dit à propos de l'argent à ce moment-là? Et surtout, que me suis-je dit à propos de *moi* dans ce contexte ?

L'objectif ici n'est pas de ressasser le passé, mais d'extraire les croyances qui y sont ancrées. Souvent, ces croyances paraissent anodines – « Je dois travailler plus que tout le monde » ou « Si je me complais trop dans mes habitudes, je deviendrai complaisant » – mais elles exercent une influence disproportionnée sur nos choix. Lorsqu'elles ne sont pas remises en question, elles créent des schémas: dépenses excessives habituelles, sous-revenus chroniques, évitement de la planification financière ou sentiment persistant que l'argent est toujours hors de portée.

Un exemple frappant de ce processus nous vient de Raj, un développeur de logiciels qui oscillait entre des périodes de revenus élevés et de dépenses inconsidérées. Il a d'abord perçu cela comme un manque de discipline, mais grâce à l'exploration narrative, il a découvert une vérité plus profonde. Enfant de parents immigrés qui ont beaucoup sacrifié pour subvenir à ses besoins, Raj a intériorisé l'idée qu'il devait « profiter de ce qu'ils ne pouvaient pas ». Inconsciemment, il dépensait pour honorer leurs difficultés, même lorsque cela conduisait à l'instabilité financière. Une fois ce récit pris conscience, Raj a pu recadrer son histoire: d'une compensation réactive à une gestion responsable. Il a commencé à faire des choix qui honoraient à la fois le sacrifice de ses parents et son propre bien-être à long terme.

Ce changement est ce que le psychologue narratif Dan McAdams appelle la « reconstruction narrative de l'identité »: la refonte délibérée de son histoire personnelle pour favoriser la croissance, la résilience et la détermination. Il ne s'agit pas d'effacer le passé, mais de le réécrire. Appliqué à l'argent, cela signifie choisir de passer des récits de peur, de pénurie ou de honte à ceux d'action, de clarté et de vision.

Mais la transformation ne vient pas seulement de la prise de conscience. Elle nécessite une intégration: l'intégration de nouveaux récits dans les comportements financiers quotidiens. Une façon d'amorcer cette intégration est de moderniser votre langage financier. Observez les métaphores et les expressions qui peuplent votre dialogue intérieur: « Je croule sous les factures », « L'argent me brûle les poches », « Je ne rattraperai jamais mon retard. » Ce ne sont pas de simples expressions, ce sont des scénarios qui renforcent votre récit. Les remplacer par des alternatives conscientes – « Je donne la priorité à ce qui compte », « J'apprends à gérer mes ressources », « Je construis mon avenir financier » – permet de créer de nouveaux circuits neuronaux et émotionnels.

La visualisation est un autre outil d'intégration narrative. Une fois que vous avez identifié les thèmes dominants de votre histoire financière actuelle, imaginez un récit alternatif. Et si, au lieu de vous voir comme celui qui lutte, vous vous imaginiez comme le stratège? Au lieu d'être l'épargnant qui ne dépense jamais, et si vous deveniez l'intendant qui équilibre plaisir et planification? Élaborer une nouvelle histoire permet à votre cerveau d'expérimenter différentes possibilités, le préparant à de nouvelles réponses lorsque des situations familières se présentent.

Bien sûr, ces pratiques requièrent plus qu'un engagement intellectuel: elles exigent une honnêteté émotionnelle. Les récits financiers sont rarement stériles. Ils sont imprégnés de chagrin, de fierté, de désir, de ressentiment et parfois de traumatisme. Pour retracer votre histoire financière de manière authentique, vous devez être prêt à accepter ces émotions, et non à les ignorer. Ce processus peut susciter un malaise, mais ce malaise est instructif. Il signale les aspects de votre récit qui méritent d'être révisés.

Il est également important de noter que les récits financiers ne sont pas statiques. Ils évoluent avec nous. Revoir régulièrement votre histoire financière vous permet d'identifier quand un vieux scénario reprend ses droits ou quand un nouveau chapitre est prêt à s'écrire. Cet engagement dynamique transforme votre identité financière d'une étiquette figée en un document vivant: un récit que vous co-écrivez avec conscience et intention.

De plus, ce processus de cartographie n'est pas uniquement une démarche individuelle. Nos récits financiers se façonnent au fil des relations – familiales, amoureuses, sociales. Partager certains aspects de votre histoire financière avec un partenaire de confiance ou une communauté peut apporter plus de clarté et accélérer votre développement. Cela permet de rompre la honte qui entoure souvent les difficultés financières et de créer un espace de responsabilisation, d'empathie et d'apprentissage collectif.

Plus largement, comprendre et réécrire votre histoire financière est un acte d'auto-leadership. C'est affirmer que vous ne vous laisserez plus influencer passivement par des préjugés hérités, des mythes culturels ou des rôles dépassés. Il s'agit de passer de l'automatisation à la maîtrise d'œuvre. Les chiffres de votre compte sont peut-être le résultat, mais l'histoire qui se cache derrière est le moteur.

En vous adonnant à cet exercice, rappelez-vous: l'objectif n'est pas d'élaborer un récit parfait, mais un récit conscient. La perfection est statique. La conscience est adaptative. Plus vous serez honnête, curieux et déterminé à définir votre identité financière actuelle, plus vous serez en mesure de façonner votre avenir financier, non pas en réaction au passé, mais en exprimant vos valeurs et votre vision actuelles.

Vous n'êtes pas lié à l'histoire qui vous a été donnée. Vous avez la capacité – et le droit – d'en écrire une nouvelle. Cette histoire commence non pas par un relevé bancaire, mais par un miroir. Non pas par ce que vous avez, mais par ce en quoi vous croyez. Et une fois cette croyance prise en conscience, elle devient un choix. Et de ce choix peut naître un véritable changement.

Chapitre 2
Votre identité financière: qui êtes-vous financièrement ?

Bien avant qu'on nous apprenne à suivre nos dépenses ou à évaluer les avantages des intérêts composés, nous commençons à nous forger une idée de notre relation à l'argent. Et surtout, cette identité est rarement le fruit d'un choix conscient. Elle se construit tranquillement, gravée en nous par le climat émotionnel de notre enfance, les signaux culturels que nous absorbons sans nous poser de questions et les significations personnelles que nous attachons à des mots comme réussite, rareté et suffisance. Curieusement, beaucoup d'entre nous consacrent du temps à surveiller leur budget ou à perfectionner leurs feuilles de calcul, sans jamais s'arrêter à l'une des questions les plus révélatrices de la vie financière: qui est-ce que je me considère financièrement ?

Cette identité financière n'est pas simplement un ensemble d'habitudes ou de préférences: c'est le prisme émotionnel à travers lequel nous percevons la richesse, le travail et la valeur. Elle régit non seulement notre gestion financière, mais aussi la perception de notre propre valeur dans un monde où l'argent est souvent synonyme de statut, de sécurité et de légitimité. L'objectif ici n'est pas de diagnostiquer, d'étiqueter ou de catégoriser. Il s'agit d'observer. De comprendre. Car sans cette clarté fondamentale, les stratégies financières les plus sophistiquées ont tendance à échouer. Lorsque votre identité intérieure s'écarte de vos objectifs extérieurs, l'auto-sabotage n'est pas une anomalie, c'est une conséquence inévitable.

Les modèles traditionnels réduisent souvent les individus à des catégories binaires bien définies: dépensier ou épargnant, amateur de risque ou évitant le risque. Mais la relation humaine à l'argent est bien plus complexe que ne le suggèrent ces divisions simplistes. Nous nous tournons plutôt vers un cadre plus structuré: les archétypes monétaires. Ce sont des schémas comportementaux récurrents, profondément marqués par des empreintes psychologiques, qui peuvent éclairer notre positionnement émotionnel face à l'argent. Pensez à « l'investisseur martyr », qui se surendette constamment pour les autres, négligeant ses propres besoins financiers. Ou à « l'acquéreur coupable », qui, après avoir reçu un paiement important, ressent un malaise latent et se retrouve bientôt à trouver le moyen de le donner ou de le perdre. Il y a aussi « l'accumulateur minimaliste », qui se drape dans l'austérité, non par pragmatisme, mais par conviction profonde que l'abondance est éphémère ou imméritée.

Ces archétypes ne sont pas le destin. Ce sont des réponses adaptatives, forgées dans le contexte – des réponses à la douleur, au manque ou à la satisfaction. Identifier son propre schéma dominant ne consiste pas à se cantonner à une catégorie ; il s'agit de retrouver une certaine liberté. On ne peut pas changer ce qu'on ne voit pas, mais une fois qu'on le nomme, on cesse de suivre aveuglément son scénario.

Au cœur de cette recherche se trouve une force plus profonde: l'estime de soi. Financièrement parlant, l'estime de soi fonctionne comme un thermostat: elle fixe la température de ce qui semble « normal » en termes de revenus, d'épargne, d'investissement ou de revenus. Et ce n'est pas une licence poétique ; le lien entre l'estime de soi et les résultats financiers est étayé par des décennies de recherche. Les personnes ayant une bonne estime de soi sont statistiquement plus susceptibles de négocier leur salaire, de prendre des risques calculés et de persévérer face aux échecs. À l'inverse, une faible estime de soi se traduit par une sous-estimation chronique, une incapacité à recevoir ou un repli instinctif sur soi-même.

Prenons l'exemple de Tara, une coach de vie qualifiée et expérimentée qui sous-évaluait systématiquement ses services. Interrogée sur ce point, elle hésitait avant d'admettre qu'augmenter ses tarifs lui semblait excessif. « Demander trop cher », disait-elle. Mais ce n'était pas un problème de stratégie tarifaire, mais plutôt un reflet de croyances d'enfance. Élevée dans un foyer où l'argent était perçu comme une ressource à somme nulle, elle avait intériorisé l'idée que vouloir plus était intrinsèquement égoïste. Ce n'est qu'en confrontant et en réécrivant ce récit intérieur qu'elle a trouvé la confiance nécessaire pour fixer des tarifs en adéquation avec sa vraie valeur – un acte qui a non seulement augmenté ses revenus, mais a aussi redéfini son estime de soi.

Ce décalage entre réussite apparente et perception intérieure de soi se manifeste souvent par le syndrome de l'imposteur financier. À l'instar de la variante professionnelle classique, ce phénomène laisse entendre que vos réussites sont le fruit du hasard, que votre richesse est accidentelle, temporaire ou imméritée. Il peut toucher n'importe qui, quel que soit son niveau de revenu. Un cadre peut secrètement craindre d'être accusé d'incompétence. Un créateur de richesse de première génération peut se sentir exclu de sa communauté, se demandant si son nouveau statut fait de lui un traître ou un imposteur. Ces sentiments, bien que souvent inexprimés, exercent une forte influence sur le comportement financier, poussant à l'évitement, à la surcompensation ou au repli sur soi.

Souvent, ces tensions ne s'expriment pas clairement. On trouve des individus qui semblent parfaitement sereins en apparence – salaire décent, patrimoine stable – mais qui portent en eux un profond sentiment de culpabilité ou de honte. Ces émotions trouvent le moyen de s'exprimer, généralement par des comportements que nous qualifions de « sabotage ». Le terme peut paraître sévère, mais les actes sont d'une familiarité désarmante: refuser des promotions, dépenser impulsivement après une période de discipline, traîner les pieds sur ses impôts, renoncer à un investissement prometteur au premier contretemps. Il ne s'agit pas de manque de volonté, mais d'expressions de dissonance cognitive. Lorsque votre perception intérieure de vous-même ne peut s'adapter à votre situation financière extérieure, quelque chose finit par céder.

Prenons l'exemple de Malik, un entrepreneur motivé qui a décroché un généreux tour de table pour son entreprise. En six mois, la majeure partie de cette somme avait été dépensée: recrutements d'équipes somptueux, services inutiles, modernisation des bureaux dépassant les besoins de l'entreprise. À première vue, cela semblait excessif. Mais au fond, Malik percevait une complexité plus profonde. Élevé dans un foyer où l'argent était toujours rare, son estime de soi était mêlée à la difficulté. L'afflux soudain de capitaux lui semblait désorientant, voire menaçant. Sans s'en rendre compte, il se débarrassait de cette abondance pour retrouver un climat psychologique familier. Une fois ce constat établi, il ne s'est pas contenté de mettre en place des contrôles budgétaires: il a approfondi son travail pour intérioriser la stabilité, la considérant comme non seulement acceptable, mais naturelle.

Et cela nous amène au point le plus encourageant du chapitre: l'identité peut être réécrite. Vous n'êtes pas enfermé dans votre scénario hérité. Mais cette réécriture ne se fait pas par hasard. Elle requiert de l'attention, de l'intention. Commencez par nommer le rôle que vous occupez actuellement: êtes-vous celui qui donne de manière excessive? Celui qui gagne avec hésitation? Celui qui évite compulsivement? Puis demandez-vous: que signifierait une nouvelle version de votre identité financière? Pas seulement quelqu'un qui gagne plus, mais quelqu'un dont les revenus reflètent la confiance et l'alignement. Pas seulement quelqu'un qui investit judicieusement, mais quelqu'un qui a confiance en sa capacité à conserver et à accroître sa valeur.

Il ne s'agit pas d'affirmations superficielles ni de tableaux de visualisation superficiels. Le véritable changement réside dans une pratique constante. Vous pouvez commencer par fixer des limites plus strictes à la générosité, renégocier un taux longtemps stagnant ou instaurer des rituels, aussi modestes soient-ils, qui affirment votre souveraineté financière. Le travail émotionnel n'en est pas moins essentiel: thérapie, journal intime, recherche de communautés où des identités financières autonomes sont modelées et normalisées. Progressivement, le nouveau récit devient moins ambitieux et plus incarné. Non pas parce que vous l'avez imposé, mais parce que vous l'avez construit, instant après instant, de l'intérieur.

Repenser votre identité financière n'est ni une tâche du week-end ni une démarche linéaire. C'est un dialogue continu, parfois confus, entre la personne que vous avez été façonné(e) et celle que vous choisissez de devenir. À travers ce prisme, les archétypes financiers perdent leur rigidité et deviennent des outils. Les discours honteux sur la valeur peuvent être remis en question, et non respectés. Les cercles de sabotage commencent à se desserrer, remplacés par quelque chose de plus stable et de plus bienveillant.

En fin de compte, votre personnalité financière ne se résume pas à vos finances ou à votre retraite: c'est une histoire. Et dès que vous réalisez que vous en êtes l'auteur, tout change. De la réaction, vous commencez à concevoir. Ce changement peut être subtil, mais ses implications sont vastes. La véritable richesse commence là: pas seulement dans un compte en banque plus rempli, mais dans une perception plus claire de soi. Et à partir de cette clarté, le changement extérieur devient non seulement plus probable, mais tout à fait possible.

Archétypes de la richesse et de la valeur

Pour comprendre le comportement financier d'une personne, il ne suffit pas de suivre ses transactions ou d'étudier son taux d'épargne. Derrière chaque décision financière se cache un cadre interne: une architecture émotionnelle et psychologique construite à partir d'expériences passées, de croyances et de réactions conditionnées. Ce cadre est rarement rationnel, souvent inconscient et profondément lié à notre identité. L'un des moyens les plus efficaces d'éclairer ce paysage intérieur est d'utiliser le prisme des archétypes financiers. Dépassant la dichotomie simpliste entre « dépensier » et « épargnant », les archétypes offrent une compréhension plus riche et plus nuancée du rapport individuel à l'argent, tant sur le plan du sens, des émotions que de l'estime de soi.

Dans la tradition jungienne, les archétypes sont des schémas universels de comportement et de motivation. Dans le contexte financier, ces schémas façonnent notre façon de gagner, d'épargner, d'investir, de donner et de dépenser – non seulement en actes, mais aussi en intentions. Ils nous permettent de nous reconnaître dans des rôles distincts mais qui se chevauchent, rendant plus lisibles les aspects invisibles de notre personnalité financière. Identifier son archétype dominant peut être à la fois révélateur et transformateur. Il offre un miroir à travers lequel nous pouvons observer nos habitudes avec une clarté nouvelle et un cadre pour les faire évoluer sans honte ni reproche.

L'un de ces archétypes est *l'investisseur martyr* . Il s'agit de l'individu qui privilégie le bien-être financier des autres au détriment de son propre bien-être. Souvent présent parmi les aidants, les travailleurs du secteur associatif ou les personnes partageant de fortes valeurs communautaires, l'investisseur martyr considère l'argent comme un outil de service, mais peine à s'intégrer à l'équation de ce service. Il peut donner systématiquement à sa famille, sous-facturer son travail ou négliger son épargne-retraite au profit d'un soutien plus immédiat aux autres. À première vue, ce comportement paraît noble. Mais avec le temps, il peut conduire à l'épuisement professionnel, au ressentiment ou à un sentiment d'épuisement personnel. La croyance sous-jacente est que la sécurité financière personnelle doit être sacrifiée au profit de l'intégrité morale – une croyance souvent ancrée dans la socialisation précoce ou les valeurs religieuses qui considèrent la richesse comme intrinsèquement égoïste.

Prenons l'exemple d'Angela, une thérapeute qui travaillait principalement avec une clientèle à faibles revenus. Malgré une demande croissante pour ses services, elle a résisté à l'augmentation de ses tarifs. Face à des difficultés financières, elle a continué à travailler de longues heures au lieu de chercher des solutions plus équilibrées. En thérapie, Angela a révélé qu'elle associait des honoraires plus élevés à l'abandon, reflétant une peur d'enfance selon laquelle le soutien était conditionnel et éphémère. Reconnaître son archétype d'investisseur martyr lui a permis de repenser sa philosophie professionnelle. Elle a commencé à proposer une échelle mobile avec des limites, s'assurant ainsi de pouvoir soutenir les autres sans se déstabiliser. En intégrant la durabilité dans sa définition du service, Angela a honoré à la fois ses clients et sa propre intégrité financière.

Un autre archétype courant est *celui du « Gagnant Coupable »* . Cette personne gagne bien sa vie, mais se sent mal à l'aise de conserver son argent. Elle peut minimiser sa réussite, distribuer des primes ou dépenser impulsivement après un gain financier. Le problème fondamental ici n'est pas l'extravagance, mais l'indignité. Le « Gagnant Coupable » peine à concilier ses gains financiers avec l'image qu'il a de lui-même ou les valeurs de sa communauté. Ce phénomène est particulièrement fréquent chez les personnes ayant connu une ascension sociale – les professionnels de première génération, les immigrants ou ceux qui ont grandi dans un environnement de pénurie. Pour eux, la richesse peut être perçue comme déloyale, indulgente ou isolante.

Prenons l'exemple de Marcus, un cadre technologique issu d'un milieu ouvrier. Malgré un salaire à sept chiffres, il vivait constamment avec un sentiment d'anxiété et de culpabilité. Il évitait de parler d'argent avec sa famille, se sentait mal à l'aise avec ses amis de son ancien quartier et donnait régulièrement des sommes importantes sans stratégie ni pérennité. À l'origine, il croyait que l'aisance financière signifiait abandonner ses racines. En identifiant son archétype, Marcus a commencé à explorer des moyens plus subtils de rester connecté: investir dans des projets communautaires, avoir des conversations franches avec sa famille sur l'argent et accepter l'idée que la richesse pouvait être un pont, et non une trahison.

Il y a ensuite *le Minimaliste Accumulateur* . Cet archétype trouve du réconfort dans le contrôle. Il associe la sécurité financière à l'abnégation, percevant les dépenses comme risquées et l'abondance comme éphémère. Il peut vivre bien en dessous de ses moyens, être obsédé par le budget et se sentir mal à l'aise à l'idée de prendre des décisions financières qui impliquent risque ou plaisir. Bien qu'apparemment discipliné, le Minimaliste Accumulateur agit souvent par peur plutôt que par autonomisation. Son minimalisme n'est pas un choix de vie conscient, mais une posture défensive. La croyance qui sous-tend cet archétype est que la stabilité n'est atteignable que par une contrainte stricte.

Priya, ingénieure civile, incarnait parfaitement cet archétype. Malgré un emploi stable et des économies conséquentes, elle hésitait à prendre des vacances, à moderniser sa vieille voiture ou à investir dans son développement personnel. Sa crainte d'une crise financière était disproportionnée par rapport à sa situation réelle. Grâce au coaching, elle a retrouvé des souvenirs de la perte de sa maison par sa famille pendant son adolescence. Bien que cette crise fût révolue depuis des décennies, le souvenir émotionnel restait vif. En abordant le traumatisme à l'origine de ses comportements, Priya a pu passer d'une frugalité fondée sur la peur à un minimalisme intentionnel, choisissant où allouer ses ressources en accord avec ses valeurs, et non en réaction à une menace révolue.

Ces archétypes ne sont pas des pathologies. Ce sont des adaptations. Ils émergent en réponse à notre environnement, façonnés par la nécessité, l'émotion et l'influence sociale. Ils ne s'excluent pas mutuellement. La plupart des individus incarnent un mélange d'archétypes, avec un ou deux schémas dominants. L'important n'est pas de corriger ou d'éliminer ces tendances, mais de les comprendre. Les archétypes offrent un langage à notre psyché financière, un moyen de nommer les moteurs invisibles de nos comportements.

Comprendre son archétype a également des implications pratiques. Cela influence la façon dont on se fixe des objectifs, dont on prend des décisions sous pression, et dont on vit la réussite ou l'échec financier. Par exemple, un Investisseur Martyr pourrait avoir besoin de fixer des limites à ses dons. Un Gagnant Coupable pourrait tirer profit d'affirmations dissociant valeur et culpabilité. Un Minimaliste Accumulateur pourrait expérimenter des plaisirs planifiés pour recalibrer son système nerveux. Il ne s'agit pas d'exercices de complaisance, mais de recalibrages essentiels qui favorisent la résilience financière et le bien-être psychologique.

De plus, reconnaître son archétype peut radicalement transformer sa façon d'interagir avec l'éducation financière. Une grande partie des conseils financiers traditionnels sont conçus en fonction d'un archétype présumé – souvent un planificateur rationnel, quelqu'un qui prend des décisions sans influence émotionnelle. Mais c'est rarement le cas. La plupart des gens, même dotés de connaissances financières, se comportent parfois de manière irrationnelle, car ils ne sont pas guidés uniquement par la logique. Ils sont guidés par leur identité. Lorsque les conseils ignorent cela, ils ne trouvent pas d'écho. Lorsqu'ils sont adaptés aux schémas archétypiques, ils deviennent transformateurs.

Il est tout aussi important de reconnaître les liens entre ces archétypes et les récits culturels, sexistes et socioéconomiques. Le « gagnant coupable » pourrait être plus répandu chez les femmes socialement conditionnées à privilégier les soins aux personnes plutôt que l'accumulation. Le « minimaliste accumulateur » pourrait être amplifié dans les communautés historiquement marginalisées économiquement. L'investisseur martyr pourrait être issu de traditions qui assimilent service et sacrifice. Comprendre ces strates contextuelles approfondit notre compassion – envers nous-mêmes et envers les autres – et nous empêche d'interpréter à tort des comportements protecteurs profondément rationnels comme de simples erreurs financières.

En fin de compte, les archétypes financiers ne sont pas des cages, mais des clés. Ils nous ouvrent une compréhension plus profonde, nous offrant les clés nécessaires pour changer non seulement notre gestion de l'argent, mais aussi notre *perception* de ces actions. Ils révèlent que derrière chaque ligne budgétaire se cache une croyance, et derrière chaque croyance se cache une histoire. Et même si nous n'en avons pas écrit les premiers chapitres, nous avons le pouvoir d'en modifier le scénario.

Travailler avec son archétype, c'est s'engager dans un leadership conscient. C'est faire preuve de compassion envers des schémas autrefois déroutants ou frustrants. C'est retrouver le libre arbitre là où il n'y avait auparavant que réaction. Et surtout, c'est construire une vie financière qui reflète qui vous êtes *vraiment*, et non qui vous avez été conditionné à être.

À mesure que vous progressez dans ce chapitre, laissez ces archétypes vous servir non pas de définitions définitives, mais de points de départ. Utilisez-les pour cartographier votre relation émotionnelle à la richesse, vos croyances héritées sur la valeur et vos tendances comportementales sous la pression financière. En nommant ce schéma, vous commencez à vous libérer de son emprise. Et à partir de cette clarté, vous pouvez commencer à vous forger une nouvelle identité, ancrée non pas dans la peur, la culpabilité ou le manque, mais dans la détermination, la confiance et la capacité d'agir. C'est là le pouvoir de la conscience financière. Elle ne change pas seulement votre comportement. Elle change votre histoire. Et de cette histoire peut émerger une richesse différente, qui reflète non seulement ce que vous possédez, mais aussi la profondeur de votre connaissance de vous-même.

Le miroir de l'estime de soi

L'argent n'existe pas en vase clos. Il n'est pas simplement un outil d'échange neutre ou un système rationnel d'entrées et de sorties. Il est, à bien des égards, un miroir, reflétant non seulement notre perspicacité financière, mais aussi notre sentiment profond de valeur. Derrière chaque négociation salariale refusée, chaque investissement reporté, chaque opportunité manquée et chaque objectif d'épargne abandonné, se cache souvent un courant sous-jacent: une croyance secrète quant à ce que nous méritons. Et cette croyance, plus que n'importe quel tableur ou tendance boursière, détermine la limite supérieure de notre potentiel financier.

L'estime de soi est la mesure interne de la valeur que nous nous accordons, non seulement aux yeux des autres, mais aussi dans notre propre environnement psychologique. Elle influence notre confiance en nous-mêmes dans le monde professionnel, notre capacité à fixer des limites et notre sentiment d'avoir droit aux ressources, au repos, à l'abondance et à la joie. Sur le plan financier, l'estime de soi fonctionne comme un thermostat. Elle régule les revenus que nous nous autorisons à atteindre, les prix que nous nous sentons à l'aise de fixer, les risques que nous sommes prêts à prendre et les limites que nous fixons en matière d'argent. Lorsque l'estime de soi est faible, nous avons tendance à gagner, à épargner et à investir moins, non pas par incompétence, mais en raison d'un décalage entre ce que nous désirons et ce que nous croyons avoir le droit d'avoir.

Le lien entre estime de soi et comportement financier est bien établi dans la recherche psychologique et économique. Des études ont montré que les personnes ayant une faible estime de soi sont moins enclines à négocier leur salaire, plus susceptibles de sous-facturer leurs services et souvent plus enclines à l'auto-sabotage financier. À l'inverse, celles qui ont une bonne estime de soi ont tendance à faire preuve d'une plus grande initiative financière, d'une plus grande résilience et d'une plus grande clarté. Mais ce n'est pas simplement une question de confiance extérieure ; c'est une question de permission intérieure.

Prenons le cas d'Elena, une décoratrice d'intérieur indépendante qui, malgré un portefeuille croissant et un flux constant de clients, facturait systématiquement moins cher que ses pairs. Lorsqu'on lui demandait pourquoi elle n'avait pas augmenté ses tarifs, elle hésitait: « Je crois que je n'ai pas encore l'impression d'y être. » « Là », bien sûr, n'était pas un seuil mesurable. C'était un seuil émotionnel, un sentiment de suffisance qui n'avait rien à voir avec ses compétences ou ses résultats. En retraçant ce sentiment, Elena se souvenait qu'enfant, on lui disait d'« être reconnaissant pour tout ce qu'on reçoit » et que « demander plus est égoïste ». Ces leçons bien intentionnées s'étaient transformées en croyances adultes qui rendaient l'ambition financière inappropriée. Ses tarifs ne relevaient pas d'une stratégie commerciale. Ils reflétaient une identité silencieusement façonnée par des récits précoces de modestie et de culpabilité.

Cette dynamique n'est pas propre aux entrepreneurs. Dans le monde de l'entreprise, l'estime de soi est tout aussi importante. Une étude de Linda Babcock et Sara Laschever, publiée dans *Women Don't Ask*, révèle que les hommes engagent quatre fois plus souvent des négociations salariales que les femmes, et lorsqu'ils le font, ils demandent généralement – et obtiennent – des montants plus élevés. Si les inégalités structurelles jouent indéniablement un rôle, les chercheurs soulignent également l'existence de croyances intériorisées sur la valeur et la permission. Si l'on ne croit pas valoir plus, on est beaucoup moins susceptible de le demander, et encore moins d'insister. Et ce schéma se répète non seulement pour les salaires, mais aussi pour les primes, les promotions, les décisions d'investissement et les accords commerciaux.

Le dialogue intérieur est souvent subtil, mais persistant: *qui suis-je pour en demander plus? Et s'ils refusent? Et si je ne peux pas tenir mes promesses?* Ces questions sont rarement ancrées dans la performance réelle. Elles découlent d'une auto-évaluation plus profonde, un système de notation interne qui nous enferme dans des limites familières. Même en cas de succès, ceux dont l'estime de soi est fragile peuvent se sentir mal à l'aise face aux récompenses et chercher à les minimiser, à les détourner ou à les abandonner.

C'est l'architecture émotionnelle de ce que la psychologue Gay Hendricks appelle « le problème de la limite supérieure ». Lorsque les individus dépassent leur seuil intériorisé de réussite, de joie ou de richesse, ils créent souvent inconsciemment des conflits ou des revers pour rétablir l'équilibre. Ce phénomène est visible chez ceux qui reçoivent une prime et dépensent immédiatement trop, chez les entrepreneurs qui sabotent des contrats prometteurs ou chez les professionnels qui s'épuisent après avoir atteint un objectif longtemps convoité. Le problème n'est pas le manque de désir, mais une dissonance intérieure. La réalité extérieure a changé, mais l'image de soi, elle, est restée la même.

Pour remédier à cette dissonance, il faut plus qu'une validation externe ou des astuces comportementales. Il faut s'interroger consciemment sur les racines de l'estime de soi. D'où viennent vos convictions de mérite? Avez-vous été félicité pour vos efforts ou votre perfection? Vos proches vous ont-ils donné l'exemple de la confiance financière ou de l'inquiétude chronique? Vous a-t-on appris que l'argent était une récompense pour la bonté ou une source de corruption? Ces empreintes précoces ne sont pas que des souvenirs d'enfance: elles constituent le fondement de notre identité financière à l'âge adulte.

Prenons l'exemple de Jamal, un analyste financier issu d'un milieu ouvrier, récemment promu à un poste de direction. Cette promotion s'accompagnait d'une augmentation salariale substantielle et d'une visibilité accrue au sein de son entreprise. Au lieu de se réjouir, il se retrouva en proie au doute et au syndrome de l'imposteur. Il hésitait à s'exprimer en réunion, refusait des opportunités de leadership et se demandait même si cette promotion n'était pas une erreur administrative. Le malaise de Jamal n'était pas dû à un manque de compétences, mais à la conviction profonde que les personnes comme lui n'étaient pas destinées à occuper des postes de pouvoir financier ou professionnel. Il essayait de se reconstruire financièrement avec une identité dépassée.

Grâce au coaching et à l'introspection, Jamal a commencé à explorer ce décalage. Il a écrit des lettres à son jeune moi, a décrypté les messages qu'il avait absorbés sur la classe sociale et la compétence, et a progressivement commencé à affirmer un nouveau récit. À mesure que son estime de soi se réévaluait, ses comportements évoluaient également. Il a commencé à prendre des décisions plus audacieuses, à investir dans son propre développement et, finalement, à encadrer d'autres personnes confrontées à des transitions similaires. Son histoire illustre une vérité essentielle: lorsque notre estime de soi s'élargit, notre vie financière suit.

Ce rééquilibrage intérieur n'est pas seulement psychologique: il a des implications comportementales. Lorsque l'estime de soi est en phase avec l'ambition, les individus sont plus enclins à investir en eux-mêmes. Ils considèrent l'éducation, le mentorat, le bien-être et le repos non pas comme un luxe, mais comme une nécessité. Ils sont plus enclins à refuser des opportunités sous-payées, à affirmer leur valeur et à préserver leur temps et leur énergie. Ces comportements ne sont pas motivés par l'ego ; ils sont ancrés dans un fondement intérieur stable qui affirme: « Je suis suffisant et je mérite de vivre de cette position. »

Pour ceux qui cherchent à renforcer leur estime financière, des stratégies pratiques peuvent accompagner ce changement interne. L'une d'elles est l'inventaire des preuves: une pratique de journalisation où chacun répertorie des preuves tangibles de ses compétences, de son impact et de son développement. Au fil du temps, cette liste fait contrepoids à la critique intérieure. Une autre stratégie est l'échelle de valeur: une réflexion sur la façon dont votre travail ou votre présence crée de la valeur à plusieurs niveaux, du personnel au sociétal. En exprimant clairement votre contribution, vous commencez à l'intérioriser.

Il est également essentiel de revoir et de remettre en question ses croyances limitantes. Si vous vous surprenez à penser: « Je ne suis pas doué avec l'argent » ou « Les gens comme moi ne deviennent pas riches », demandez-vous: à qui appartient cette voix? Quand l'ai-je entendue pour la première fois? Est-elle objectivement vraie ou émotionnellement familière? Remplacez ces croyances par d'autres qui sont non seulement valorisantes, mais crédibles. L'estime de soi ne naît pas d'illusions, mais d'une honnête reconnaissance de soi.

En fin de compte, le miroir de l'estime de soi reflète non seulement notre perception de l'argent, mais aussi ce que nous croyons de nous-mêmes. Il nous invite à nous demander si nos limites financières sont circonstancielles ou auto-imposées. Il remet en question l'idée selon laquelle la stratégie seule suffit à transformer. Et il nous invite à imaginer ce qui serait possible si nous arrêtions d'attendre d'être « prêts » et décidions plutôt d'être dignes dès maintenant.

En réalité, vous ne surpasserez jamais durablement votre image de vous-même. Vous pouvez avoir de la chance, vous démener ou connaître un succès temporaire, mais si votre thermostat interne est réglé sur le manque ou l'indignité, vous finirez par adapter votre environnement. Un changement durable se produit lorsque votre identité rattrape vos objectifs, lorsque vous cessez de demander la permission de bien gagner, d'épargner et d'investir, et que vous commencez à agir avec la conviction que vous le méritez déjà.

L'estime de soi n'est pas de l'arrogance. C'est la certitude tranquille d'avoir de la valeur et que votre vie financière doit la refléter concrètement. C'est le fondement sur lequel se construit une richesse durable – pas seulement en chiffres, mais en confiance, en sérénité et en possibilités. Lorsque vous vous regardez dans le miroir financier, que voyez-vous? Plus important encore, quelle est votre valeur? La réponse à cette question façonnera tout ce qui suivra.

Syndrome de l'imposteur financier

Pour beaucoup, la réussite financière n'apporte pas les sentiments de sécurité, de confiance ou d'épanouissement escomptés. Elle engendre plutôt de l'inconfort, de l'anxiété ou le sentiment tenace d'être immérité – qu'à tout moment, quelqu'un pourrait se rendre compte qu'il n'a pas sa place. Ce phénomène, communément appelé *syndrome de l'imposteur financier* , est plus qu'une insécurité passagère. C'est une expérience psychologique profondément ancrée qui déforme la perception que les individus ont de leurs réussites et de leur droit à jouir ou à maintenir une stabilité financière. Même lorsque les indicateurs externes suggèrent la prospérité, le récit intérieur murmure une autre histoire: *vous n'êtes pas fait pour cela.*

Le syndrome de l'imposteur, en tant que concept psychologique, a été identifié pour la première fois en 1978 par les psychologues Pauline Clance et Suzanne Imes, qui l'ont observé principalement chez des femmes très performantes. Bien qu'initialement abordé dans le contexte universitaire et professionnel, sa manifestation financière est tout aussi répandue, et sans doute plus insidieuse. Le syndrome de l'imposteur financier ne se résume pas à douter de ses compétences professionnelles ; il s'agit d'un sentiment de déconnexion émotionnelle et psychologique avec sa réalité financière, quelle que soit la manière dont elle a été acquise. Il s'agit de l'intériorisation de son indignité face à des preuves du contraire.

Ce décalage est particulièrement marqué chez ceux qui connaissent une croissance financière rapide, une mobilité sociale ascendante ou un changement significatif d'identité économique. Les personnes qui ont créé leur propre patrimoine, les immigrants, les travailleurs indépendants accédant à de nouvelles tranches de revenus ou les personnes ayant surmonté la pauvreté sont particulièrement vulnérables. Ils sont souvent porteurs de schémas psychologiques et culturels qui associent l'argent à un compromis moral, une trahison sociale ou une distance émotionnelle. Lorsque ces schémas intériorisés entrent en conflit avec une réussite financière nouvelle, une dissonance cognitive apparaît. Au lieu d'intégrer la richesse à une image saine de soi, ils se sentent comme des acteurs sur une scène empruntée.

Prenons l'histoire de Daniel, un développeur informatique élevé dans une famille ouvrière de Manchester. Après plusieurs promotions, Daniel s'est retrouvé à gagner plus en un an que ses parents en cinq ans. Bien que fier en apparence, il luttait intérieurement contre la culpabilité, l'anxiété et le sentiment persistant d'avoir « eu de la chance ». Il évitait d'investir, hésitait à dépenser pour lui-même et craignait constamment qu'un faux pas ne vienne tout bouleverser. Interrogé sur ses projets financiers, il esquivait la question avec humour ou minimisait ses réussites. Daniel ne souffrait pas d'un manque de compétences financières ; il peinait à concilier ce qu'il était devenu avec ce qu'il était auparavant.

De telles expériences ne sont pas seulement émotionnelles: elles sont renforcées neurologiquement. Le cerveau humain se nourrit de cohérence et de familiarité. Lorsque la réalité évolue rapidement, surtout pour le meilleur, elle peut déclencher une réaction de menace au niveau de l'amygdale. Le subconscient, conditionné par des années de pénurie ou de prudence, ne fait pas la distinction entre une menace pour la sécurité physique et une menace perçue pour l'identité. Autrement dit, la richesse peut être ressentie comme une source d'insécurité émotionnelle si le système de croyances internes n'a pas évolué pour l'intégrer.

De plus, le contexte social exacerbe souvent le malaise. Le syndrome de l'imposteur financier n'existe pas isolément: il est façonné par les relations et les normes culturelles. Une personne qui grandit dans une communauté modeste et qui rejoint plus tard un cercle aisé peut se sentir coincée entre deux mondes, ne sachant comment s'y prendre. Elle peut être perçue comme « trop riche » par sa famille ou

« trop frugale » par ses nouveaux pairs. Cette tension identitaire est exacerbée lorsque le langage autour de l'argent reste chargé d'émotion. Des expressions comme « se vendre », « se dépasser » ou « l'argent change les gens » renforcent l'idée que la réussite financière est incompatible avec l'authenticité ou la loyauté.

Chez les femmes, ces expériences sont souvent amplifiées par le conditionnement genré. Les messages culturels enseignent souvent aux femmes à associer l'attention, l'humilité et l'altruisme à la vertu. Par conséquent, elles peuvent intérioriser la croyance que la recherche de richesse est antiféminine, égoïste ou socialement dangereuse. Même lorsqu'elles franchissent des étapes financières importantes, elles peuvent les minimiser, refuser les éloges ou s'auto-saboter. Une étude d'Allianz a révélé que 57 % des femmes se sentent dépassées par la planification financière, et beaucoup attribuent leur malaise non pas à un manque de connaissances, mais à un sentiment d'inadéquation ou d'imposture. Cela suggère que le problème n'est pas l'éducation, mais l'identité.

Le monde de l'entreprise n'est pas épargné. Cadres, avocats et entrepreneurs déclarent régulièrement se sentir comme des imposteurs financiers, surtout lorsqu'ils sont issus de milieux atypiques ou qu'ils accèdent à des postes d'élite sans avoir bénéficié d'une fortune générationnelle. Malgré leurs distinctions et leurs revenus, ils vivent dans une peur chronique d'être « découverts » – une peur qui les conduit souvent à travailler trop, à ne pas exiger suffisamment ou à sous-investir chroniquement en eux-mêmes. L'ironie est flagrante: ceux qui doutent le plus de leur légitimité financière sont souvent ceux qui l'ont acquise grâce à une résilience et des efforts extraordinaires.

Le syndrome de l'imposteur financier influence également le comportement des individus avec l'argent. Les personnes atteintes peuvent éviter la planification financière, refuser les conseils ou ne pas saisir les opportunités de création de richesse, non pas par manque de capacités, mais par sentiment de ne pas le mériter. Cela peut conduire à un cercle vicieux. L'évitement conduit à de mauvaises décisions, ce qui renforce le sentiment d'inadéquation, et donc à un évitement supplémentaire. Avec le temps, ce schéma s'enracine, non pas par connaissance, mais par récit.

Alors, que faut-il pour briser ce cycle? La première étape est la reconnaissance. Nommer le phénomène crée une pause entre croyance et comportement. Cela permet aux individus d'observer leurs pensées avec distance et curiosité. Au lieu d'accepter le récit – « *Je n'ai pas ma place ici* » –, ils peuvent commencer à se demander: « *D'où vient cette croyance?* » *S'appuie-t-elle sur des preuves ou sur l'émotion? Est-elle utile ou freinante ?*

Dès lors, une redéfinition devient essentielle. La réussite financière doit être perçue non comme une aberration, mais comme une continuité, fruit de choix, d'efforts et de capacités réels et reproductibles. Cette redéfinition ne se résume pas à une affirmation aveugle ; elle consiste à contextualiser la réussite dans un récit de croissance, plutôt que d'exception. Elle peut impliquer de revisiter les réussites passées, d'identifier les points forts personnels et d'ancrer les résultats financiers dans la constance des efforts plutôt que dans la chance.

Tenir un journal peut être un outil puissant dans ce processus. Un exercice consiste à écrire deux histoires parallèles: celle racontée par votre voix imposteur, et celle ancrée dans les faits. Par exemple, « J'ai eu de la chance avec cette promotion » peut être reformulé ainsi: « J'ai été choisi pour cette promotion parce que j'ai constamment apporté de la valeur et pris des initiatives. » L'acte d'écrire recadre le récit subconscient, construisant progressivement un nouveau scénario interne.

Il est également essentiel de favoriser des environnements qui favorisent cette croissance. Partager ses sentiments d'imposture avec des pairs ou des mentors de confiance révèle souvent leur fréquence. Normaliser ces expériences diminue leur impact. Les groupes de soutien, le coaching professionnel et la thérapie financière peuvent apporter un soutien supplémentaire, en offrant à la fois des stratégies cognitives et une sécurité émotionnelle pour explorer les croyances difficiles.

Une planification financière pratique joue également un rôle dans la résolution des dynamiques d'imposture. Élaborer une stratégie financière à long terme, aussi simple soit-elle, crée un sentiment de contrôle et de cohérence. Cela signale au cerveau que la richesse n'est pas accidentelle: elle est gérée, durable et digne d'attention. Célébrer les succès financiers, aussi modestes soient-ils, renforce l'idée que le succès est mérité. Cela renforce ce que les psychologues appellent la « confiance méritée », un sentiment de confiance en soi fondé sur des actions répétées.

Il est important que ceux qui luttent contre le syndrome de l'imposteur financier apprennent à actualiser leur image d'eux-mêmes. Nos identités ont tendance à être en décalage avec nos réalités. Il n'est pas rare d'avoir atteint un nouveau niveau de réussite tout en se sentant comme celui qui a lutté pour s'en sortir. Mais comme toute transition, l'intégration prend du temps. Être riche, ou même financièrement stable, n'est pas une trahison de qui l'on était ; c'est une évolution de ce que l'on devient. Et cette évolution ne nécessite pas l'abandon de valeurs, mais leur approfondissement.

Fondamentalement, le syndrome de l'imposteur financier n'est pas une question de chiffres. Il s'agit d'une question d'appartenance. Il s'agit de concilier visibilité financière et sécurité psychologique, abondance et authenticité, et croissance et ancrage. En s'attaquant à la racine émotionnelle, plutôt qu'au seul symptôme comportemental, nous pouvons passer de l'insécurité à l'intégrité – du sentiment d'imposteur à celui de véritable architecte de notre vie financière.

Ce travail n'est pas toujours confortable, mais il est profondément nécessaire. Tant que votre richesse vous semblera un déguisement, vous vivrez dans la peur d'être démasqué. Mais lorsqu'elle devient une extension de vous-même – honnêtement gagnée, sagement gérée et reçue consciemment – elle peut enfin remplir sa véritable fonction: non pas impressionner, ni protéger, mais donner du pouvoir. Vous n'êtes pas un accident. Votre réussite non plus. Plus tôt vous y croirez, plus vous pourrez pleinement revendiquer tout ce que vous avez déjà construit – et tout ce qui reste à venir.

Auto-sabotage: quand on brûle le sac

Il existe un paradoxe au cœur de la finance moderne: si de nombreuses personnes aspirent ouvertement à une plus grande liberté financière – revenus plus élevés, investissements sûrs, richesse à long terme –, un nombre étonnant d'entre elles compromettent activement leur propre progression lorsque ces opportunités se matérialisent. Cet auto-sabotage n'est pas toujours spectaculaire. Il peut être aussi subtil que refuser une augmentation par inconfort, dépenser trop après une prime ou reporter indéfiniment des décisions d'investissement avec une litanie de justifications rationnelles. Cela peut se présenter comme une mauvaise planification ou de l'indifférence, mais sous la surface se cache quelque chose de plus complexe: une résistance psychologique à la possession, à la conservation ou à l'accroissement de la richesse. Lorsque les gens « brûlent leur argent » – c'est-à-dire détruisent ou réduisent leurs propres gains financiers –, ils ne prennent pas simplement de mauvaises décisions. Ils mettent en œuvre des scénarios émotionnels non résolus, où la finance comportementale et la thérapie psychologique se croisent.

Pour comprendre pourquoi l'auto-sabotage est si répandu, il faut d'abord dépasser l'hypothèse selon laquelle les décisions financières sont purement rationnelles. L'économie classique considère l'individu comme un acteur logique qui évalue les coûts et les avantages avant de faire des choix optimaux. Mais la finance comportementale – une discipline interdisciplinaire mêlant psychologie, économie et sciences cognitives – a démantelé cet idéal. Les êtres humains sont tout sauf systématiquement rationnels, surtout lorsque l'argent touche à des domaines émotionnels plus profonds tels que l'identité, la sécurité, la honte ou l'estime de soi.

Un enseignement clé de la finance comportementale est que les gens ne se contentent pas de gérer leur argent: ils gèrent leurs émotions par l'argent. Dépenser, épargner, investir ou éviter de dépenser ne sont pas de simples actes financiers ; ce sont des expressions émotionnelles. Parfois, ces expressions sont saines, comme utiliser son épargne pour se garantir un avenir sûr. Mais souvent, surtout lorsqu'on n'y prête pas attention, elles peuvent se transformer en formes d'auto-sabotage. Cela est particulièrement évident lorsque les individus reçoivent des gains financiers exceptionnels. Des gains inattendus – remboursement d'impôt, héritage, prime ou gain à la loterie – déclenchent souvent des conflits internes. Sans un cadre interne solide et stable pour détenir un patrimoine, les bénéficiaires peuvent inconsciemment trouver des moyens de se débarrasser de cet argent au plus vite.

Prenons le cas de Ryan, un consultant en marketing qui a perçu une importante indemnité après la vente de sa start-up. En dix-huit mois, il avait épuisé la quasi-totalité de cette somme par des dépenses somptuaires, de mauvais investissements et une générosité quasi compulsive. Interrogé à ce sujet, il a admis: « Je n'ai jamais eu l'impression que c'était à moi. » Le comportement de Ryan n'était pas dû à l'ignorance: il avait accès à des conseillers et avait beaucoup lu sur la littératie financière. Mais savoir intellectuellement gérer son argent n'est pas synonyme d'être psychologiquement préparé à le gérer. L'identité de Ryan n'avait pas été à la hauteur de sa nouvelle situation financière. Au fond, il se considérait toujours comme un outsider: un homme fragile, négligé, jamais totalement en sécurité. La richesse a bouleversé cette identité, et son subconscient a corrigé le déséquilibre.

Ce phénomène n'est pas rare. Le phénomène du « syndrome de la richesse soudaine » est bien documenté chez les gagnants à la loterie et les athlètes qui réalisent des gains financiers rapides. Des études ont montré qu'en trois à cinq ans, un pourcentage important de gagnants à la loterie retrouvent leur situation financière antérieure, voire pire. La cause en est rarement une simple mauvaise gestion technique ; il s'agit plutôt d'un dérèglement émotionnel. Lorsque l'argent arrive plus vite que l'identité n'évolue, le sabotage devient une forme de rétablissement de l'équilibre.

L'auto-sabotage se manifeste également sous des formes plus subtiles et quotidiennes. Prenons l'exemple de Maya, une universitaire qui refusait systématiquement les négociations salariales malgré ses responsabilités croissantes. Son raisonnement était que demander plus pourrait la faire passer pour ingrate. Mais sous-jacente, se cachait la conviction tacite que plus d'argent l'aliénerait de ses pairs ou la rendrait complice de systèmes qu'elle critiquait depuis longtemps. Son malaise ne résidait pas dans l'argent en soi, mais dans les implications morales perçues de l'abondance. Dans son esprit, modestie rimait avec intégrité. Cette équation intériorisée la maintenait financièrement stagnante, malgré des preuves objectives de sa sous-estimation.

Prenons l'exemple de Kevin, graphiste indépendant, qui évitait complètement d'investir, malgré des économies conséquentes. Son excuse était toujours le timing: le marché était volatil, les honoraires flous, le risque trop élevé. Mais son hésitation a persisté au fil des ans et des cycles économiques. Finalement, grâce à un coaching, il a retrouvé un souvenir précoce: celui d'avoir vu son père perdre de l'argent dans une entreprise qui a fait faillite. Le traumatisme de cet événement lui avait inculqué la conviction que l'accumulation de richesses impliquait la perte. Pour Kevin, ne pas investir n'était pas une mauvaise stratégie, mais une forme d'autoprotection.

Ces exemples révèlent que l'auto-sabotage n'est pas un défaut de discipline ; c'est la manifestation de systèmes de croyances non examinés. Ces croyances se forment souvent tôt et se renforcent subtilement: vouloir plus est de la cupidité, la richesse corrompt, le confort financier crée de la distance dans les relations, le succès entraîne des réactions négatives ou l'abandon. De telles croyances s'expriment rarement. Elles opèrent en coulisses, guidant discrètement les décisions, attisant la culpabilité ou rationalisant l'évitement.

L'intersection entre finance comportementale et thérapie devient ici essentielle. Les conseils financiers traditionnels – budgétiser, épargner, investir – sont inefficaces s'ils ignorent les facteurs émotionnels qui sous-tendent la prise de décision. Un plan financier peut être techniquement solide, mais s'il ne tient pas compte du confort psychologique du client face à l'argent, il a peu de chances d'être mis en œuvre. Les thérapeutes, quant à eux, ont toujours été lents à intégrer les questions financières dans le travail psychologique, malgré leur importance cruciale pour le bien-être des clients. Le nouveau domaine de la thérapie financière cherche à combler ce fossé en proposant une approche intégrée qui traite le comportement financier comme une question à la fois pratique et émotionnelle.

Fondamentalement, l'auto-sabotage financier est un décalage entre comportement et croyances. Il s'agit d'une tentative de vivre une vie d'abondance financière avec un état d'esprit conditionné par la pénurie. Tant que cet état d'esprit n'est pas corrigé, les efforts de changement comportemental sont temporaires. C'est là que des pratiques telles que la tenue d'un journal financier, la cartographie du récit intérieur et les techniques de régulation émotionnelle deviennent indispensables. Elles permettent aux individus de faire émerger les croyances qui motivent leur comportement et d'entamer un travail de recadrage.

Par exemple, un exercice utile consiste à suivre non seulement les décisions financières, mais aussi les émotions qui les entourent. Qu'avez-vous ressenti lors de cet achat imprévu? Quelle pensée a précédé votre décision d'ignorer votre compte d'investissement pendant six mois? Quelle histoire vous est venue à l'esprit lorsque vous avez refusé une augmentation? Au fil du temps, des schémas apparaissent: non pas de l'insouciance, mais des peurs inexprimées, une culpabilité héritée ou un traumatisme non résolu. Mettre ces schémas en lumière n'est pas une question de culpabilité, mais de choix. On ne peut pas changer ce qu'on ne voit pas.

Il est tout aussi important d'élargir son identité pour y inclure la stabilité et la croissance financières. Cela implique d'imaginer délibérément un soi qui gère sa richesse avec clarté, aisance et détermination. La visualisation, l'affirmation et la réécriture narrative ne sont pas de la magie, mais des outils de conditionnement psychologique. Lorsque le système nerveux est habitué à la pénurie ou au chaos, ces pratiques servent à reprogrammer les réponses émotionnelles et à normaliser les nouvelles expériences.

La communauté et l'environnement jouent également un rôle important. Si tous les membres de votre entourage rencontrent des difficultés financières ou diabolisent la réussite, il devient difficile de maintenir une croissance durable sans déclencher de conflits internes. S'entourer de pairs, de mentors ou de communautés financièrement autonomes permet de redéfinir ce qui est perçu comme « normal ». Cela apporte à la fois soutien et modèle pour un comportement plus sain.

Des interventions structurelles sont également nécessaires. Automatiser l'épargne, investir progressivement ou mettre en place des garde-fous financiers peuvent contribuer à contrer les comportements impulsifs pendant qu'un travail plus approfondi est en cours. Ces systèmes agissent comme des stabilisateurs temporaires, protégeant les individus de leurs propres tendances jusqu'à ce que leur monde intérieur s'aligne sur leurs objectifs extérieurs.

En fin de compte, l'auto-sabotage financier n'est pas un défaut de caractère. C'est un signal. Un signal que votre vie financière a dépassé votre cadre psychologique actuel. Que votre identité, façonnée par des limites passées, est désormais appelée à s'épanouir. C'est inconfortable, certes, mais c'est aussi le moment de la transformation. Lorsque vous ressentez le besoin de tout brûler, de défaire vos propres progrès, de retomber dans vos vieux schémas, marquez une pause. Ne vous demandez pas ce que vous faites, mais ce que vous défendez. Souvent, la réponse vous surprendra.

La transformation ne commence pas avec des feuilles de calcul ou des slogans. Elle commence par le courage de s'introspecter, de remettre en question le familier et d'écrire un nouveau récit – un récit où le succès n'est ni craint, ni saboté, ni excusé, mais accueilli avec grâce, soutenu intentionnellement et utilisé avec sagesse. En cessant de brûler nos propres ressources, nous cessons de craindre notre propre pouvoir. Et dans cet espace, une autre forme de richesse devient possible – non seulement financière, mais aussi personnelle, relationnelle et profondément libératrice.

Réécrire votre identité patrimoniale

Les changements les plus marquants dans la vie financière naissent rarement d'un simple calcul: ils naissent dans l'image que l'on se fait de soi. Bien avant d'établir un budget, de négocier une augmentation ou d'investir, une personne est porteuse d'un ensemble de croyances et de récits intériorisés qui déterminent ce qu'elle s'autorise à avoir, à conserver ou à développer. Ce cadre interne, souvent inconscient, façonne l'architecture de nos décisions financières. C'est ce que les psychologues comportementalistes appellent le *comportement identitaire*: nous n'agissons pas uniquement selon la logique, mais en fonction de ce que nous pensons être. Pour opérer une transformation durable, nous devons donc nous poser une question fondamentale: *qui êtes-vous financièrement?* Et, plus important encore, *qui êtes-vous prêt à devenir ?*

Réécrire votre identité patrimoniale consiste à remodeler consciemment votre image financière. Il ne s'agit pas de prétendre être quelqu'un que vous n'êtes pas ; il s'agit de réaligner vos actions avec une version plus juste, plus autonome et plus complète de vous-même. Ce processus intègre des connaissances issues de la psychologie, de la finance comportementale et de la théorie narrative, révélant que la richesse n'est pas simplement quelque chose que l'on acquiert, mais quelque chose que l'on apprend à incarner.

Pour beaucoup, leur identité de richesse actuelle n'a pas été choisie consciemment. Elle s'est construite au fil d'expériences accumulées: grandir dans un environnement où l'argent était rare ou tabou ; être témoin d'une dynamique familiale façonnée par le sacrifice ou les excès ; absorber des messages culturels associant la richesse à la cupidité, au danger ou à la déconnexion. Ces premières perceptions se cristallisent en archétypes – celui qui donne trop, celui qui gagne peu, celui qui planifie en évitant – et commencent à fonctionner comme des paramètres par défaut. Elles forment un plafond invisible, régissant la limite supérieure de ce que nous nous autorisons à gagner, à conserver et à nous sentir en sécurité.

Prenons l'exemple de Leanne, une rédactrice indépendante qui, malgré une demande constante, n'a jamais augmenté ses tarifs. Ses pairs l'encourageaient à augmenter ses prix et ses clients louaient régulièrement son travail. Pourtant, quelque chose la retenait. Grâce au coaching, elle a retrouvé ce malaise dans ses souvenirs d'enfance, celui de sa mère cumulant plusieurs emplois tout en insistant sur le fait que « les gens bien ne demandent pas trop cher ». L'identité de Leanne a été façonnée non seulement par son comportement économique, mais aussi par sa fidélité émotionnelle. Son hésitation ne relevait pas de la dynamique du marché, mais de la loyauté envers des croyances héritées. Réécrire son identité de riche exigeait non seulement une stratégie économique, mais aussi une réconciliation émotionnelle.

L'acte de réécriture commence par la prise de conscience. Vous ne pouvez pas modifier ce que vous n'avez pas nommé. Commencez par examiner vos comportements financiers actuels avec curiosité. Sous-estimez-vous vos dépenses, dépassez-vous vos budgets, retardez-vous vos décisions ou vous en remettez-vous à d'autres pour les questions d'argent? Plutôt que de juger ces comportements, considérez-les comme des données. Chaque tendance est un indice révélateur d'une identité profonde. Si vous retardez fréquemment vos investissements, vous ne vous considérez peut-être pas comme « une personne qui crée de la richesse ». Si vous avez du mal à recevoir des éloges financiers, votre discours intérieur vous dit peut-être que la réussite est dangereuse ou imméritée. Il ne s'agit pas de tendances aléatoires, mais de l'expression extérieure de définitions intérieures.

Une fois les schémas identifiés, l'étape suivante consiste à interroger les récits qui les sous-tendent. C'est là que la psychologie rencontre le recadrage narratif. Demandez-vous: *à qui appartient cette voix? Quand l'ai-je entendue pour la première fois? Me sert-elle encore?* Souvent, nos identités financières se construisent à partir de scénarios écrits par d'autres: parents, enseignants, pairs, médias. Ils remplissaient une fonction à l'époque, offrant sécurité, approbation ou sentiment d'appartenance. Mais en grandissant, ces scénarios peuvent devenir obsolètes, voire bloquants. L'enfant qui a appris à se faire invisible pour éviter les critiques peut devenir l'adulte qui pratique la sous-estimation pour éviter les conflits. L'adolescent qui associait richesse et arrogance peut devenir l'entrepreneur qui évite la visibilité pour préserver son humilité.

Ces récits hérités peuvent être réécrits grâce à une réécriture délibérée et cohérente. Cela implique de développer une nouvelle histoire intérieure, qui reflète non seulement qui vous êtes, mais aussi qui vous devenez. Il est crucial que cette histoire soit émotionnellement résonnante et intellectuellement crédible. Les affirmations trop positives, qui semblent déconnectées de la réalité, suscitent souvent de la résistance plutôt que du changement. Au lieu de déclarer: « Je suis millionnaire », on pourrait commencer par: « J'apprends à bâtir une vie financière durable avec clarté et confiance. » Ce recadrage est à la fois plus crédible et plus propice à l'épanouissement identitaire.

Les rituels du monde réel peuvent renforcer ce changement. Tasha, cadre en milieu de carrière, tenait un journal quotidien pour construire une relation avec sa nouvelle identité patrimoniale.

Chaque matin, elle écrivait trois phrases décrivant le type de leader financier qu'elle était en train de devenir. Ces phrases comprenaient des actions concrètes (« Je consulte mes comptes chaque semaine avec confiance ») et des états émotionnels (« Je me sens en sécurité en gagnant plus que nécessaire »). Au fil du temps, cette pratique l'a fait passer d'un accord conceptuel à une conviction incarnée. Son comportement a également évolué: elle a commencé à investir de manière plus stratégique, a renégocié son contrat et a réalisé son premier investissement immobilier. La tenue d'un journal ne lui a pas apporté la réussite financière, mais elle lui a ouvert la voie pour la concrétiser.

Le langage joue un rôle essentiel dans cette transformation. Les mots que nous utilisons pour nous décrire, décrire nos finances et nos possibilités façonnent les voies neuronales qui régissent l'action. Remarquez la fréquence à laquelle vous dites des choses comme « Je suis nul avec l'argent », « Je n'arrive tout simplement pas à épargner » ou « Je ne suis pas du genre à investir ». Ce ne sont pas de simples affirmations descriptives ; ce sont des déclarations identitaires. Les réécrire, intérieurement et à voix haute, n'est pas illusoire ; c'est fondamental. Le langage est le code de l'identité, et le changer exige répétition, prise de conscience et remplacement conscient.

Une autre dimension importante de l'identité de richesse est la palette émotionnelle que nous nous autorisons à éprouver face à l'argent. Nombreux sont ceux qui associent l'abondance financière au stress, à la culpabilité ou à l'aliénation. Par conséquent, ils résistent à l'expansion financière, non par manque d'ambition, mais parce qu'ils associent la croissance à la perte émotionnelle. Réécrire son identité de richesse signifie élargir sa tolérance émotionnelle à la possession, à la réception et à la conservation de richesses, non pas avec détachement, mais avec grâce. Cela implique d'apprendre à ressentir la joie sans culpabilité, la confiance sans arrogance et la générosité sans épuisement.

Cela nécessite également un contexte communautaire. L'identité se renforce socialement. Si votre environnement est peuplé de personnes qui partagent vos anciennes croyances – celles qui méprisent la richesse, craignent l'ambition ou assimilent la littératie financière à l'élitisme – il devient difficile de maintenir une nouvelle identité. Recherchez des mentors, des communautés et des groupes de pairs qui reflètent l'évolution de votre image de soi. Leur présence agit comme un miroir, reflétant ce qui est possible et renforçant ce qui émerge. Cela ne signifie pas abandonner vos racines ou rejeter ceux qui vous ont façonné. Cela signifie honorer votre croissance en choisissant des environnements qui la soutiennent.

Fondamentalement, réécrire votre identité financière ne signifie pas devenir quelqu'un que vous n'êtes pas. Il s'agit de reconquérir des parts de vous-même enfouies sous des couches de conditionnement, de peur ou d'obligations. Il s'agit de revenir à la vérité: votre valeur ne dépend pas de la rareté, vos désirs ne sont pas intrinsèquement égoïstes et votre vie financière peut être l'expression de votre plénitude plutôt qu'une réaction au manque.

Ce processus n'est ni linéaire ni instantané. Le changement d'identité implique des revers, des doutes et la résurgence de vieux schémas sous l'effet du stress. Mais chaque décision alignée sur votre nouveau récit – chaque moment de courage, chaque petite victoire financière, chaque acte de choix conscient – renforce la nouvelle architecture. Avec le temps, ce qui vous semblait autrefois ambitieux s'intègre. Vous ne jouez plus la richesse, vous l'habitez.

Réécrire votre identité de richesse, c'est affirmer votre souveraineté sur votre histoire financière. C'est passer d'un scénario hérité à une écriture intentionnelle. L'important n'est pas tant la quantité que vous possédez, mais la clarté et le courage avec lesquels vous revendiquez votre capacité à posséder, à conserver et à faire croître votre patrimoine. Lorsque cette affirmation est faite – non pas avec arrogance, mais avec conscience – vous entrez dans un nouveau rôle: non pas celui d'un personnage en difficulté dans le scénario d'un autre, mais celui du créateur conscient d'une vie définie par l'alignement, l'autonomie et l'abondance. Et à partir de là, la richesse devient non seulement possible, mais inévitable.

Chapitre 3
Croyances limitantes et recode de l'esprit financier

La plupart des gens pensent que les difficultés financières sont dues à des chiffres – déficits, dettes ou manque d'épargne. Mais à y regarder de plus près, on découvre que les vrais problèmes commencent souvent bien plus tôt, dans la formation silencieuse de récits. Non pas d'erreurs budgétaires, mais de scénarios internes. « Je ne suis pas doué avec l'argent. » « La richesse n'est pas pour les gens comme moi. » « C'est trop tard. » Ces phrases, répétées à maintes reprises, s'insinuent dans l'esprit comme une musique de fond – incontestées, étrangement convaincantes. Elles se font passer pour des faits ou une prise de conscience, alors qu'en réalité, ce ne sont que des croyances non examinées. Et ces croyances, si familières qu'on les remarque à peine, érigent les murs invisibles qui nous maintiennent dans les mêmes schémas financiers, malgré tous nos efforts pour changer.

Ce chapitre dresse une carte de ces limites mentales et propose un guide pour les déconstruire. Au cœur de ce chapitre se trouve une idée simple mais puissante: nos croyances sur l'argent ne sont pas gravées dans le marbre. Elles ne sont pas innées et ne sont certainement pas à l'abri du changement. Comme les habitudes, elles s'apprennent, acquises par la répétition, la charge émotionnelle et le renforcement au fil du temps. Et, surtout, elles peuvent être désapprises. Pour repenser votre vie financière, vous devez d'abord interroger le système mental qui la pilote discrètement. Il ne s'agit pas d'un appel à la positivité superficielle ni de slogans vantant l'abondance. Il s'agit d'un reconditionnement discipliné de l'esprit, nourri par les neurosciences, la psychologie et le comportement. L'objectif? Construire un système de croyances en phase avec vos aspirations, plutôt que de les saper.

Il est essentiel de comprendre comment les croyances se forment et comment elles s'ancrent. Une croyance n'est pas seulement une idée. C'est un sillon neurologique, une voie cérébrale bien ancrée. L'esprit, toujours soucieux de conserver son énergie, s'accroche à des scénarios familiers. Ainsi , lorsque vous entendez sans cesse que « l'argent est stressant » ou que « les riches sont cupides », votre cerveau ne remet pas en question cette affirmation: il l'enregistre, la classe et commence à filtrer les nouvelles expériences à travers son prisme. La familiarité est alors prise pour la vérité.

Heureusement, ce même mécanisme – le pilote automatique du cerveau en quête d'efficacité – permet également de changer de cap. Grâce à la neuroplasticité, nous comprenons désormais que le cerveau peut se reconfigurer, même à l'âge adulte. Les croyances, une fois ancrées, ne sont pas hors d'atteinte. Elles peuvent être interrompues, interrogées et réécrites. Bien sûr, ce n'est pas instantané. Mais avec de la constance, les sillons mentaux de manque, de peur ou de résignation peuvent être transformés en quelque chose de plus utile – quelque chose qui ouvre des portes au lieu de les fermer.

Le problème, c'est que les croyances limitantes ne ressemblent souvent pas à des limitations. Elles se manifestent sous le couvert du bon sens, enveloppées de normes sociales. Prenons l'exemple de l'affirmation: « Je veux juste être à l'aise. » Cela semble logique, n'est-ce pas? Mais pour certains, c'est un masque qui cache une peur de la visibilité, ou un malaise profond face au succès et à toutes les responsabilités qu'il implique. Ou encore: « Je suis trop vieux pour commencer à investir. » Cela semble une conclusion logique, mais c'est souvent un mécanisme de protection qui protège du risque de déception et de la douleur du regret. Ces croyances ne crient pas ; elles murmurent. Et les détecter exige plus qu'une simple conscience de soi: une honnêteté sans faille.

Prenons l'exemple de James, un architecte de 52 ans qui n'avait jamais investi au-delà de sa retraite. Lorsqu'on lui a demandé pourquoi, il a haussé les épaules: « J'ai raté le coche. Commencer à trente ans aurait été logique, mais maintenant? C'est inutile. » Cette croyance s'était consolidée au fil du temps, lui fournissant une excuse judicieuse pour éviter l'inconfort d'apprendre quelque chose de nouveau. Mais lorsqu'il a finalement pris le temps de l'examiner de plus près, avec l'aide d'un conseiller financier, il a découvert quelque chose de tout autre. Les chiffres, une fois calculés, ont montré qu'il avait encore le temps de faire fructifier son patrimoine de manière significative. Ce n'étaient pas les années qui posaient problème, mais la croyance qui s'était figée dans son identité.

Les croyances ne restent pas inactives dans l'esprit: elles s'intègrent au comportement et se renforcent à chaque répétition. Si vous pensez être « mauvais avec l'argent », vous évitez peut-être de consulter votre compte bancaire. Cela entraîne des factures manquées, un stress croissant et, au final, davantage de preuves à l'appui de votre croyance. Cela devient auto-réalisateur. Et plus le cycle se prolonge, plus il devient difficile d'imaginer une alternative. Pour briser ce cycle, il faut perturber à la fois la pensée et l'action, chacune renforçant l'autre.

C'est là qu'intervient le renversement de croyances. Il ne s'agit pas d'étouffer une pensée négative sous un optimisme forcé. Il s'agit d'exposer la croyance à la lumière, d'en remonter les racines, puis de la remplacer délibérément par quelque chose de plus valorisant, mais surtout, quelque chose en quoi on peut croire. Déclarer « Je suis doué avec l'argent maintenant » peut sembler creux. Mais « J'apprends à construire des systèmes financiers qui me correspondent » semble ancré. Cela permet de reconnaître les difficultés passées sans se laisser définir par elles. Et cela ouvre une voie vers l'avenir.

Pour ancrer ce changement, un cadre simple – ancrage, affirmation, action – peut s'avérer étonnamment efficace. L'ancrage est votre nouvelle conviction fondamentale, le fondement sur lequel vous souhaitez construire. L'affirmation est le langage que vous utilisez pour la renforcer – oralement, par écrit ou simplement en pensée. L'action est ce qui lui donne vie. Pas de grands gestes, juste de petits pas cohérents qui renforcent le nouveau récit. La conviction sans comportement devient abstraite. Un comportement sans conviction manque de pérennité. Mais ensemble, ils renforcent le changement.

Imaginez quelqu'un qui tente d'échapper à la pensée de la pénurie. Il pourrait choisir comme point d'ancrage: « Il y a suffisamment, et je suis capable de créer davantage. » Son affirmation? « Je me fais confiance pour faire fructifier et gérer mon patrimoine. » Et son action? Un point hebdomadaire sur ses finances, non pas comme une corvée, mais comme un acte de curiosité et de respect de soi. Répéter cette triade au fil du temps reprogramme progressivement non seulement les pensées, mais aussi les associations émotionnelles, transformant l'argent d'une source d'anxiété en une source d'influence.

Pourtant, personne ne vit en vase clos. Souvent, nos croyances ne sont pas seulement personnelles, elles sont générationnelles, voire culturelles. Des messages comme « Nous ne sommes pas du genre à devenir riches », « L'argent change les gens », ou « Attention, l'argent ruine les familles » ont des racines profondes. Ils ont peut-être servi à quelque chose autrefois, dans un contexte de réelle difficulté ou de marginalisation. Mais aujourd'hui, ces récits hérités peuvent devenir des chaînes. Réécrire son histoire financière peut signifier faire le deuil de l'ancien scénario. Non pas avec dédain, mais avec gratitude, et en comprenant qu'un nouveau contexte exige un nouvel état d'esprit.

Au cœur de ce travail se trouve la reconquête de la paternité. Vous n'êtes plus le récepteur passif d'une croyance, façonnée par le hasard ou l'héritage. Vous devenez un acteur actif, façonnant votre paysage intérieur avec intention. Ce n'est pas facile. Il y aura des rechutes, des moments de doute, peut-être même de honte. Mais ce ne sont pas des indicateurs d'échec ; c'est la preuve qu'un remaniement est en cours.

Ce chapitre offre bien plus que de la théorie. Il présente des outils et des perspectives conçus pour transformer les convictions de l'abstrait en actions concrètes. Car un véritable changement financier ne se résume pas à des feuilles de calcul ou des stratégies: il s'agit de transformer l'identité qui les anime. Il s'agit de devenir quelqu'un qui croit pouvoir bien gagner sa vie, dépenser intelligemment, investir avec confiance et préserver l'abondance sans broncher.

Votre état d'esprit financier n'est pas figé. Il se plie, évolue, se transforme, si vous le laissez faire. Et dans cette transformation réside la possibilité d'une réalité entièrement nouvelle. Une réalité où vos choix ne sont pas guidés par des peurs héritées, mais par la clarté, la maîtrise de soi et une confiance croissante en ce que vous devenez.

Repérer les croyances limitantes déguisées

En matière d'argent, la plupart d'entre nous croient prendre des décisions fondées sur la raison, les faits et des considérations pratiques. Pourtant, sous ces justifications superficielles se cachent souvent des croyances profondément ancrées, qui façonnent nos comportements financiers d'une manière que nous ignorons rarement. Ces croyances ne sont pas toujours criardes ou manifestement destructrices. Le plus souvent, elles sont discrètes, familières et apparemment rationnelles. Mais leur véritable pouvoir réside dans leur discrétion: elles opèrent à notre insu, guidant nos décisions, créant une inertie et renforçant un statu quo financier qui ne nous sert plus.

Les croyances limitantes sont des convictions intériorisées qui fixent des limites à ce que nous considérons comme possible, acceptable ou approprié. En matière d'argent, elles agissent comme un régulateur mental sur une voiture: quelle que soit la puissance du moteur ou la visibilité, nous n'irons pas plus vite que ce que notre programmation interne nous permet. Ces croyances n'apparaissent pas toujours avec fanfare. Elles murmurent en arrière-plan, souvent dans le langage de la logique ou de l'autoprotection. Des affirmations comme «Je suis nul avec l'argent», «Il est trop tard pour commencer à épargner» ou « L'argent change les gens » ne sont pas des observations neutres ; ce sont des limitations déguisées sous couvert de bon sens.

Prenons par exemple l'expression *« Je ne suis pas doué pour les chiffres »*. C'est une remarque anodine, souvent énoncée avec un petit rire autodérision. Mais derrière ce sentiment se cache la croyance que la littératie financière est innée et non acquise, et que la gestion financière est réservée à un certain type d'esprit. Cette croyance crée un obstacle à l'éducation financière, décourageant les comportements mêmes – curiosité, apprentissage, engagement – qui permettraient de lever cet obstacle. La personne qui entretient cette croyance risque d'externaliser aveuglément les décisions, d'éviter toute planification financière ou de devenir chroniquement dépendante des autres, perpétuant ainsi un cycle d'impuissance.

De même, *« C'est trop tard pour moi »* est une croyance particulièrement insidieuse, dissimulée sous un langage réaliste. C'est l'expression que beaucoup utilisent pour justifier l'inaction à la cinquantaine ou au-delà, se persuadant que les opportunités manquées dans la vingtaine ou la trentaine ont rendu les progrès futurs inutiles. Mais cette croyance confond temps perdu et temps gaspillé. En réalité, la croissance financière est rarement linéaire et presque toujours récupérable. Des progrès cumulés – qu'il s'agisse d'investissements, d'augmentation des revenus ou de réduction des dettes – peuvent survenir à tout âge, à condition que la croyance sous-jacente en la possibilité soit intacte. Le danger de penser « trop tard » est non seulement de limiter l'action, mais aussi d'éroder l'espoir, réduisant ainsi le carburant émotionnel nécessaire au changement.

Une autre croyance répandue est que *« l'argent change les gens »*. Souvent énoncée comme un truisme, cette phrase est teintée de prudence morale, comme si la richesse corrompait inévitablement le caractère ou rompait les liens communautaires. S'il est vrai que l'argent amplifie les choix et peut modifier la dynamique sociale, cette croyance elle-même est fréquemment utilisée à des fins d'auto-sabotage ou pour s'éloigner préventivement de l'abondance. Ceux qui partagent cette croyance peuvent hésiter à demander une augmentation, sous-facturer leurs services ou éviter d'investir – même lorsque cela est clairement dans leur intérêt – par crainte que la réussite financière ne les éloigne de leurs valeurs ou de leur communauté. Ainsi, une croyance qui semble concerner les autres est en réalité une stratégie de protection pour éviter l'inconfort lié à l'épanouissement personnel.

Pour identifier ces croyances déguisées, il faut adopter l'état d'esprit d'un détective intérieur. Une méthode efficace consiste à surveiller le langage que l'on utilise lorsque l'on pense ou parle d'argent. Les phrases commençant par « Je fais toujours », « Je ne fais jamais », « Les gens m'aiment » ou « C'est comme ça » signalent souvent la présence d'une croyance fixe. Ces affirmations sont rarement factuelles. Ce sont des conclusions ancrées émotionnellement, tirées d'expériences passées, de conditionnements sociaux ou de messages culturels. Pourtant, une fois enracinées, elles agissent comme des filtres, faussant notre interprétation des nouvelles informations et limitant nos options perçues.

Prenons le cas d'Amina, une immigrante de deuxième génération et entrepreneure prospère qui, malgré la croissance de son chiffre d'affaires, s'est retrouvée réticente au réinvestissement et à la croissance. Elle se répétait sans cesse: « Tout pourrait disparaître demain. » À première vue, cela ressemblait à de la prudence. Mais à y regarder de plus près, il est apparu que cette croyance découlait de l'expérience vécue par ses parents, marquée par la volatilité économique et les déplacements. Sa prudence innée, bien que valable dans son contexte historique, entravait désormais sa capacité à évoluer. En reconnaissant l'origine de cette croyance, elle a pu dissocier cette peur héritée de la réalité actuelle. Elle a commencé à se constituer un amortisseur financier qui honorait l'histoire de sa famille tout en progressant à pas mesurés vers l'expansion.

Les croyances limitantes se manifestent également dans les relations interpersonnelles. Par exemple, *« Je serai jugé si je parle d'argent »* peut entraver des conversations essentielles entre partenaires, collègues ou amis. Cette croyance, ancrée dans les tabous sociaux, maintient la vie financière cloisonnée et empreinte de honte. Elle décourage la collaboration, perpétue l'ignorance et favorise la désinformation. Cette croyance est souvent justifiée par des expériences passées – réponses dédaigneuses, gêne ou normes culturelles – mais une fois intériorisée, elle devient un scénario qui nous coupe de ressources vitales: connaissance, soutien et responsabilité.

Pour perturber ces schémas internes, il est important non seulement de les repérer, mais aussi de questionner leur validité et leur pertinence. Commencez par vous demander: *cette croyance est-elle objectivement vraie ou est-elle familière? Quand l'ai-je apprise? De qui fait-elle écho? De quoi me protège-t-elle? Et que deviendrait-elle possible si je n'y croyais plus?* Ces questions n'appellent pas de réponses immédiates ; elles invitent à la réflexion. Et cette réflexion crée un espace cognitif propice à l'émergence de récits alternatifs.

Prenons l'exemple de Jordan, un graphiste d'une quarantaine d'années qui évitait systématiquement de se fixer des objectifs financiers. Lorsqu'on lui demandait pourquoi, il répondait: « Si je fais un plan, je vais tout simplement échouer. » À première vue, cela semblait être une question de motivation. Mais une exploration plus approfondie a révélé un perfectionnisme ancré dans des critiques acerbes subies durant l'enfance. Éviter la planification financière n'était pas de la paresse, mais une forme d'autoprotection. En croyant que l'échec était inévitable, Jordan s'est épargné la douleur de l'échec. Pourtant, il s'est aussi privé de la satisfaction du progrès. Une fois cette croyance identifiée, il a pu expérimenter une planification à faibles enjeux et célébrer les petites victoires, construisant progressivement la confiance qui a permis à une nouvelle identité de prendre forme.

Il est important de souligner que les croyances limitantes ne sont pas irrationnelles. Elles ont souvent une fonction protectrice. Elles nous aident à éviter l'inconfort, les conflits, les risques ou la vulnérabilité émotionnelle. Mais cette protection est généralement dépassée. Une croyance fondée autrefois pour nous protéger du manque ou de la honte peut aujourd'hui nous empêcher d'accéder à la liberté et à l'épanouissement. Abandonner ces croyances ne signifie pas invalider les souffrances passées, mais choisir de ne pas les laisser dicter nos possibilités futures.

Identifier et remodeler ses croyances limitantes n'est pas un processus ponctuel. C'est une pratique continue, à l'instar du conditionnement physique ou du développement de compétences. Le cerveau est programmé pour rechercher la familiarité, et les anciennes croyances refont surface sous l'effet du stress, de l'incertitude ou d'une transition. Mais chaque fois que nous les abordons avec conscience plutôt qu'en pilotage automatique, nous affaiblissons leur emprise. Nous remplaçons la rigidité par la flexibilité, la peur par le discernement, la limitation par le choix.

En fin de compte, les croyances qui façonnent votre vie financière ne sont pas simplement le reflet de la réalité: elles en sont les auteurs. Si vous croyez que l'argent est difficile à gagner, vous résisterez probablement aux opportunités qui se présentent facilement. Si vous pensez ne pas être « du genre » à être riche, vous trouverez des moyens subtils de rester sous-payé ou en situation d'insécurité financière. Mais si vous apprenez à identifier et à remettre en question ces croyances, à les confronter et à en examiner les origines, vous vous créez l'espace nécessaire pour faire des choix différents. Et c'est dans cet espace que l'architecture de votre avenir financier commence à changer, brique par brique, croyance par croyance.

Repérer les croyances limitantes cachées est un acte d'humilité et de courage. Cela nous oblige à admettre que notre boussole intérieure a peut-être besoin d'être réajustée et que notre réalité est, à bien des égards, le reflet de notre état d'esprit. Mais cela nous rappelle aussi que les croyances ne sont pas des faits. Ce sont des choix. Et une fois que vous les avez clairement perçues, vous pouvez commencer à en écrire de nouvelles, celles qui honorent votre passé, reflètent votre présent et soutiennent l'avenir que vous êtes prêt à créer.

La science de la formation des croyances

Le cerveau humain est un organe de détection de schémas et de création de sens, particulièrement conçu pour transformer l'expérience en attentes et l'observation en croyances. Cependant, en matière d'argent, cet élégant système se révèle souvent à double tranchant. Nos comportements financiers – comment nous gagnons, épargnons, investissons ou évitons d'en dépenser – ne sont pas seulement le fruit d'une réflexion logique ou d'une planification stratégique. Ils sont profondément influencés par des empreintes neurologiques: des associations apprises et des structures de croyances qui se sont renforcées au fil des années, souvent des décennies. Pour modifier significativement ces schémas, nous devons d'abord comprendre comment ils se forment, comment ils fonctionnent et, surtout, comment les reprogrammer.

La formation des croyances est fondamentalement un processus neurologique façonné par l'exposition, la répétition, l'émotion et le renforcement. Dès la petite enfance, le cerveau commence à coder les réponses aux stimuli environnementaux. Si, au sein du foyer, les discussions sur l'argent sont empreintes d'anxiété ou de secret, un enfant peut commencer à associer les questions financières à la tension ou à la honte. Si les dépenses servent à apaiser une détresse émotionnelle, il peut se forger la conviction que les achats sont synonymes de confort ou d'estime de soi. Ces associations ne sont pas des choix conscients ; elles sont le moyen par lequel le cerveau crée des heuristiques, des raccourcis qui nous permettent de traiter rapidement des informations complexes et d'agir efficacement au quotidien.

Au cœur de ce processus se trouve le système limbique du cerveau, notamment l'amygdale et l'hippocampe, responsables de la mémoire émotionnelle et de la détection des menaces. Les expériences émotionnelles, notamment celles liées à la survie, à la peur ou à l'appartenance sociale, sont prioritaires dans l'architecture cérébrale. Cela signifie que les expériences financières chargées d'émotion, comme la perte d'un emploi par un parent ou une période de grande pénurie, laissent une empreinte disproportionnée. Plus l'événement est intense sur le plan émotionnel, plus il s'ancre fermement dans nos voies neuronales.

Prenons l'exemple de Samira, une avocate prospère qui, malgré un salaire à six chiffres, souffrait d'une anxiété persistante face aux dépenses. Même les petits achats suscitaient des sentiments de culpabilité et de malaise. Grâce à une thérapie financière, elle a découvert que son père avait perdu son entreprise à cause d'investissements risqués, ce qui avait entraîné une longue période de difficultés financières durant son adolescence. Le souvenir de cette instabilité avait forgé une conviction profonde: dépenser de l'argent était intrinsèquement dangereux. Son cerveau avait intégré cette association non pas parce qu'elle était objectivement vraie dans tous les cas, mais parce qu'elle avait été émotionnellement pertinente dans une période cruciale de son développement.

Les neurosciences nous apprennent que le cerveau a pour mode de fonctionnement par défaut d'économiser son énergie, et ce, en renforçant des schémas familiers. Lorsqu'une croyance se forme, notamment dans un contexte émotionnel ou répétitif, elle crée une voie neuronale – une connexion entre les neurones qui se renforce à chaque activation de la croyance. Plus une personne pense souvent *« Je suis nul avec l'argent »* ou évite de consulter son compte, plus cette croyance s'enracine. Avec le temps, le cerveau cesse de remettre en question la validité de cette croyance. Il se contente d'emprunter le chemin bien connu, même si cela conduit à un comportement dysfonctionnel ou limitant.

La bonne nouvelle, c'est que le cerveau n'est pas statique. Grâce au principe de neuroplasticité, il est possible de modifier ces schémas. La neuroplasticité désigne la capacité du cerveau à se réorganiser en créant de nouvelles connexions neuronales tout au long de la vie. Cette capacité permet de remettre en question les anciennes croyances inutiles et d'en créer de nouvelles, à condition qu'elles soient répétées régulièrement, renforcées émotionnellement et soutenues par le comportement.

Mais la reconfiguration des croyances n'est pas un processus de force brute ou de déni. Remplacer simplement *« Je suis nul avec l'argent »* par *« Je suis doué avec l'argent »* peut créer une dissonance cognitive si cela ne paraît pas crédible. Le cerveau résiste aux affirmations qui contredisent sa programmation actuelle, à moins qu'elles ne soient étayées par des preuves progressives. C'est là que l'intégration de micro-étapes comportementales, de recadrage cognitif et de régulation émotionnelle devient essentielle.

Par exemple, la thérapie cognitivo-comportementale (TCC), dont l'efficacité pour modifier les schémas de pensée a été largement étudiée, vise à identifier les pensées automatiques, à remettre en question leur validité et à les remplacer par des alternatives plus équilibrées. Sur le plan financier, une personne qui pense régulièrement *« Je ne me libérerai jamais de mes dettes »* apprendrait à identifier cette croyance, à remettre en question les preuves qui la sous-tendent et à expérimenter des récits plus justes, comme *« Mes dettes sont réelles, mais j'ai des options et des ressources sur lesquelles je peux m'appuyer. »* Au fil du temps, à mesure que ces nouvelles pensées se répètent et se concrétisent par de petites réussites – comme le remboursement d'une carte de crédit ou l'établissement d'un budget –, elles commencent à former de nouvelles connexions neuronales, devenant finalement le nouveau comportement par défaut du cerveau.

La dimension somatique de la formation des croyances mérite également notre attention. Notre corps joue un rôle essentiel dans l'encodage et la remémoration d'expériences chargées de croyances. La peur financière, par exemple, se manifeste souvent physiologiquement: oppression thoracique lors de la connexion à un compte bancaire, accélération du rythme cardiaque lors d'une conversation financière ou céphalées de tension après avoir vérifié des factures. Ces réactions corporelles ne sont pas seulement du stress: ce sont des associations apprises entre argent et menace. Pour reprogrammer les croyances en profondeur, il est important d'inclure des pratiques qui stimulent la réponse au stress du corps et signalent un sentiment de sécurité.

La pleine conscience, la respiration et d'autres techniques de régulation aident à apaiser le système nerveux, facilitant ainsi l'adoption de nouvelles croyances par le cerveau. Lorsque le corps se sent en sécurité, le cerveau devient plus malléable, plus réceptif au changement. C'est l'une des raisons pour lesquelles les changements de croyances ont tendance à se produire non pas dans des moments de pression ou de panique, mais dans des états de calme et de réflexion. Une pratique régulière de réflexion financière, par exemple par la tenue d'un journal, la méditation ou une analyse silencieuse, peut aider à intégrer de nouvelles croyances plus efficacement que des efforts sporadiques et ponctuels.

L'environnement joue également un rôle essentiel dans le renforcement ou la remise en question de nos croyances financières. Nous ne formons pas nos mentalités financières de manière isolée ; elles sont façonnées par notre famille, nos pairs, les médias et les récits culturels. Si vous avez grandi en entendant « les riches sont cupides » ou « l'argent ne pousse pas sur les arbres », ces phrases se sont peut-être ancrées dans votre subconscient, non pas en raison de leur exactitude, mais de leur répétition et de l'autorité des voix qui les véhiculaient. À l'âge adulte, s'entourer de personnes qui adoptent des comportements financiers sains et responsables peut constituer un puissant contrepoids à ces influences précoces.

Prenons l'exemple de Marcus, un enseignant d'une trentaine d'années qui croyait que l'abondance financière était intrinsèquement égoïste. Élevé dans un foyer ouvrier où les difficultés financières étaient banalisées et la frugalité une valeur morale, il assimilait richesse et distanciation sociale. Ce n'est qu'en rejoignant un réseau professionnel d'éducateurs axés sur l'autonomisation financière qu'il a commencé à découvrir des modèles alternatifs: des personnes qui gagnaient bien leur vie, donnaient généreusement et restaient profondément attachées à leur communauté. Cette exposition a ouvert un nouveau récit, offrant à son cerveau la preuve sociale nécessaire pour remettre en question et, finalement, remodeler ses croyances.

Il est important de reconnaître que toutes les croyances ne sont pas négatives simplement parce qu'elles sont anciennes. Certaines croyances héritées peuvent encore nous servir, comme valoriser l'épargne, éviter les dettes inutiles ou donner aux autres. L'essentiel n'est pas de rejeter toute programmation passée, mais de la passer au crible consciemment. Demandez-vous: *cette croyance soutient-elle la personne que je deviens? Est-elle fondée sur la vérité ou sur la peur? Est-ce que je la choisis librement ou par habitude ?*

Réécrire ses croyances financières est un processus à la fois d'exploration et d'écriture. Cela nécessite d'explorer les origines neuronales et émotionnelles de votre état d'esprit actuel face à l'argent et de faire des choix délibérés quant aux croyances à conserver, à remettre en question et à remplacer. Il s'agit d'une interaction dynamique entre neurosciences et récit, entre la plasticité de votre cerveau et la puissance de votre histoire personnelle.

Ce chapitre vous invite non seulement à comprendre la formation des croyances intellectuellement, mais aussi à vous y engager par l'expérience. En faisant preuve de curiosité envers vos comportements financiers, en étant attentif à votre dialogue intérieur et en faisant preuve de patience dans le processus de changement, vous pouvez commencer à reprogrammer votre esprit pour un avenir financier différent. Non pas un avenir guidé par des scénarios dépassés, des peurs héritées ou des habitudes réactives, mais par un système de croyances conscient et puissant, qui reflète vos aspirations et vos valeurs les plus élevées.

Les croyances ne sont pas une fatalité. Ce sont des habitudes de pensée, formées, renforcées et entièrement à votre portée. Avec clarté, intention et répétition, vous pouvez remodeler l'architecture de votre mentalité financière et, à partir de là, bâtir une expérience de gestion de patrimoine définie non pas par défaut, mais par conception.

Remettre en question la boucle de rétroaction croyance-comportement

Notre vie financière est moins façonnée par nos connaissances que par nos croyances. Ces croyances, souvent inconscientes et héritées, ne sont pas inertes. Elles sont les agents actifs d'un système auto-renforçant: la croyance façonne le comportement, le comportement génère des résultats, et ces derniers valident la croyance initiale. Cette boucle fermée, connue dans les milieux de la psychologie et de l'économie comportementale sous le nom de *boucle de rétroaction croyances-comportement* , est l'un des moteurs les plus puissants de la prise de décision financière. Comprendre et perturber ce cycle est non seulement essentiel à la transformation financière, mais aussi fondamental pour retrouver son autonomie dans tous les domaines de la vie.

Fondamentalement, la boucle de rétroaction croyances-comportements commence par un scénario mental, un prisme à travers lequel le cerveau interprète les informations financières. Si ce prisme est celui de la rareté – *« Je n'en aurai jamais assez »* –, alors chaque action financière est filtrée à travers cette attente. Une personne qui entretient cette croyance peut éviter de budgétiser parce que cela lui paraît futile, refuser de demander une augmentation parce que cela lui paraît inutile, ou dépenser impulsivement en pensant que l'argent disparaîtra de toute façon. Lorsque ces comportements produisent inévitablement des résultats décevants – factures impayées, économies épuisées, opportunités manquées – ils renforcent la croyance initiale. Le résultat devient la preuve que l'hypothèse initiale était correcte.

Ce schéma est profondément ancré dans la cognition humaine. Le cerveau recherche constamment une cohérence entre ses croyances et ses expériences. Cette tendance, appelée *biais de confirmation* , nous conduit à prêter une attention sélective aux informations qui corroborent nos opinions, tout en ignorant ou en minimisant les preuves contradictoires. Par exemple, une personne qui se croit « mauvaise avec l'argent » se concentrera sur chaque faux pas – un abonnement oublié, une carte refusée, un retard de paiement – tout en minimisant ses réussites, comme négocier une réduction, rembourser une dette ou respecter un budget pendant plusieurs semaines. La boucle se referme, renforçant non pas la réalité, mais la perception.

Des exemples concrets illustrent ce point avec une clarté saisissante. Prenons l'exemple de Laura, une cadre intermédiaire d'une quarantaine d'années qui avait intériorisé la conviction qu'elle « manquait tout simplement de connaissances financières ». Cette croyance, héritée d'une enfance dans un foyer où l'argent était une source de stress constant, s'était figée dans son identité. Malgré un revenu stable, Laura évitait de consulter ses relevés bancaires, refusait de s'engager dans la planification de sa retraite et comptait sur son partenaire pour prendre toutes les décisions financières. Chaque évitement confirmait son sentiment d'inadéquation, et la désorganisation financière qui en résultait renforçait son récit initial. Cette croyance et ce comportement se renforçaient mutuellement.

Pour remettre en question ce cercle vicieux, il faut d'abord l'interrompre. Et l'interruption commence par *la prise de conscience* . Cela signifie identifier la croyance sous-jacente qui motive le comportement. Souvent, ces croyances ne sont pas évidentes. Elles se cachent derrière des excuses, des rationalisations ou un vague malaise. « Je suis trop occupé pour gérer mon budget » peut masquer une peur plus profonde de se confronter aux erreurs passées. « L'argent m'importe peu » peut dissimuler une anxiété face à l'inadéquation ou une peur du changement. Il s'agit de nommer cette croyance clairement, sans jugement, et d'en retracer les origines. D'où vient cette croyance? De qui se fait-elle l'écho? Sur quelles hypothèses repose-t-elle ?

Une fois la croyance identifiée, l'étape suivante consiste à tester sa validité, non pas de manière abstraite, mais comportementale. C'est là que le changement doit passer de la cognition à l'action. La boucle croyance-comportement étant alimentée par des expériences répétées, la seule façon de la démanteler est de créer *de nouvelles* expériences générant *de nouvelles* preuves. Il ne s'agit pas de changements radicaux ni de déclarations radicales. Il s'agit de petites actions stratégiques qui remettent en question la croyance fondamentale.

Prenons l'exemple de Daniel, photographe indépendant, qui se croyait « pas du genre à investir ». Cette conviction, forgée par une culture familiale de prudence financière et renforcée par un manque d'éducation formelle, l'avait empêché de s'engager dans une quelconque forme de planification à long terme. Plutôt que de tenter de devenir un expert en placement du jour au lendemain, Daniel a commencé par lire un article par semaine, puis a ouvert un modeste compte de placement avec versements automatiques. À mesure qu'il s'y familiarisait, son malaise a commencé à s'atténuer. Au fil du temps, son comportement a évolué, et avec lui, sa conviction. Il ne considérait plus l'investissement comme une activité réservée aux autres, mais comme un aspect normal et accessible de sa vie financière.

Fondamentalement, Daniel a créé *des preuves infirmatives* – des expériences qui contredisaient ses croyances et offraient au cerveau un nouveau récit à considérer. Les neurosciences nous apprennent que le cerveau a tendance à préserver le statu quo. Mais face à des preuves répétées, émotionnellement neutres ou positives, qu'une croyance n'est plus valable, il commence à se reconfigurer. C'est le fondement de la neuroplasticité, et elle est particulièrement puissante lorsqu'elle est associée à des pratiques réflexives telles que la journalisation, le coaching ou la thérapie, qui permettent à l'individu d'articuler et de consolider ce changement.

Cependant, la perturbation seule ne suffit pas. Pour qu'un nouveau comportement perdure, il doit être renforcé régulièrement. C'est là que la conception intentionnelle d'habitudes devient essentielle. Plus un nouveau comportement est adopté fréquemment, surtout dans les moments de faible résistance, plus il s'ancre profondément dans le système de récompense du cerveau. Par exemple, une personne cherchant à se défaire de la croyance *« je suis nul avec l'argent »* pourrait instaurer un rituel hebdomadaire consistant à faire le point sur ses finances de manière calme et structurée, par exemple avec de la musique, du thé ou un rituel. Avec le temps, cela redéfinit l'engagement financier comme gérable, voire agréable, contrecarrant les associations émotionnelles qui sous-tendaient autrefois l'évitement.

Mais cette boucle nécessite également un changement de *langage identitaire* . Les mots que nous utilisons pour nous décrire renforcent nos croyances. Dire « J'essaie de mieux gérer mon argent » maintient l'individu dans un état de changement conditionnel, où la réussite est toujours différée. À l'inverse, affirmer « Je suis quelqu'un qui apprend à bien gérer son argent » reconnaît les progrès et renforce une identité de croissance. Ce changement subtil a de profondes implications. Le langage façonne la cognition, et la cognition façonne l'action.

Le cercle vicieux croyances-comportement n'est pas seulement psychologique ; il est profondément physiologique. La réaction au stress, activée par la peur ou l'incertitude, peut paralyser les fonctions exécutives du cerveau, altérant la planification, la prise de décision et la régulation émotionnelle. Lorsque des décisions financières sont prises dans la peur – déclenchées par des croyances d'inadéquation ou de pénurie –, le cortex préfrontal est moins actif et l'amygdale prend le relais. Il en résulte une pensée réactive et à court terme. Pour briser ce schéma, les pratiques régulant le système nerveux, comme la respiration, la méditation ou l'activité physique, ne sont pas de simples compléments de bien-être ; elles contribuent à reprogrammer le cercle vicieux croyances-comportement.

Il est également important de contextualiser cette boucle au sein de systèmes plus larges de culture, d'inégalités et d'accès. Nombre de croyances sur l'argent ne sont pas seulement personnelles: elles sont façonnées par le milieu socio-économique, les dynamiques raciales et de genre, et les traumatismes historiques. Une femme qui estime inapproprié de négocier son salaire ne réagit peut-être pas à une inadéquation interne, mais aux sanctions sociales répétées imposées à son affirmation de soi. Une personne de couleur qui hésite à investir peut porter des souvenirs intergénérationnels d'exclusion des opportunités de création de richesse. Remettre en question ces croyances n'est donc pas seulement un acte personnel, mais aussi politique et culturel. Cela requiert à la fois une capacité d'action individuelle et une conscience systémique.

Remettre en question la boucle de rétroaction croyances-comportements est un acte de leadership conscient sur sa vie. Cela exige autant de rigueur que d'auto-compassion. Il y aura des contretemps, des moments où l'ancienne croyance refait surface, déclenchés par le stress, l'échec ou un jugement extérieur. Mais ce ne sont pas des signes de régression. Ce sont des invitations à réaffirmer la nouvelle croyance, à revenir au nouveau comportement et à poursuivre le cycle de preuves, de renforcement et de croissance.

En fin de compte, la boucle n'est ni un ennemi ni une fatalité. C'est un système qui, une fois compris, peut être reprogrammé. Chaque action consciente contre une croyance limitante crée une nouvelle empreinte neuronale. À chaque répétition, elle se renforce. Et avec suffisamment de répétitions, la nouvelle croyance devient la nouvelle valeur par défaut, non par la force, mais par la familiarité. C'est la révolution silencieuse de la transformation financière. Elle n'est pas spectaculaire. Elle ne se fait pas du jour au lendemain. Mais elle est profonde, durable et tout à fait à notre portée.

La question n'est plus de savoir *ce que vous croyez, mais* plutôt de savoir *ce que vous faites sans cesse pour le prouver.* Et si la réponse ne vous convient pas, il est temps de changer de boucle.

Inversion des croyances: de la rareté à la stratégie

Les obstacles les plus persistants à la croissance financière se trouvent rarement dans l'économie, les taux d'intérêt ou les tableurs. Ils sont internes, ancrés dans les scénarios que nous absorbons et rejouons tout au long de notre vie – des scénarios qui nous murmurent ce qui est « réaliste », ce qui est « mérité » ou ce qui est « sûr ». Ces récits intériorisés, communément appelés croyances limitantes, façonnent non seulement notre perception de l'argent, mais aussi notre comportement avec lui. Si on ne les remet pas en question, ils forment l'échafaudage mental d'une mentalité de rareté – une orientation qui voit le manque plutôt que le potentiel, le risque plutôt que l'opportunité, et la honte plutôt que la capacité d'agir. Le renversement de croyances est l'acte délibéré et structuré de confronter ces récits hérités et de les convertir en stratégies au service de nos objectifs, valeurs et capacités actuels.

Les croyances ne sont pas des vérités objectives. Ce sont des interprétations: des raccourcis cognitifs renforcés par la répétition, l'émotion et l'expérience passée. Lorsqu'une croyance comme *« Je suis simplement nul avec l'argent »* n'est pas examinée, elle commence à fonctionner comme une identité. Elle influence la façon dont une personne aborde ses choix financiers, déclenchant souvent l'évitement, la procrastination ou le sentiment d'impuissance. Plus elle persiste, plus l'esprit collecte de preuves pour la soutenir, renforçant ainsi les voies neuronales qui la véhiculent. C'est là que le renversement de croyances devient une puissante intervention psychologique et comportementale. Il perturbe le cycle automatique et le remplace par des schémas de pensée intentionnels, étayés par une logique émotionnelle et des preuves concrètes.

Pour transformer une croyance de rareté en croyance stratégique, il faut commencer par l'identifier avec précision. La première étape consiste à écouter attentivement notre dialogue intérieur, notamment dans les moments d'inconfort financier – lors des révisions budgétaires, des décisions d'investissement ou des discussions sur les prix. Les croyances limitantes courantes paraissent souvent faussement bénignes: *« L'argent m'importe peu »*, *« Les gens comme moi ne s'enrichissent pas »*, *« On n'est pas une famille d'argent »* ou *« On verra ça plus tard. »* Ces phrases ne décrivent pas simplement la réalité ; elles la *créent* . Ce sont des mécanismes de protection, souvent conçus pour nous protéger de la peur, de l'échec ou de l'inconfort social, mais ils le font au détriment du progrès.

Prenons le cas d'Elena, une entrepreneure de première génération qui sous-facturait systématiquement ses services de conseil. Sa conviction profonde – *« Si je demande plus, je perds le client »* – était forgée par ses premiers souvenirs d'avoir vu ses parents négocier chaque dépense du ménage avec appréhension. L'argent, pour elle, était toujours précaire, et l'affirmation financière lui semblait émotionnellement dangereuse. Mais en réfléchissant à cette conviction, elle s'est rendu compte qu'elle était non seulement non vérifiée, mais dépassée. Après une réflexion approfondie, elle l'a reformulée: *« Les bons clients apprécieront mon travail si je communique clairement ma valeur. »* Elle a étayé cette nouvelle conviction par des preuves logiques: témoignages de clients, résultats obtenus et références sectorielles. En appliquant des tarifs alignés, non seulement elle a conservé plus de clients qu'elle ne le craignait, mais son image de soi a également évolué pour s'adapter à ses nouvelles actions.

Ce qui a rendu le changement d'Elena efficace, ce n'est pas seulement la pensée positive, mais aussi une affirmation structurée et fondée sur des preuves. C'est là que le renversement de croyances se distingue des vagues platitudes motivationnelles. Il ne vous demande pas de nier votre passé ni de feindre la certitude. Au contraire, il vous invite à affronter vos croyances limitantes avec logique, compassion et un recadrage en phase avec vos objectifs présents.

Pour vous lancer dans ce processus, commencez par identifier une croyance spécifique qui revient fréquemment dans votre vie financière. Notez-la mot pour mot, sans la modifier. Ensuite, posez-vous les questions suivantes: *cette croyance est-elle universellement vraie? Quand l'ai-je entendue pour la première fois? Qui me l'a transmise, directement ou indirectement? Quel est son impact émotionnel (protection, évitement, sentiment d'appartenance)? Quel est le coût de sa conservation ?*

Construisez maintenant une nouvelle croyance – une affirmation qui conserve une résonance émotionnelle, mais qui déplace l'orientation de l'impuissance vers la stratégie. Ce recadrage ne doit pas simplement s'opposer à l'ancienne croyance, mais proposer une alternative fondée. Par exemple :

Ancienne croyance: *« Je n'en aurai jamais assez. »*
Nouvelle croyance: *« J'apprends à gérer et à développer ce que j'ai, et je développe mes capacités pour en avoir davantage. »*

Ancienne croyance: *« Je ne mérite pas la richesse. »*
Croyance reformulée: *« J'apprends que ma valeur ne dépend pas des messages passés et que j'ai droit à la stabilité financière et à la joie. »*

Ancienne croyance: *« L'argent crée toujours des conflits. »*
Nouvelle croyance: *« Avec une communication claire et des limites saines, l'argent peut renforcer les relations et soutenir des valeurs communes. »*

Chaque nouvelle conviction gagne en force lorsqu'elle est étayée par des preuves concrètes. Cherchez dans votre propre histoire des exemples de réussite financière, de décision judicieuse ou d'engagement personnel. Si ces preuves vous semblent rares, empruntez-en à d'autres. Lisez des études de cas, discutez avec des mentors ou étudiez des pairs qui ont réalisé le changement auquel vous aspirez. Le cerveau n'a pas besoin de preuves *personnelles* pour commencer sa reprogrammation ; il a besoin de preuves *crédibles* , répétées avec constance et associées à des émotions positives.

Le dernier élément, et peut-être le plus crucial, du changement de croyances est l'intégration comportementale. Une nouvelle croyance ne peut s'enraciner sans un nouveau comportement. Si vous adoptez la croyance *« Je peux gérer mes finances »*, mais continuez à éviter de consulter vos comptes, votre cerveau reviendra à son ancien schéma. En revanche, si vous commencez à agir en accord avec votre nouveau récit, même par de petits gestes – suivi hebdomadaire des dépenses, posez une question lors d'un webinaire financier ou automatisez votre épargne – ce comportement renforce cette croyance. Au fil du temps, cette répétition renforce la voie neuronale jusqu'à ce qu'elle devienne la nouvelle valeur par défaut.

Marcus, un musicien de 29 ans, était confronté à la conviction que la planification financière était incompatible avec son identité créative. Le message implicite était le suivant: *« Les artistes ne sont pas censés se soucier de l'argent, c'est se vendre. »* Cette croyance l'a conduit à éviter de se fixer des objectifs financiers ou de créer des systèmes, ce qui, à son tour, était source de stress et de décisions réactives. En cherchant à recadrer cette croyance, il a abouti à: *« Se soucier de l'argent me donne la liberté de créer sans crainte. »* Pour renforcer cette conviction, il a commencé une « séance hebdomadaire de studio financier », considérant la gestion financière comme un acte créatif. En un an, Marcus a stabilisé ses revenus, remboursé une dette importante et sorti un nouvel album selon ses propres conditions. Sa créativité n'a pas diminué avec la lucidité financière ; elle s'est développée.

Ces transformations ne sont pas uniques. Dans tous les secteurs – des propriétaires de petites entreprises aux professionnels, des étudiants aux retraités –, la pratique du renversement de croyances transforme discrètement la façon dont les gens appréhendent la richesse, non pas comme un champ de bataille moral ou de chance, mais comme un domaine de stratégie, d'action et de possibilités.

Il convient de noter que le renversement des croyances ne consiste pas à entretenir une positivité inébranlable ni à nier la réalité des obstacles structurels. Les inégalités économiques, les traumatismes financiers et les préjugés systémiques sont bien réels. Mais même avec ces contraintes, nos croyances sur ce qui est possible, ce qui est mérité et ce qui est sûr demeurent parmi les leviers les plus puissants du changement personnel. Le renversement des croyances n'est pas une panacée, mais c'est un catalyseur: une méthode pour reprendre le contrôle de son propre récit intérieur et utiliser cette maîtrise pour créer un changement externe.

Comme toute transformation significative, ce processus exige du temps, de la patience et de la répétition. De vieilles croyances peuvent refaire surface sous l'effet du stress ou de l'incertitude, et c'est naturel. Mais chaque fois que vous les affrontez avec votre nouveau récit – chaque fois que vous privilégiez la stratégie à la rareté – vous renforcez votre nouvelle identité. Vous enseignez à votre cerveau, par l'action et l'affirmation, qu'une autre voie est non seulement possible, mais déjà en train de se déployer.

En fin de compte, changer de croyance ne se résume pas à une question d'argent. Il s'agit du type de relation que vous souhaitez entretenir avec vous-même, une relation fondée sur la confiance en soi, la vision et la clarté. L'état d'esprit de manque dit: « C'est tout ce qu'il y a, alors protégez-le, craignez-le ou niez-le. » L'état d'esprit stratégique dit: « Comprenons où nous en sommes et construisons quelque chose de meilleur, avec intelligence, intention et cœur. » Ce changement commence par une pensée, une redéfinition , une action, et la volonté de croire que le changement est non seulement mérité, mais déjà à portée de main.

Construire le nouveau système de croyances

Transformer sa réalité financière ne commence pas par des tactiques, mais par une reconfiguration intérieure. Si les feuilles de calcul et les stratégies sont certes importantes, leur efficacité dépend des convictions qui les animent. La plupart des personnes confrontées à des difficultés financières ne sont pas en difficulté par manque de discipline ou d'intelligence, mais parce que leur système de fonctionnement interne – l'ensemble de leurs croyances, suppositions et associations émotionnelles autour de l'argent – n'a pas été actualisé pour soutenir les objectifs qu'elles visent. La croyance précède le comportement. Et lorsque la croyance est ancrée dans la pénurie, l'inadéquation ou la peur, même les plans financiers les plus logiques peuvent s'effondrer. Pour initier un changement durable, nous devons apprendre à construire un système de croyances cohérent avec la confiance financière, la clarté et la confiance en soi.

Construire un nouveau système de croyances n'est pas un vœu pieux abstrait. C'est une pratique psychologique appliquée, fondée sur la recherche en neuroplasticité, le conditionnement comportemental et la transformation identitaire. Elle repose sur un cadre simple mais efficace en trois parties: l'ancrage, l'affirmation et l'action. Ces trois composantes agissent de concert pour remplacer les croyances limitantes par des croyances plus fortes, renforçant ainsi de nouvelles voies neuronales par la pensée consciente, le langage incarné et le renforcement comportemental.

La première étape consiste à établir un *ancrage* . Un ancrage est une croyance fondamentale qui reflète l'identité financière que vous souhaitez atteindre. Contrairement à un objectif, qui est précis et mesurable, un ancrage est un principe qui guide votre perception de l'argent. C'est le fondement émotionnel et cognitif sur lequel reposent vos nouveaux comportements. Par exemple, une personne qui abandonne un état d'esprit basé sur la rareté pourrait choisir un ancrage comme *« Je suis capable de créer et de maintenir un patrimoine »* ou *« J'ai confiance en moi pour prendre des décisions financières judicieuses »*. L'ancrage doit être authentique et non performatif. Il doit élargir votre image de soi actuelle, sans toutefois la contredire au point de la rejeter.

Les ancres sont plus efficaces lorsqu'elles agissent non seulement sur le comportement, mais aussi sur l'identité. Les recherches en sciences du comportement démontrent systématiquement qu'un changement basé sur l'identité est plus durable qu'un changement basé sur les résultats. Une personne qui se considère comme « le genre de personne qui épargne régulièrement » est plus susceptible de maintenir ses habitudes d'épargne qu'une personne qui se concentre uniquement sur l'atteinte d'un objectif. Les ancres contribuent à transformer l'identité intérieure afin que le comportement extérieur devienne l'expression de qui vous êtes, et non pas seulement une tentative d'atteindre un objectif.

Vient ensuite l' *affirmation*: le langage que vous utilisez pour intérioriser et renforcer votre ancrage. Il ne s'agit pas du discours intérieur creux et encourageant que la culture populaire associe souvent aux affirmations. Les affirmations efficaces sont soigneusement choisies, précises sur le plan linguistique et ancrées émotionnellement. Elles reflètent la réalité dans laquelle vous entrez, plutôt que de nier celle que vous quittez. Par exemple, plutôt que de répéter *« Je suis riche et j'ai réussi »* lorsque vous vous sentez inquiet face à l'argent, une affirmation plus efficace pourrait être: *« Je développe les compétences et l'état d'esprit qui favorisent une stabilité financière à long terme. »* L'objectif est de parler d'une manière qui comble l'écart entre votre état actuel et celui que vous souhaitez atteindre, en affirmant vos progrès sans feindre la certitude.

Les affirmations jouent également un rôle neurologique. Lorsqu'elles sont prononcées à voix haute, écrites ou même répétées mentalement avec engagement émotionnel, elles activent les zones du cerveau associées à la pensée autoréférentielle et à la régulation émotionnelle. Avec le temps, les affirmations répétées affaiblissent la force synaptique de l'ancienne croyance et la remplacent par un nouveau schéma. C'est la neuroplasticité en action: la capacité du cerveau à se reconfigurer en fonction de l'expérience et de la répétition.

Mais aucun système de croyances n'est complet sans le troisième élément, le plus crucial: *l'action* . L'action est le comportement qui renforce votre ancrage et donne à votre affirmation une preuve concrète. Sans action, même les récits intérieurs les plus inspirants restent hypothétiques. Le changement de comportement valide la nouvelle croyance et enseigne au cerveau que cette nouvelle façon de penser est non seulement possible, mais aussi sûre et efficace.

Prenons l'exemple de Rahul, un ingénieur logiciel qui a longtemps nourri la conviction d'être « nul avec l'argent ». Cette croyance, née lors d'une période financière chaotique à l'université, a persisté à l'âge adulte, malgré un revenu stable et une carrière en pleine expansion. Son point d'ancrage est devenu: *« J'apprends à gérer ma vie financière avec calme et clarté.* » Son affirmation: *« Chaque petit pas que je fais me rapproche de la confiance financière.* » Pour renforcer cette conviction, il a pris l'initiative de faire un point financier hebdomadaire le dimanche après-midi. Il utilisait ce temps pour examiner ses transactions, définir ses objectifs pour la semaine et mettre à jour un simple outil de suivi de ses progrès. En six mois, Rahul a non seulement remboursé ses dettes de carte de crédit, mais a également commencé à investir régulièrement. Plus important encore, son discours intérieur a évolué: du doute à l'estime de soi.

Ce qui a rendu la transformation de Rahul durable, c'est l'intégration de ces trois éléments. Son ancrage lui a donné une direction. Son affirmation lui a fourni un langage émotionnel à utiliser dans les moments de résistance. Et son action constante a créé la boucle de rétroaction qui a remodelé son système de croyances.

Lydia, créatrice indépendante, a toujours considéré la gestion d'un budget comme restrictive et émotionnellement épuisante. Son ancienne croyance était: *« L'argent limite ma liberté.* » Après avoir réfléchi à l'impact de ce discours – épargne sporadique, dépenses réactives et anxiété périodique –, elle a décidé de changer de cap. Son nouveau point d'ancrage était: *« La structure financière amplifie ma liberté.* » Son affirmation est devenue: *« Gérer un budget m'aide à exprimer mes valeurs, et non à les restreindre.* » Elle a commencé à allouer un budget mensuel non seulement aux besoins essentiels, mais aussi aux plaisirs – livres, voyages, outils créatifs –, redéfinissant ainsi la gestion de l'argent comme un moyen d'expression personnelle. Ce recadrage l'a amenée à aborder les finances avec enthousiasme, et non avec appréhension, et à considérer la richesse comme une toile, et non comme une cage.

De tels exemples soulignent que construire un nouveau système de croyances ne consiste pas à faire comme si les difficultés n'existaient pas. Il s'agit de passer d'un mode par défaut de peur ou d'évitement à une attitude proactive ancrée dans la confiance, les valeurs et la stratégie. Les ancrages contribuent à ancrer ce changement. Les affirmations reprogramment le dialogue intérieur. Les actions fournissent la preuve dont l'esprit a besoin pour actualiser ses attentes.

Il est important de noter que ce cadre permet la personnalisation. Les ancrages, les affirmations et les actions de chaque personne seront uniques, façonnés par ses valeurs, sa personnalité et son contexte. Il n'existe pas de formule universelle. Ce qui compte, c'est la cohérence: le degré d'harmonisation entre votre récit intérieur et votre comportement extérieur. Lorsque vous affirmez croire en l'abondance, mais agissez par peur, la dissonance cognitive finira par éroder à la fois vos convictions et votre élan. Mais lorsque convictions et actions sont synchronisées, le changement devient non seulement possible, mais aussi durable.

Ce processus renforce également la résilience psychologique. Dans la vie financière, les revers sont inévitables: une dépense imprévue, un repli du marché, un client perdu. Un système de croyances solide n'empêche pas l'adversité, mais il en atténue l'impact. Des croyances ancrées, renforcées par une action constante, vous offrent un point d'ancrage stable pour réagir plutôt que de réagir. Elles vous permettent de considérer les revers comme un retour d'information, et non comme un échec.

De plus, ce travail va au-delà de l'argent. À mesure que vos croyances évoluent, vous remarquerez peut-être des changements dans votre approche du temps, des relations, de la créativité et du risque. Une personne convaincue *de mériter croissance et soutien* gérera non seulement ses finances différemment, mais cherchera également de meilleurs emplois, négociera avec plus d'assurance et fixera des limites plus saines. La transformation financière ouvre alors la voie à une évolution personnelle plus large.

Construire un nouveau système de croyances n'est pas un exercice ponctuel. C'est un processus dynamique et itératif qui évolue avec vous. Les ancrages peuvent nécessiter d'être revus. Les affirmations peuvent s'approfondir ou devenir plus précises. Les actions peuvent évoluer en fonction de l'évolution du contexte. Mais avec intentionnalité et cohérence, cette triade – ancrage, affirmation et action – devient le fondement d'une identité financière plus autonome, stratégique et plus autonome.

Les croyances ne sont pas des vérités immuables. Ce sont des histoires que nous nous racontons, façonnées par le passé, mais ouvertes à la révision. Lorsque nous assumons la responsabilité de ces histoires – en les ancrant dans des valeurs, en les formulant avec soin et en les soutenant par des actions cohérentes – nous faisons plus qu'améliorer nos finances. Nous redevenons maîtres de notre vie. Et dès lors, l'argent n'est plus une source de honte ou de confusion, mais un outil de clarté, d'intégrité et d'épanouissement durable.

Chapitre 4
Dépenses émotionnelles, épargne par culpabilité et système nerveux financier

L'argent, si l'on fait abstraction des feuilles de calcul et des relevés, n'est que rarement une question de chiffres. Sous la surface de presque chaque décision financière palpite un courant émotionnel sous-jacent – une négociation subtile, souvent inconsciente, entre la raison et quelque chose de bien plus ancien: notre système nerveux, nos expériences formatrices, les habitudes d'adaptation que nous avons discrètement accumulées au fil du temps. Qu'il s'agisse d'appuyer sur « acheter maintenant » après une dure journée, de mettre de côté une opportunité d'investissement parce qu'elle suscite un malaise ou de ressentir une légère pointe de culpabilité après un plaisir bien mérité, le véritable terrain sur lequel nous naviguons n'est pas financier. Il est physiologique. Psychologique. Ce chapitre explore cette intersection rarement cartographiée entre régulation émotionnelle et comportement financier – un axe aussi puissant que méconnu dans notre rapport à l'argent aujourd'hui.

Pour comprendre comment les émotions influencent nos choix financiers, il faut d'abord repenser l'argent lui-même: non pas comme une simple monnaie d'échange, mais comme un substitut à des besoins non satisfaits. Dépenser sous le coup de l'émotion, contrairement à ce que les gros titres moralisateurs pourraient suggérer, n'est pas une simple frivolité. Le plus souvent, c'est une tentative d'auto-apaisement. Un baume contre le stress. Une quête de contrôle. Une demande discrète de reconnaissance ou de soulagement. Voyez les choses ainsi: tout comme la nourriture, l'alcool ou les distractions numériques peuvent servir de béquilles dans les moments d'inconfort, dépenser peut aussi servir de béquille. L'expression « thérapie par le shopping » n'est pas toujours prononcée avec un clin d'œil. Parfois, elle tient plus de l'aveu. L'euphorie d'un achat, surtout dans des environnements conçus pour déclencher des poussées de dopamine, offre un sentiment fugace de pouvoir. Bien sûr, la descente arrive souvent tout aussi vite, empreinte de regret ou de malaise.

Ici, le langage du traumatisme offre un éclairage révélateur. Nombre d'entre nous sont, littéralement, pris au piège de réactions traumatiques financières. Tout comme le corps réagit à une menace par la lutte, la fuite, le gel ou la réticence, il peut réagir au stress financier de manières étrangement similaires. Une facture surprise peut provoquer la panique ou le repli sur soi. Une conversation sur les dettes peut susciter la honte ou l'évitement. Un investissement prometteur peut être refusé, non pas par manque de potentiel, mais parce qu'il renvoie à un récit profondément ancré de danger ou d'inadéquation. Ces réactions ne sont pas des signes de faiblesse ou d'incompétence. Ce sont des adaptations: des réponses d'autoprotection façonnées par l'instabilité, la pénurie ou la honte passées, souvent vieilles de plusieurs décennies.

Prenons l'exemple de Julian. Graphiste talentueux d'une trentaine d'années, Julian gagne un salaire décent et dispose d'une petite épargne. Pourtant, chaque fois qu'il consulte le solde de son compte, son estomac se noue. Sa poitrine se serre. Il évite d'ouvrir son application bancaire pendant des semaines. Ce n'est pas une question de chiffres, c'est une question de système nerveux. Élevé dans un foyer où l'expulsion était une menace réelle et récurrente, son corps a appris à associer finances et péril. Même maintenant, sans menace immédiate en vue, sa physiologie n'a pas suivi. Les applications de gestion budgétaire ne peuvent pas atténuer ce genre de peur. Car la dissonance n'est pas mathématique, elle est dans la mémoire.

À l'opposé se trouve quelque chose d'aussi paralysant: l'épargne par culpabilité. Ce schéma apparaît souvent chez les personnes qui ont surmonté des difficultés, la pauvreté ou des limitations systémiques. Même lorsqu'elles y sont parvenues, émotionnellement parlant, elles restent attachées à leurs vieux schémas. Dépenser, même modestement, même joyeusement, leur paraît indulgent, ou pire, moralement douteux. Le dialogue intérieur est subtil, mais pénible: « Ai-je vraiment besoin de ça? » « Et si tout disparaissait demain? » « Ne devrais-je pas plutôt épargner? » Ce qui se présente comme de la discipline peut en réalité être une forme d'abnégation, ancrée non pas dans la sagesse, mais dans une pénurie intériorisée.

L'histoire d'Aisha illustre cela de manière poignante. Professionnelle de la santé très performante, Aisha a grandi en portant des vêtements de seconde main et en faisant la queue devant les supermarchés, affublée de bons d'achat. Aujourd'hui à l'aise financièrement, elle peine encore à acheter quoi que ce soit qui ne soit pas strictement utile. Lorsqu'elle a finalement réservé des vacances à l'étranger, tant attendues, elle a passé la majeure partie de son séjour aux prises avec l'anxiété et un sentiment de culpabilité tenace. Non pas parce qu'elle avait trop dépensé. Mais parce qu'au fond, elle croyait que le confort était quelque chose qu'il fallait perpétuellement mériter, et non simplement en profiter. Le crime, selon son système nerveux, n'était pas l'extravagance. C'était la facilité.

Alors comment changer ces schémas émotionnels profondément ancrés? Ni par l'austérité, ni en doublant les budgets, ni en nous forçant à adopter de meilleures habitudes. La transformation doit commencer, et être soutenue, par l'intelligence émotionnelle. La volonté seule ne peut prendre le dessus sur le système nerveux. L'alphabétisation émotionnelle – la capacité à reconnaître, réguler et répondre à ses états intérieurs – est essentielle. Cela implique d'apprendre à marquer une pause avant de réagir, à prendre conscience de son corps, à discerner entre un besoin réel et une impulsion spontanée. Et, peut-être le plus difficile, à faire preuve de compassion envers les parties de nous-mêmes qui réagissent encore à des menaces qui n'existent plus.

Une pratique d'une simplicité trompeuse, mais pourtant profondément efficace, est le bilan somatique. Avant de prendre une décision financière, surtout si elle vous semble lourde de conséquences, demandez-vous: que se passe-t-il dans mon corps en ce moment? Y a-t-il des tensions? De l'engourdissement? De l'excitation? L'envie d'acheter est-elle due au désir ou à la détresse? Cette pratique ne consiste pas à juger la réponse. Il s'agit de créer un espace de conscience. Et avec le temps, ces moments de conscience deviennent des micro-interruptions dans le cycle des dépenses réactives, reprogrammant progressivement l'association cerveau-corps entre argent et régulation émotionnelle.

Tenir un journal peut aussi servir de miroir subtil, mais puissant. Il ne s'agit pas seulement de consigner des transactions, mais aussi de cartographier le terrain émotionnel qui les a précédées. Que ressentiez-vous avant d'acheter ce gadget? Qui cherchiez-vous à être en renouvelant votre garde-robe? Essayiez-vous d'apaiser la solitude, d'affirmer votre identité, d'échapper à l'ennui? Avec suffisamment de curiosité – et sans auto-jugement – des schémas commencent à émerger. À partir de là, des réponses alternatives peuvent être élaborées. Peut-être n'aviez-vous pas besoin d'une nouvelle paire de chaussures, mais d'une conversation, d'une promenade, d'un moment de repos.

Un autre pilier de l'intégration émotionnelle et financière est le passage de la réaction à la régulation. La véritable résilience financière ne consiste pas à bannir la peur ou l'impulsion ; il s'agit de rester concentré et réfléchi, même lorsque ces sentiments surgissent. Une méthode pratique est la technique de la pause et de la planification. Face à une décision qui suscite stress ou urgence, marquez une pause. Respirez. Prenez du recul. Établissez-vous un plan précis et circonscrit, que ce soit attendre 24 heures avant d'acheter, revoir vos objectifs ou demander l'avis d'une personne de confiance. Cette brève interruption permet à votre cortex préfrontal, le centre du raisonnement cérébral, de se réactiver et de dissiper l'emprise de la réaction de stress.

Miguel, propriétaire d'une petite entreprise, a trouvé cela particulièrement transformateur. Ayant grandi avec des finances imprévisibles, il avait l'habitude de faire des folies pendant les périodes fastes – nouveaux gadgets, rénovations de bureaux – pour ensuite sombrer dans la panique lorsque les revenus baissaient. En imposant une règle de 48 heures sur toutes les dépenses non essentielles, Miguel a mis un frein à son comportement. Il a associé cela à un rituel mensuel de révision non seulement de ses comptes, mais aussi de son état émotionnel. Au fil du temps, son rapport à l'argent a évolué. Ses choix sont devenus plus réfléchis, son stress moins volatile. Non pas parce que ses revenus se sont stabilisés, mais parce que lui-même s'est stabilisé.

La vérité fondamentale ici est une vérité qu'on n'entend pas assez souvent: la santé financière est intimement liée à la santé du système nerveux. Tant que nous n'aurons pas appris à apaiser notre corps, à comprendre nos réactions émotionnelles et à démêler nos schémas hérités, aucun revenu ni aucune éducation financière ne nous apporteront la paix. Dépenses émotionnelles, épargne par culpabilité, évitement chronique: ce ne sont pas des défauts de caractère. Ce sont les meilleures tentatives du corps pour y faire face. Mais avec attention, compassion et constance, on peut les remodeler. Ils peuvent devenir plus doux, plus sages, quelque chose qui soutient plutôt que de saboter.

C'est l'invitation de ce chapitre. Non pas pour moraliser ou pathologiser, mais pour vous inviter à une nouvelle forme de conscience financière, qui respecte à la fois les chiffres et le système nerveux. L'intelligence émotionnelle et la littératie financière ne sont pas des compétences opposées ; elles sont complémentaires. Ensemble, elles créent non seulement le contrôle de l'argent, mais aussi une liberté profonde et enracinée dans la façon dont nous le vivons.

Car, au final, l'argent ne se résume pas à ce que l'on possède. Il reflète nos sentiments à son égard. Il reflète nos croyances, nos blessures, nos espoirs. Et lorsque nous apprenons à interpréter ce reflet avec discernement – et à y répondre avec intention – nous dévoilons une richesse qui va bien au-delà du bilan financier.

L'argent comme mécanisme d'adaptation

Sous la surface de ce qui semble être des achats ordinaires se cache un monde de nuances psychologiques. Une nouvelle paire de chaussures, un plat à emporter tard le soir ou même une escapade imprévue le temps d'un week-end peuvent, à première vue, ressembler à des choix de vie. Mais souvent, ces transactions ont un objectif secondaire, et souvent plus important: la régulation émotionnelle. Dans ces moments-là, l'argent devient plus qu'un simple moyen d'échange: il devient un mécanisme d'adaptation. C'est l'outil que nous utilisons non seulement pour acquérir des biens ou des expériences, mais aussi pour apaiser la détresse, affirmer notre identité, conjurer la solitude ou atténuer la honte.

Les dépenses émotionnelles sont souvent qualifiées à tort de frivoles ou d'irrationnelles. Pourtant, cette interprétation méconnaît l'intelligence sous-jacente de ce comportement. En psychologie, les mécanismes d'adaptation sont des stratégies – conscientes ou inconscientes – que les individus utilisent pour gérer le stress, l'inconfort ou une menace perçue. Ils ne sont pas intrinsèquement bons ou mauvais ; leur valeur dépend du contexte et des conséquences. Lorsque l'argent est utilisé pour réguler l'humeur ou reprendre le contrôle dans un monde souvent incertain, il remplit une fonction émotionnelle immédiate. Le problème survient lorsque cette fonction devient habituelle, non examinée et, finalement, mal alignée sur le bien-être à long terme.

Pour comprendre les dépenses émotionnelles comme une forme d'apaisement, il faut d'abord reconnaître les paysages émotionnels qu'elles cherchent à traverser. Pour beaucoup, dépenser devient un moyen de perturber les affects négatifs: stress, anxiété, tristesse, ennui, voire mal-être existentiel. L'acte d'achat, en particulier dans les environnements numériques où les algorithmes anticipent le désir, provoque une poussée de dopamine, une substance neurochimique associée à la récompense et au plaisir. Ce renforcement neurobiologique crée un lien entre l'acte de dépenser et le soulagement émotionnel, encourageant la répétition. Au fil du temps, cela crée un modèle comportemental dans lequel les achats ne sont pas motivés par le besoin, mais par l'inconfort émotionnel.

Prenons l'exemple de Leila, une professionnelle en entreprise qui se retrouvait fréquemment à parcourir les boutiques en ligne après le travail. Les jours de stress intense ou de conflit avec ses collègues, son panier s'alourdissait. Les colis arrivaient dans des cartons impeccables, offrant un enthousiasme passager et l'illusion d'une certaine maîtrise. Pourtant, en quelques heures, parfois quelques minutes, l'engouement s'estompait, remplacé par la culpabilité et la confusion. Rationnellement, Leila savait qu'elle n'avait pas besoin de ces articles. Mais émotionnellement, elle répondait à une association profondément conditionnée entre consommation et confort. Ses décisions financières ne reflétaient pas un manque de discipline, mais une réaction à une tension non maîtrisée.

Un autre aspect des dépenses émotionnelles est la recherche de validation. Cela est particulièrement évident dans les cultures dominées par les réseaux sociaux, où l'identité est de plus en plus liée à l'esthétique, aux expériences et aux signaux matériels. Dépenser devient un moyen de projeter la réussite, l'appartenance ou la désirabilité – autant de marqueurs visibles de l'extérieur qui compensent l'incertitude intérieure. Lorsqu'une personne réserve un repas coûteux, non pour le plaisir mais pour la photo, ou achète des vêtements qui reflètent un style ambitieux plutôt qu'authentique, elle recherche souvent l'approbation. L'argent, dans ce contexte, devient une forme de langage: une façon de dire que *je compte* ou *que je suis suffisant.*

Cette dynamique ne se limite pas aux jeunes ou aux personnes soucieuses de leur image. Javier, un entrepreneur d'âge moyen, a admis qu'il louait souvent des voitures de luxe malgré des revenus irréguliers. Pour lui, conduire un véhicule prestigieux était un moyen de protéger son image – tant auprès des autres que de lui-même – après une série de revers professionnels. Il ne s'agissait pas de la voiture, mais de se rassurer. Ses dépenses constituaient un échafaudage psychologique, soutenant une estime de soi de plus en plus fragile.

L'évitement est un autre puissant moteur de comportements financiers motivés par l'émotion. Pour beaucoup, interagir avec l'argent – par la budgétisation, la gestion des dettes ou la planification des investissements – provoque un profond malaise. Cela peut être dû à des expériences précoces d'instabilité financière, à la honte ou à un manque d'éducation financière. Pour éviter ces sentiments, les individus adoptent souvent des comportements qui créent l'illusion d'un engagement sans l'inconfort de la responsabilité. Il peut s'agir de dons spontanés, d'épargnes non ciblées ou de remboursements compulsifs de petites dettes tout en ignorant les obligations plus importantes. Dans chaque cas, ce comportement permet à la personne de se sentir active sans affronter la source de son anxiété.

Prenons l'exemple d'Ananya, une rédactrice indépendante qui remboursait compulsivement l'intégralité de sa carte de crédit tous les deux ou trois jours, même lorsque le solde était négligeable. Bien que cela puisse paraître responsable à première vue, sa motivation n'était pas l'hygiène financière, mais le contrôle émotionnel. Ananya avait grandi en voyant ses parents crouler sous les dettes, et le moindre solde impayé, même de quelques livres, déclenchait un sentiment de panique. Son comportement visait à réprimer ces émotions, et non à optimiser sa trésorerie. En évitant un sentiment, elle en a involontairement créé un autre: une vigilance financière chronique, qui a conduit à l'épuisement professionnel et à la lassitude décisionnelle.

Comprendre l'argent comme un mécanisme d'adaptation ne nous oblige pas à diaboliser les dépenses ni à pathologiser les émotions. Cela nous invite plutôt à examiner l'intention. Lorsque nous dépensons pour apaiser, valider ou éviter quelque chose, nous devons nous demander: *qu'est-ce que je cherche vraiment à ressentir?* Et *existe-t-il une manière plus adaptée de répondre à ce besoin?* Il ne s'agit pas d'austérité, mais de prise de conscience.

Une approche pratique pour accroître cette prise de conscience est ce que les psychologues financiers appellent « l'étiquetage émotionnel ». Avant d'effectuer un achat discrétionnaire, prenez le temps de nommer l'émotion que vous ressentez actuellement. S'agit-il de solitude, d'ennui, de honte, d'euphorie ou de peur? Demandez-vous ensuite si l'achat est susceptible de dissiper ce sentiment de manière durable. Souvent, cette pause suffit à clarifier les choses. Si le désir persiste, l'achat peut être fondé sur une valeur réelle. S'il se dissipe, il s'agissait probablement d'un substitut à autre chose.

Une autre méthode efficace consiste à suivre les dépenses sous l'angle émotionnel plutôt que catégorique. La budgétisation traditionnelle vous demande de classer vos achats par catégories fixes: courses, voyages, loisirs. La budgétisation émotionnelle se demande: dans *quel état d'esprit étais-je lorsque j'ai dépensé cet argent?* Au fil du temps, des schémas se dessinent. Vous découvrirez peut-être que les dépenses nocturnes sont motivées par l'anxiété, ou que les achats après des événements sociaux sont liés à un sentiment d'exclusion. Ces schémas sont riches d'enseignements. Ils révèlent non seulement comment vous dépensez, mais aussi *pourquoi* vous dépensez.

Il est crucial que ce travail soit effectué sans honte. Les dépenses émotionnelles, comme l'alimentation émotionnelle ou le silence émotionnel, sont une forme d'adaptation. Elles méritent compassion, et non condamnation. Mais elles exigent aussi une évolution. Si l'argent est devenu un outil par défaut de régulation émotionnelle, la maturité financière implique d'élargir ses outils:

développer des stratégies alternatives pour le confort, le contrôle et la connexion.

Cela peut impliquer de cultiver des rituels de régulation émotionnelle qui n'impliquent pas de dépenses: tenir un journal après une réunion stressante, faire une promenade avant de valider un panier en ligne ou contacter un ami avant de prendre une décision coûteuse. Cela peut aussi impliquer de redéfinir ce que sont le soin et la récompense. Un massage ou un repas gastronomique peuvent être des formes de célébration tout à fait appropriées. Mais lorsqu'ils se substituent à la présence émotionnelle, ils deviennent des détours coûteux plutôt que des destinations réconfortantes.

Dans le meilleur des cas, l'argent peut améliorer le bien-être. Mais utilisé régulièrement comme mécanisme d'adaptation, il peut nuire à la santé financière et émotionnelle. Il ne s'agit donc pas d'éliminer l'émotivité de l'argent, mais de l'intégrer judicieusement. Cela exige curiosité, constance et courage. Il s'agit d'être prêt à accepter l'inconfort suffisamment longtemps pour le comprendre, plutôt que de se précipiter pour le faire taire par une transaction.

En fin de compte, l'invitation n'est pas de cesser de dépenser, mais de dépenser avec clarté plutôt que par compulsion, avec alignement plutôt que par évitement. En comprenant l'architecture émotionnelle qui sous-tend vos habitudes financières, vous commencez à reprendre le contrôle de votre vie. Vous cessez de confier vos besoins émotionnels à votre compte bancaire. Et dans cet espace – entre stimulation et réaction – vous commencez à construire une nouvelle relation à l'argent: une relation qui respecte vos sentiments, soutient vos objectifs et reflète non pas vos peurs, mais vos valeurs.

La physiologie du stress financier

Le stress financier n'est pas une métaphore, c'est un état physiologique. Si les discussions autour de l'argent se concentrent souvent sur des indicateurs externes – revenus, dettes, dépenses –, ce qui reste moins visible, mais tout aussi influent, est la façon dont notre corps réagit aux stimuli financiers. L'accélération du rythme cardiaque à la vue d'une facture en souffrance. La sensation de malaise après avoir consulté un compte en banque. La paralysie lorsqu'on nous demande de parler à un conseiller financier. Ce ne sont pas des réactions imaginaires, ce sont des expériences incarnées. Au croisement de la psychologie, des neurosciences et de la recherche sur les traumatismes se cache une idée fascinante: notre système nerveux réagit aux menaces financières de la même manière qu'il réagit au danger physique.

Ce chapitre introduit le concept de *réponse au traumatisme financier* – une réaction physiologique à la perception d'une menace financière qui mobilise les mécanismes de survie ancestraux du corps: la lutte, la fuite, la paralysie ou la soumission. Ces réponses, initialement conçues pour nous protéger des prédateurs et des dangers mortels, sont aujourd'hui déclenchées par des facteurs de stress modernes tels que l'endettement croissant, la précarité des revenus ou les conséquences sociales d'un échec financier perçu. Comprendre ce contexte biologique est essentiel non seulement pour gérer ses finances personnelles avec plus de conscience, mais aussi pour déconstruire la honte si souvent associée aux dysfonctionnements financiers.

Face à une menace, le système nerveux humain adopte par défaut une réponse autonome: une cascade de modifications neurochimiques qui préparent l'organisme à affronter la menace ou à l'éviter. Lorsque cette réponse est activée par des stimuli liés à l'argent, l'organisme ne fait plus la distinction entre un paiement hypothécaire manqué et une agression physique. Il inonde le système d'adrénaline et de cortisol, contracte les muscles, accroît la vigilance et altère les fonctions exécutives. Autrement dit, il devient plus difficile de penser clairement, de prendre des décisions raisonnées ou de planifier à long terme, au moment même où ces compétences sont le plus nécessaires.

Prenons le cas de Priya, une illustratrice indépendante qui a grandi dans un foyer où l'imprévisibilité financière était la norme. Bien qu'elle perçoive aujourd'hui un revenu respectable, la moindre variation de trésorerie, comme un retard de paiement, déclenche la panique. Elle se prend à catastrophiser: *« Et si je ne pouvais plus payer mon loyer? Et si je perdais tous mes clients? Et si je me retrouvais à la case départ? »* Dans ces moments-là, elle ne peut pas se concentrer sur ses clients, évite les e-mails et perd le sommeil. Son corps entre dans une réaction de stress soutenue qui dépasse de loin la réalité pratique de la situation. Le déclencheur est financier, mais la réponse est biologique.

La réaction de combat sur le plan financier peut se manifester par des comportements conflictuels ou impulsifs: surcorrection par des réductions drastiques des dépenses, contestation agressive des frais, ou encore prise de décisions agressives, comme le retrait prématuré d'investissements ou le départ d'un emploi par frustration. Le corps est inondé de cortisol, l'hormone du stress qui aiguise temporairement la concentration, mais altère le raisonnement à long terme. Ces actions sont rarement stratégiques ; elles sont réactives, motivées par un système nerveux qui tente de rétablir un sentiment de contrôle.

La fuite, en revanche, se présente souvent comme un évitement. Cela peut se traduire par le report de la déclaration d'impôts, l'ignorance des relevés bancaires ou le report de conversations financières essentielles. Les personnes en état de fuite peuvent passer obsessionnellement d'un outil ou d'une stratégie financière à un autre sans engagement, cherchant constamment un moyen de se sentir en sécurité. Derrière cette procrastination se cache non pas de la paresse, mais un état d'épuisement physiologique. Le cortex préfrontal, responsable de la planification et de la logique, est de fait pris en otage par le système limbique, qui privilégie la survie à la stratégie.

Les réactions de blocage se caractérisent par un état d'insensibilité et de paralysie. C'est le cas de la personne qui ouvre une lettre de sa banque et se sent immédiatement engourdie. Qui cesse de répondre aux appels téléphoniques de ses créanciers. Qui évite complètement de penser à l'argent, car cela déclenche un sentiment d'impuissance. Le blocage n'est pas de l'apathie, c'est une réaction du système nerveux face à une impression d'inéluctabilité. Dans cet état, même la plus petite tâche financière peut paraître insurmontable, aggravant ainsi les dysfonctionnements.

La réaction fauve, moins souvent évoquée mais tout aussi significative, consiste à apaiser les autres pour éviter les conflits ou le rejet. Dans un contexte financier, cela peut se traduire par une sous-facturation constante des services, l'acceptation de dépenses sous la pression sociale ou des dépenses excessives pour maintenir l'approbation. La personne peut paraître généreuse ou complaisante, mais le motif sous-jacent est souvent la peur de l'abandon ou du conflit. Cette réaction est fréquente chez les personnes ayant des antécédents de traumatisme ou une sensibilité relationnelle élevée, où les limites financières sont sacrifiées au profit d'une sécurité perçue.

Ces schémas ne sont pas seulement comportementaux, ils sont somatiques. Ils vivent dans le corps et se renforcent souvent au fil des années, voire des décennies. Les personnes ayant grandi dans un environnement de pénurie chronique, d'instabilité ou de honte financière peuvent constater que leur système nerveux est prédisposé à une hyperexcitation face aux situations financières. Le corps se souvient de ce que l'esprit tente d'oublier. Même lorsque la situation financière s'améliore, la réponse physiologique persiste, à moins d'être prise en compte consciemment.

Comprendre la physiologie du stress financier nous permet de passer du moralisme à l'empathie. Une personne incapable de gérer son compte en banque n'est pas faible ; elle souffre de dérèglement. Une personne qui dépense impulsivement après une période de privation n'est pas irresponsable ; elle tente de rétablir l'équilibre de son système nerveux. Lorsque nous reconnaissons ces réactions pour ce qu'elles sont – des mécanismes automatiques et adaptatifs –, nous pouvons commencer à les gérer non pas par le jugement, mais par la régulation.

Les applications pratiques de cette idée commencent par la conscience de soi. Observer la façon dont votre corps réagit aux signaux financiers est la première étape. Ressentez-vous une oppression thoracique lorsque vous pensez à vos dettes? Votre rythme cardiaque s'accélère-t-il lorsque vous parlez de salaire? Ressentez-vous un brouillard mental lorsque vous essayez de gérer votre budget? Ce sont des signaux provenant de votre système nerveux ; ils ne signifient pas que vous êtes brisé, mais que votre corps réagit à des associations apprises.

Les interventions ne devraient pas commencer par des feuilles de calcul, mais par un ancrage somatique. Des techniques telles que la respiration lente et diaphragmatique, la relaxation musculaire progressive ou même de brèves marches peuvent aider à sortir le système nerveux de son état de menace et à l'amener dans un état de sécurité relative. C'est seulement à partir de cet état que la pensée d'ordre supérieur peut reprendre. C'est dans cet état que la gestion du budget devient tolérable, la planification devient possible et le dialogue constructif.

Travailler avec un coach ou un thérapeute financier tenant compte des traumatismes peut soutenir ce processus. Ces professionnels comprennent que l'argent n'est pas qu'une question de mathématiques: c'est une question de mémoire, d'émotion et d'identité. Ils peuvent aider leurs clients à identifier les causes de leurs réactions, à recadrer les récits démoralisants et à élaborer des stratégies qui respectent les dimensions émotionnelles et pratiques de la vie financière.

Cela ne signifie pas renoncer à l'éducation financière. Au contraire, l'associer à l'éducation du système nerveux permet une transformation durable. C'est toute la différence entre savoir qu'il *faut* investir et se sentir suffisamment en sécurité pour le faire. Entre comprendre l'importance de la réduction de la dette et disposer des moyens nécessaires pour affronter le plan sans se sentir dépassé. Entre reconnaître l'importance des limites et être capable de les respecter lorsqu'elles sont remises en question.

La résilience financière n'est donc pas simplement une question de connaissances, mais de régulation. C'est la capacité à garder les pieds sur terre face au stress financier, à réagir plutôt qu'à réagir, et à gérer l'inconfort financier sans sombrer dans des comportements anxieux. Ce type de résilience n'est pas enseigné à l'école, et pourtant il sous-tend chacune de nos décisions financières.

Nous vivons dans une culture qui vante souvent les compétences financières tout en ignorant les réalités émotionnelles et physiologiques qui les rendent possibles. En intégrant le langage du traumatisme et des réactions du système nerveux dans nos conversations financières, nous créons un espace pour une approche plus humaine, inclusive et efficace de l'argent. Une approche qui honore non seulement nos stratégies cognitives, mais aussi nos expériences vécues. Une approche qui considère la personne dans sa globalité, et pas seulement ses résultats financiers.

En fin de compte, l'objectif n'est pas d'éliminer complètement le stress financier ; ce serait irréaliste, voire indésirable. Un certain degré de stress peut être motivant et éclairant. Mais lorsqu'il devient chronique et dysrégulateur, il compromet les progrès que nous recherchons. En apprenant à comprendre et à réguler nos réponses physiologiques, nous reprenons le contrôle de nos finances. Nous commençons à aborder la vie financière non pas comme un champ de bataille de la peur, mais comme un champ de choix conscient et incarné. Ce faisant, nous posons les bases d'une nouvelle forme de richesse, ancrée non seulement dans les actifs et les revenus, mais aussi dans le calme, la clarté et la sécurité intérieure.

Guérir la culpabilité des dépenses

Pour beaucoup de ceux qui ont surmonté un contexte de précarité financière, dépenser – même modestement, même sagement – ne constitue pas une libération. C'est une trahison. Le moment qui devrait être source de plaisir ou d'affirmation de soi engendre au contraire malaise, hésitation, voire culpabilité. Des vacances bien méritées suscitent des doutes. Une paire de chaussures de qualité, choisie avec soin, engendre un malaise. Un repas de fête après une promotion ne se termine pas par une satisfaction, mais par une réprimande intériorisée: *est-ce que je mérite vraiment cela?* Cette culpabilité est rarement liée à l'argent lui-même. Elle est plutôt liée à l'héritage inconscient de croyances façonnées par une exposition précoce au manque.

La culpabilité liée aux dépenses est un phénomène émotionnel profondément ancré. Elle touche souvent ceux qui ont travaillé dur pour bâtir une stabilité financière, mais qui se trouvent émotionnellement démunis pour profiter des fruits de leur travail. À l'origine de ce sentiment se trouve une forme de dissonance psychologique: le récit intérieur, construit dans un contexte de pénurie, entre en conflit avec la réalité extérieure de la suffisance. L'esprit a progressé, mais pas le système nerveux. Et tant que les deux ne sont pas alignés, même les achats les plus rationnels, mérités et stratégiques peuvent provoquer un malaise.

Pour comprendre cette tension, il faut commencer par examiner le rôle formateur que jouent les environnements financiers précoces dans la construction de notre relation affective à l'argent. Une enfance marquée par la frugalité, l'imprévisibilité ou la privation pure et simple conditionne les individus à associer la dépense au danger. Dans ces foyers, chaque achat discrétionnaire pouvait être accueilli avec anxiété ou jugement. Les parents pouvaient se disputer sur les coûts, sacrifier leurs propres besoins ou humilier leurs enfants parce qu'ils « en voulaient trop ». Ces messages, explicites ou implicites, s'intériorisent comme des vérités durables: *l'argent doit être utilisé au maximum. Le luxe est un gaspillage. Le plaisir est une indulgence. La sécurité réside dans le sacrifice.*

Ces croyances persistent même après une amélioration de la situation financière. Prenons l'exemple de Dev, un diplômé universitaire de première génération qui gagne aujourd'hui un salaire à six chiffres dans le secteur technologique. Malgré sa réussite, Dev peine à faire des achats non essentiels. Lorsqu'il s'est enfin autorisé à acheter un nouvel ordinateur portable – après des années à utiliser un appareil vieillissant à outrance –, il l'a rendu quelques jours plus tard, convaincu qu'il était trop cher. La décision n'était pas financière ; il avait budgété cette dépense. Le malaise venait de la violation d'un script ancré dans l'enfance: *ne dépenser que le strict nécessaire, et rien de plus.* Pour Dev, se suffire à soi-même était un sentiment d'insécurité, car son conditionnement émotionnel avait assimilé dépense et perte.

Ce conflit intérieur est encore intensifié par la culpabilité du survivant, une expérience courante chez ceux qui ont dépassé le niveau économique de leur famille ou de leur communauté. Dans ce contexte, dépenser devient non seulement un acte financier, mais aussi une distanciation symbolique. Acheter une marque plus chère, réserver des vacances à l'étranger ou manger dans un restaurant haut de gamme peut susciter un sentiment de déloyauté, comme si l'on laissait derrière soi ceux qui vivent encore dans la contrainte. La logique émotionnelle murmure: *s'ils sont en difficulté, comment puis-je m'autoriser le confort?* Ce qui se fait passer pour de la vertu est souvent une forme d'allégeance mal placée.

Les femmes, en particulier, sont souvent confrontées à une culpabilité accrue. Conditionnées à donner la priorité aux autres, à minimiser leurs propres besoins et à justifier chaque dépense par l'utilité ou le sacrifice, beaucoup ont du mal à se dépenser sans friction émotionnelle. Une mère peut hésiter à acheter un nouveau manteau parce que ses enfants ont besoin de fournitures scolaires. Une femme active peut minimiser son désir d'un tailleur sur mesure, se persuadée qu'elle peut « se contenter » de ce qu'elle a. Dans les deux cas, la culpabilité n'est pas liée à l'argent, mais à des croyances socialisées autour de la valeur et de l'attention.

Guérir cette forme de culpabilité commence par reconnaître qu'elle n'est pas irrationnelle, mais relationnelle. La culpabilité ne naît pas d'une incapacité à calculer ses moyens. Elle naît de la dissonance entre l'identité passée et la réalité présente. Le système nerveux, habitué à la rareté, perçoit l'abondance comme dangereuse. Mais avec attention et pratique, il est possible de rééduquer ces schémas et de cultiver un sentiment de sécurité intérieure face aux dépenses.

La première étape consiste à recadrer consciemment. Lorsque la culpabilité surgit, il peut être utile de se demander: *à qui appartient cette voix? Quelles valeurs incarne-je actuellement? Cette croyance est-elle toujours pertinente pour ma vie actuelle?* Souvent, la culpabilité est un écho du passé – parents, enseignants ou normes culturelles – plutôt qu'un reflet des besoins ou des valeurs du présent. Prendre conscience de la source de la culpabilité permet de la gérer avec compassion plutôt que de la laisser perplexe.

Un outil puissant pour ce travail est l'affirmation financière fondée sur les valeurs personnelles. Plutôt que de contrer la culpabilité par une positivité creuse, on peut construire des affirmations qui intègrent l'expérience passée à l'autonomisation présente. Par exemple, on pourrait affirmer: *« J'honore les sacrifices de mon passé en dépensant judicieusement et joyeusement dans le présent. »* Ou encore: *« Je mérite de profiter de ce que j'ai construit avec intégrité et soin. »* Ces affirmations ne nient pas l'histoire ; elles la contextualisent dans un récit plus large de croissance.

Incarner ces nouveaux récits nécessite souvent de passer à l'action. Dépenser progressivement et intentionnellement des objets ou des expériences significatifs peut aider à recalibrer le système nerveux. Cela peut impliquer de créer un « fonds de joie »: un compte ou une catégorie de dépenses dédié aux soins personnels, à la créativité ou à la célébration. Le fait d'allouer de l'argent au plaisir, puis de le dépenser sans culpabilité, devient un signal comportemental envoyé au cerveau: *il est sûr d'avoir. Il est sûr d'en profiter. Il est sûr d'être bien.* À force de répétition, ces actions finissent par effacer les anciennes associations.

Un soutien thérapeutique peut également s'avérer extrêmement utile, notamment pour les personnes dont la culpabilité face aux dépenses est ancrée dans un traumatisme ou dans des systèmes familiaux marqués par l'enchevêtrement ou la manipulation émotionnelle. La dynamique familiale attribue souvent des rôles tels que « le pourvoyeur », « l'altruiste » ou « l'aidant », autant de rôles qui peuvent entrer en conflit avec la liberté financière personnelle. Un thérapeute formé en psychologie financière ou en approches tenant compte des traumatismes peut aider à décrypter ces rôles et à établir des limites plus saines.

Au-delà du niveau individuel, ce travail exige également une réflexion culturelle. Les sociétés qui moralisent la frugalité et idéalisent l'abnégation ont souvent pour conséquence de pathologiser le plaisir financier. Le scénario qui assimile la valeur à la lutte, ou la vertu à la privation, est non seulement dépassé, mais aussi néfaste. Une économie saine, tout comme un psychisme sain, doit laisser place à la fois à la retenue et au plaisir. Dépenser avec joie, ce n'est pas trahir ses valeurs ; c'est les exprimer. Se sentir en sécurité dans la suffisance, ce n'est pas oublier les difficultés ; c'est les honorer en brisant le cycle de la privation.

Ceci est particulièrement important dans les contextes intergénérationnels. Les enfants de ceux qui ont vécu la guerre, la colonisation ou la pauvreté systémique portent souvent en eux des récits de peur hérités. Lorsqu'ils adoptent un mode de vie différent, leur comportement remet en question la logique émotionnelle de la génération précédente. Cela peut créer des tensions, mais aussi des opportunités. En guérissant leur propre culpabilité, ils montrent aux autres ce que signifie s'épanouir sans honte, profiter sans excuses et diriger avec gratitude et grâce.

En fin de compte, guérir de la culpabilité liée aux dépenses revient à réapprendre à se faire confiance. Croire en sa capacité de discernement. Croire que ses valeurs, et non ses peurs, peuvent guider ses choix financiers. Croire que profiter de ce qu'on a ne diminue pas son empathie pour les autres, mais la renforce. Lorsque la culpabilité est remplacée par une permission fondée, une autre richesse émerge – non seulement financière, mais aussi émotionnelle. La richesse de la facilité, de la confiance en soi, d'être bien dans sa vie.

Il ne s'agit pas d'abandonner les leçons de la pénurie, mais de les faire évoluer. Il s'agit de passer de l'hypervigilance au discernement, de la culpabilité à la gratitude, et de la lutte intériorisée à la suffisance incarnée. Et lorsque ce changement s'opère – discrètement, systématiquement et courageusement – dépenser devient non pas une source de honte, mais une célébration de la guérison, de l'épanouissement et de la juste jouissance d'une vie bien méritée.

L'intelligence émotionnelle au service des mouvements financiers quotidiens

Dans le monde des finances personnelles, l'intelligence se mesure souvent en chiffres: cotes de crédit, tranches de revenus, portefeuilles d'actifs. Pourtant, ce qui détermine véritablement notre bien-être financier, notamment dans nos décisions quotidiennes, n'est pas tant notre niveau de connaissances que notre capacité à gérer nos émotions face à l'argent. C'est le domaine de l'intelligence émotionnelle financière, ou QE financier: la capacité à percevoir, comprendre et réguler ses réactions émotionnelles face aux situations financières. Et c'est sans doute plus important que n'importe quelle application de gestion budgétaire ou stratégie d'investissement.

L'intelligence financière n'est pas une compétence non technique, mais fondamentale. Elle nous permet de prendre du recul avant un achat impulsif, de négocier sans nous saboter, de gérer notre inconfort sans recourir à une solution miracle. Sans elle, même les personnes les plus informées peuvent se retrouver déstabilisées par des déclencheurs émotionnels, des dynamiques relationnelles ou des scénarios inconscients. Grâce à elle, clarté, confiance et résilience deviennent possibles, non seulement en théorie, mais au moment même où les décisions sont prises, l'argent dépensé et les habitudes renforcées.

Fondamentalement, l'intelligence émotionnelle repose sur cinq composantes: la conscience de soi, l'autorégulation, la motivation, l'empathie et les compétences sociales. Appliquées à la finance, ces composantes nous permettent de faire plus que d'équilibrer nos budgets: elles nous aident à aligner nos comportements financiers sur nos valeurs, à gérer les conversations difficiles et à réagir au stress plutôt qu'à y réagir. Développer cette capacité ne consiste pas à réprimer ses émotions, mais à apprendre à intégrer les informations émotionnelles dans une prise de décision rationnelle.

L'un des moyens les plus pratiques de développer son intelligence financière est d'apprendre l'art de la pause. Dans une culture qui privilégie l'immédiateté – commandes en un clic, paiements numériques rapides, offres en temps réel –, marquer une pause est un acte radical. Pourtant, un bref instant d'interruption entre l'impulsion et l'action peut modifier considérablement la trajectoire d'un choix financier. Prendre une pause avant un achat, surtout s'il est motivé par l'émotion, permet au système nerveux de se calmer et au cerveau rationnel de se réactiver. Ce court délai permet de se poser une question essentielle: *que ressens-je et de quoi ai-je réellement besoin ?*

Prenons l'exemple de Darren, un responsable marketing qui se retrouvait à faire des achats en ligne à répétition après des journées de travail stressantes. S'il pensait initialement que ces achats étaient des récompenses inoffensives, son encombrement et ses dettes de carte de crédit ont révélé une tout autre réalité. En s'imposant une règle d'« heure de pause » pour tout achat non essentiel, Darren s'est créé un espace pour interroger ses émotions – frustration, incompétence, fatigue – et trouver d'autres moyens de satisfaire ces besoins, comme appeler un ami ou aller se promener. Au fil du temps, ses dépenses sont devenues plus intentionnelles, non pas parce qu'il a développé une plus grande volonté, mais parce qu'il a pris l'habitude de s'interroger sur ses émotions.

Tenir un journal est une autre technique puissante pour améliorer la conscience financière. Elle transforme la gestion de l'argent d'une tâche purement cognitive en une pratique réflexive. Utilisé régulièrement, le journal peut révéler des schémas, révéler des déclencheurs et offrir un espace sécurisé pour examiner les émotions sous-jacentes aux décisions financières. Des questions telles que *« Que représente cet achat pour moi? »* , *« Quelles histoires d'argent suis-je en train de vivre aujourd'hui? »* ou *« Quels sentiments est-ce que j'essaie d'éviter en dépensant ou en me retenant? »* peuvent apporter des éclairages bien plus approfondis que n'importe quel tableur.

Tenir un journal est particulièrement efficace lorsqu'il est associé à des points de contrôle réguliers. Ces points ne doivent pas nécessairement être longs. Même cinq minutes en fin de journée, consacrées à l'analyse de vos actions financières et de votre état émotionnel, peuvent contribuer à renforcer votre conscience et votre confiance en vous. Par exemple, reconnaître un moment de retenue – choisir de ne pas acheter quelque chose de manière impulsive – et réfléchir à ce que vous avez ressenti émotionnellement renforce un comportement positif, tant au niveau cognitif que somatique.

En parlant de corps, il est impossible de développer une intelligence financière sans se préoccuper du système nerveux. Les bilans somatiques – la pratique consistant à percevoir les sensations physiques et à les interpréter comme des signaux émotionnels – offrent une dimension d'intelligence souvent négligée. Le corps enregistre souvent le stress avant le mental. Une oppression thoracique à l'ouverture d'un relevé bancaire, une respiration superficielle lors d'une négociation salariale ou des palpitations au moment de décider d'investir sont autant de signaux. La question est de savoir si nous les prenons en compte.

La littératie somatique aide les individus à distinguer les contraintes financières réelles des menaces perçues, ancrées dans l'expérience passée. Une personne élevée dans un foyer où l'argent était toujours rare peut ressentir de l'anxiété face à toute dépense, même largement dans les limites du budget. Sans conscience somatique, cette anxiété peut être prise pour un avertissement, entraînant des restrictions inutiles ou un sentiment de culpabilité. Avec la conscience, l'individu peut reconnaître la sensation, en remonter l'origine et déterminer si elle reflète le moment présent. Avec le temps, cette pratique favorise une neutralité émotionnelle face à l'argent, remplaçant la panique par une prise de recul.

Développer son intelligence émotionnelle financière améliore également la dynamique financière relationnelle. L'empathie, l'un des piliers fondamentaux de l'intelligence émotionnelle, devient essentielle pour gérer les finances partagées, les attentes familiales ou les pressions culturelles. Être capable de reconnaître non seulement ses propres schémas émotionnels, mais aussi ceux d'un partenaire, d'un parent ou d'un collègue permet un dialogue plus constructif et moins de conflits réactifs. Plutôt que d'envenimer un désaccord sur les dépenses, une approche empathique pourrait ressembler à ceci: *« J'ai entendu dire que vous hésitez concernant cette dépense. Pouvons-nous discuter de ce que signifie la sécurité pour nous deux? »* Ce langage fait passer la conversation de jugements binaires à une résolution collaborative des problèmes.

L'intelligence émotionnelle financière favorise également la motivation à long terme, notamment face à une gratification différée. Épargner pour la retraite, réduire ses dettes ou constituer un fonds d'urgence exige la capacité à relier son comportement présent à ses bénéfices futurs. Ce lien n'est pas purement logique, mais émotionnel. Les personnes émotionnellement intelligentes sont capables de visualiser et d'investir émotionnellement dans les résultats futurs, ce qui leur permet de résister plus facilement aux tentations à court terme. Elles cultivent ce que les psychologues appellent la « continuité future du soi »: le sentiment que leur futur soi n'est pas un étranger, mais quelqu'un qui mérite qu'on s'occupe d'elles.

Sophia, enseignante en quête d'indépendance financière, illustre parfaitement ce principe. Au début, elle peinait à tenir ses objectifs d'épargne, puisant souvent dans son fonds d'urgence pour des achats discrétionnaires. Après avoir travaillé avec un coach pour développer des représentations visuelles de ses objectifs d'avenir – images de la maison qu'elle souhaitait acheter, lettres à son futur moi et même messages vocaux –, elle s'est sentie plus investie émotionnellement dans les résultats à long terme. Son taux d'épargne a augmenté, non pas parce qu'elle est devenue plus frugale, mais parce qu'elle a renforcé son lien affectif avec son futur moi.

Cette capacité à appréhender une double vérité émotionnelle – apprécier ses désirs présents tout en honorant ses intentions futures – est un signe distinctif de maturité financière. Elle permet aux individus de prendre des décisions financières non pas réactives, mais réactives. Non binaires, mais équilibrées. Non pas émotionnellement détachées, mais émotionnellement intégrées.

Cultiver une telle maturité ne se fait pas en une seule fois. C'est une pratique, une série de petits choix cohérents qui renforcent simultanément les capacités émotionnelles et les compétences financières. Il s'agit de marquer une pause face à la tentation. De réfléchir face à l'excitation. D'écouter son corps. De nommer ses émotions. De choisir l'action qui convient. Et de recommencer, non pas parfaitement, mais délibérément.

L'éducation financière doit évoluer pour refléter cette complexité. Il ne suffit plus d'enseigner les intérêts composés ou les déductions fiscales sans aborder également la peur, la honte, l'identité et les traumatismes. La littératie financière et l'intelligence émotionnelle ne sont pas des domaines distincts: ce sont les deux faces d'un même registre. Enseignées ensemble, elles permettent non seulement la responsabilité financière, mais aussi la souveraineté personnelle.

En fin de compte, l'intelligence émotionnelle financière nous invite à une relation plus consciente avec l'argent, où les émotions ne sont pas des obstacles à éviter, mais des signaux à comprendre. Où dépenser, épargner, donner et gagner ne sont pas de simples calculs, mais l'expression de valeurs, de limites et d'estime de soi. Et où chaque décision quotidienne devient une occasion de pratiquer la présence, d'instaurer la confiance et de façonner une vie financière non seulement durable, mais profondément satisfaisante.

De la réaction à la réglementation: renforcer la résilience dans la prise de décision financière

Au cœur de chaque choix financier se trouve un système nerveux qui réagit aux risques, à la valeur et aux conséquences perçus. Qu'il s'agisse de négocier une augmentation, d'envisager un achat important ou de faire face à des factures imprévues, le corps n'est pas passif dans ces moments-là. Il réagit – souvent rapidement et silencieusement – avant que l'esprit n'ait eu le temps de traiter pleinement la décision. Dans ces situations à enjeux élevés, la différence entre une décision financièrement judicieuse et une décision réactive réside souvent dans la capacité d'une personne à réguler son système nerveux. Développer cette capacité de régulation n'est pas un luxe réservé aux personnes émotionnellement éclairées ; c'est une nécessité pratique pour quiconque cherche à faire des choix financiers durables et respectueux de ses valeurs.

Le système nerveux humain a évolué pour privilégier la survie. Lorsqu'il détecte une menace, réelle ou perçue, il déclenche une cascade de réponses physiologiques: le rythme cardiaque s'accélère, la digestion ralentit, le flux sanguin est redirigé et les fonctions de raisonnement supérieures du cerveau sont déclassées au profit d'une action rapide et protectrice. Ce système a été très utile à nos ancêtres dans les situations de vie ou de mort. Mais dans le contexte financier moderne, où le danger perçu est souvent lié au statut social, à la sécurité émotionnelle ou à la sécurité à long terme plutôt qu'à un préjudice physique, ce même système d'alarme physiologique peut se dérégler. Il peut nous pousser à dépenser trop, à sous-gagner, à éviter de budgétiser ou à vendre nos investissements dans la panique, non pas parce que les chiffres l'exigent, mais parce que notre corps l'exige.

Comprendre cette architecture biologique est la première étape vers la transformation. Les réactions de combat, de fuite, de paralysie et de répulsion, si essentielles à la théorie du traumatisme, sont fréquemment activées dans les situations financières. Une personne recevant une lettre de recouvrement peut se mettre en mode combat, interagissant agressivement avec un agent du service client, ou en mode fuite, ignorant complètement le problème. Le paralysie peut se manifester par une paralysie face aux décisions financières, où même l'ouverture d'une application bancaire semble insurmontable. La répulsion peut apparaître chez une personne qui s'engage financièrement de manière excessive pour plaire aux autres, sacrifiant ainsi ses propres besoins. Dans chaque cas, la personne ne fait pas un choix éclairé ; elle réagit à partir d'un état de dérèglement.

Prenons l'exemple de Sarah, cadre dans une association à but non lucratif, qui avait une tendance persistante à éviter les problèmes financiers. Bien que compétente et respectée dans sa vie professionnelle, elle avait du mal à gérer ses finances personnelles. Chaque mois, elle retardait l'ouverture des factures, évitait de consulter ses comptes et remettait à plus tard la préparation de ses déclarations d'impôts. Lorsqu'elle a finalement réussi à s'occuper de ses finances, c'était dans un tourbillon d'anxiété et d'appréhension. Grâce au coaching et à l'éducation sur le système nerveux, Sarah a compris que son comportement était une réaction de blocage, ancrée non pas dans l'incompétence, mais dans une enfance marquée par la volatilité et la peur financières. Forte de ce constat, elle a commencé à pratiquer des techniques de régulation avant de s'attaquer aux tâches financières. Au fil du temps, ce qui semblait autrefois une menace existentielle est devenu une routine gérable.

Ce mouvement – de la réaction à la régulation – est au cœur de la résilience financière. Il n'élimine pas les réactions émotionnelles à l'argent, et il ne devrait pas en être ainsi. Les émotions contiennent des informations précieuses sur nos valeurs, nos limites et nos besoins. Mais des émotions non régulées faussent la perception, perturbent la perspective et limitent l'accès au cortex préfrontal – la partie du cerveau responsable du raisonnement logique, du contrôle des impulsions et de la planification future. Lors de la prise de décisions financières, il est essentiel d'apprendre à reconnaître les situations où notre système nerveux est pris en otage et à retrouver un état de calme avant d'agir.

Plusieurs outils pratiques soutiennent ce changement, chacun fondé sur des recherches en neurosciences, en psychologie somatique et en économie comportementale. L'un des plus accessibles est la respiration intentionnelle. Il a été démontré qu'une respiration lente et diaphragmatique active le système nerveux parasympathique (le mode de repos et de digestion du corps), ce qui contrecarre la réaction au stress. Une personne confrontée à une conversation financière à enjeux élevés pourrait s'arrêter deux minutes pour respirer lentement, en expirant consciemment plus longtemps qu'elle n'inspire. Cela signale au corps qu'il est en sécurité et réactive les fonctions exécutives.

L'orientation est un autre outil. Cette technique somatique consiste à observer physiquement l'environnement, à nommer des objets ou des couleurs, et à porter son attention sur le contact du corps avec le sol ou une chaise. À première vue, cela peut sembler sans rapport avec l'argent, mais cela rétablit un sentiment de sécurité dans l'instant présent. De nombreuses personnes rapportent que quelques instants d'orientation avant de consulter leur compte bancaire réduisent considérablement l'anxiété anticipatoire et l'envie de se dissocier ou de réagir de manière impulsive.

Les pratiques corporelles ne remplacent pas la stratégie financière ; elles en sont les catalyseurs. Elles nous permettent d'accéder à la clarté cognitive nécessaire à la mise en œuvre de systèmes budgétaires, de plans d'investissement ou de plans de remboursement de dettes. Sans régulation du système nerveux, même le plan financier le plus abouti reste ambitieux. Grâce à la régulation, ces mêmes outils deviennent exploitables.

Pour Aaron, fondateur de start-up confronté à des revenus volatils et à un risque personnel élevé, la réglementation est devenue un atout stratégique. Aux débuts de son activité, Aaron prenait des décisions sous l'emprise de l'émotion: il embauchait sous l'effet de la panique, sous-évaluait ses services ou surcompensait en période de crise. En apprenant à surveiller ses signaux physiologiques – oppression thoracique, respiration courte, mâchoire serrée –, il a commencé à détecter les moments où il entrait dans un état de dérégulation. Au lieu de persévérer, il prenait du recul, pratiquait une technique de régulation et revenait une fois calmé. Ses décisions s'amélioraient, tout comme ses résultats.

Passer de la réaction à la régulation améliore également la dynamique financière interpersonnelle. Les couples, les partenaires commerciaux ou les membres d'une famille réagissent souvent différemment face à l'argent. L'un peut réagir avec urgence, l'autre avec évitement. Sans compréhension mutuelle de ces schémas, le conflit s'intensifie. Mais lorsque les deux parties apprennent à identifier leurs états physiologiques et prennent un moment pour se réguler avant de réagir, les conversations deviennent plus constructives. Ce qui était autrefois un déclencheur devient une invitation à la corégulation – un processus partagé d'ancrage et d'écoute.

La régulation contribue également à rompre le cycle de la honte. De nombreuses personnes éprouvent une honte financière: culpabilité liée aux dettes, gêne liée à leurs habitudes de consommation ou regrets d'erreurs passées. Ces émotions conduisent souvent à l'auto-récrimination et à un évitement accru, perpétuant ainsi le cycle. Les techniques de régulation offrent une interruption bienveillante. Elles nous rappellent que la honte n'est pas un appel à la punition, mais un signal d'attention. Un organisme réglementé peut accepter la honte sans s'y effondrer, ce qui permet la réparation, la réflexion et le réengagement.

Renforcer la résilience financière par la réglementation n'exige pas la perfection. Il y aura toujours des moments de réaction émotionnelle: dépenses soudaines, ralentissements inattendus, discussions tendues. Mais l'objectif n'est pas d'éliminer la réactivité, mais d'en réduire la durée et l'intensité. Plus vite nous reconnaissons un état de dérèglement, plus vite nous pouvons retrouver la clarté. Cette capacité se développe avec le temps, grâce à la pratique, à la réflexion et à la confiance en soi.

Intégrer la régulation à ses routines financières quotidiennes crée un socle de sécurité. Commencez par de petits rituels: une respiration profonde avant d'ouvrir ses e-mails, une marche de cinq minutes avant de revoir son budget, un scanner corporel avant d'entamer une conversation financière délicate. Ces moments développent la mémoire musculaire interne. Le corps apprend, avec le temps, que l'engagement financier n'est pas une menace. Il devient familier. Il devient sécurisant.

Cet ouvrage est particulièrement pertinent pour les personnes ayant subi un traumatisme financier – celles qui ont grandi dans la pauvreté, connu l'instabilité économique ou hérité de croyances dévalorisantes sur l'argent. Pour elles, la réglementation n'est pas une simple formalité ; c'est une nécessité. Elle crée l'espace psychologique nécessaire pour réécrire leur histoire financière, non pas comme une question de survie perpétuelle, mais comme un choix souverain.

En fin de compte, le chemin de la réaction à la régulation consiste à retrouver sa capacité d'agir. Il s'agit de choisir comment gérer son argent, plutôt que de se laisser contrôler par des schémas inconscients. Il s'agit de construire une relation avec son système nerveux qui favorise ses objectifs financiers, plutôt que de les compromettre. Et il s'agit de reconnaître que le véritable bien-être financier n'est pas seulement une question de chiffres, mais de présence.

Lorsque le corps est calme, l'esprit est clair. Et lorsque l'esprit est clair, l'argent n'est plus un champ de bataille, mais un outil que l'on peut utiliser avec discernement, direction et intégrité. Dans cet état régulé, la résilience financière n'est pas seulement possible ; elle devient inévitable.

Chapitre 5
Le langage de l'argent et de la richesse mentale

L'argent n'est pas seulement compté, il est conjuré. Non pas au sens mystique du terme, mais dans la façon dont le langage s'articule autour de la valeur, façonnant subtilement notre perception et notre expression de la richesse. Les mots que nous utilisons pour parler d'argent, qu'ils soient murmurés ou exprimés à voix haute, ont un poids bien plus important que leurs syllabes. Ils forment une sorte de système d'exploitation pour nos croyances et nos comportements, scénarisant les rôles que nous jouons et les limites que nous renforçons sans nous rendre compte. Dans cette optique, le langage n'est pas un accessoire futile: c'est une force créatrice, une sorte de monnaie en soi.

Une grande partie de ce que nous appelons la mentalité de pénurie est, à la base, une habitude linguistique. Il est étonnant de constater la fréquence à laquelle des phrases comme « Je suis fauché » ou « Je ne serai jamais doué avec l'argent » nous échappent sans même y réfléchir. Mais ce ne sont pas des formules anodines, ce sont des incantations du manque. Chaque répétition grave cette croyance un peu plus profondément dans notre système nerveux. Avec le temps, ces phrases se durcissent en murs psychologiques, ne décrivant pas seulement une réalité financière, mais la renforçant. C'est la grammaire de la limitation, déguisée en réalisme.

Cette notion repose sur de nombreux fondements psychologiques. La thérapie cognitivo-comportementale, par exemple, repose sur la compréhension que nos pensées façonnent nos émotions, et que celles-ci, à leur tour, guident nos actions. Le langage est la façon dont la pensée devient tangible. Lorsque nous nous qualifions constamment de « désespéré financièrement », nous commençons à agir en conséquence: nous évitons les opportunités, nous nous détournons de la croissance, nous ignorons les informations qui contredisent notre discours. Cela devient une boucle de rétroaction: l'identité nourrit le langage, le langage façonne la perception, la perception gouverne le comportement.

Mais il existe une autre dimension, moins quantifiable mais tout aussi puissante. Les mots ont de l'énergie. Cela peut paraître léger, mais considérez la différence entre votre corps et « Je m'efforce d'atteindre l'abondance financière » plutôt que « Je m'en sors toujours à petit feu ». L'un ouvre la poitrine. L'autre la serre. Un langage expansif a le curieux effet d' inviter à l'action: il nous incite à prendre des risques, à faire des projets, à agir. Un langage restrictif a l'effet inverse. Il nous enferme dans la prudence. Il ne s'agit pas d'édulcorer la réalité, mais de choisir un ton qui ouvre la voie au possible.

Prenez Nadia. Elle dirigeait une petite entreprise de design performante et se qualifiait souvent affectueusement de « fainéante et combative ». Cela la rendait accessible – certes – mais donnait aussi subtilement le ton à la façon dont les autres interagissaient avec elle. Les clients potentiels percevaient sa modestie et réagissaient en conséquence: ils négociaient leurs honoraires, remettaient en question son positionnement. Ce n'est que lorsqu'un mentor lui a suggéré de décrire son entreprise comme un « conseil boutique » et de se présenter comme un « partenaire stratégique » que les choses ont commencé à changer. Ce changement n'était pas seulement rhétorique. Il a redéfini la perception qu'elle avait d'elle-même, et celle des autres aussi.

Améliorer son vocabulaire financier n'est pas une question d'illusion ou de vantardise. Il s'agit d'aligner ses mots sur la direction que l'on souhaite prendre. Cela peut paraître évident, mais la résistance est bien réelle. Les vieux scénarios apportent un certain réconfort, même lorsqu'ils nous limitent. Remplacer « Je ne peux pas me le permettre » par « Comment pourrais-je y arriver? » n'est pas du déni, c'est une réorientation. Remplacer « Je suis nul avec l'argent » par « J'apprends à gérer mes finances plus intelligemment » déplace l'accent de l'échec vers le processus. Et « Je choisis de ne pas dépenser pour ça maintenant » apporte une force de décision que « Je ne peux pas » n'a tout simplement pas.

Bien sûr, rien de tout cela n'arrive par hasard. Réécrire son récit financier demande de l'attention et de la persévérance. Une approche particulièrement efficace est la tenue d'un journal financier. Il ne s'agit pas de documenter les transactions, mais de retracer les histoires qui les sous-tendent. Des questions comme « Où ai-je appris cette croyance sur l'argent? » ou « Quelles hypothèses est-ce que je fais quand on parle de richesse? » ouvrent la voie à l'exploration. Combinez cela avec une touche de visualisation – imaginez ce que l'on ressentirait en adoptant une identité financière plus autonome – et l'exercice devient étonnamment catalytique.

Ce n'est pas une simple théorie. Lors d'un groupe de coaching financier, une participante a commencé à consigner dans son journal son malaise à accepter un paiement. Elle a fini par découvrir une croyance innée: être bon, c'était faire preuve d'abnégation, et l'argent compromettait cette vertu. Elle a reformulé son discours – quelque chose comme: « Il est à la fois éthique et sage de recevoir une juste rémunération » – et en quelques mois, elle a augmenté ses tarifs et cessé d'accompagner chaque facture d'excuses. Les chiffres ont certes changé, mais surtout, son estime de soi a évolué.

Il est également important de noter que le langage ne vit pas en vase clos. Ce que nous disons aux autres – partenaires, clients, pairs – renforce ou perturbe nos schémas internes. Exprimer sa valeur à voix haute est l'un des actes d'affirmation de soi les plus simples, mais aussi les plus confrontants. Dire « Je veux augmenter mes revenus cette année » à un ami est différent que d'y penser seul. Déclarer « Voici mon tarif » avec conviction plutôt qu'avec une inflexion ascendante modifie la perception. Extérioriser ce changement le rend plus concret.

Cela devient particulièrement crucial dans les relations intimes. Les conversations financières entre partenaires, par exemple, déraillent souvent non pas à cause de chiffres, mais à cause de non-dits. L'un entend « budget » et pense sécurité ; l'autre entend « restriction ». Lorsque les couples se surprennent à utiliser des expressions comme « On dépense toujours trop » ou « On ne se soucie jamais d'économiser », il est temps de faire une pause et de recadrer. Un léger changement de langage – de l'accusation à la curiosité – peut apaiser les tensions. Essayez plutôt « À quoi cela ressemblerait-il si nous abordions cela différemment? ». Il est surprenant de constater à quel point le ton prime souvent sur le fond.

Et dans la vie professionnelle? Notre façon d'aborder les questions financières en dit plus qu'on ne le pense. Un freelance qui annonce son tarif sans sourciller attire souvent le respect. Un dirigeant qui qualifie le développement de ses collaborateurs d'« investissement » plutôt que de « coût » témoigne d'une vision. Ce ne sont pas des fioritures sémantiques, mais des indices sur un état d'esprit, et cet état d'esprit suscite l'intérêt.

Ce qui nous amène à la vérité profonde au cœur de tout cela: le langage est un outil de construction. L'échafaudage de votre vie financière repose non seulement sur des feuilles de calcul ou des stratégies, mais aussi sur les expressions que vous utilisez habituellement. Un langage faible et habituel construit des fondations fragiles. Un langage conscient et puissant crée un terrain plus solide, un espace suffisant pour s'y développer.

L'invitation est donc simple, voire facile: parlez différemment. Choisissez des mots qui reflètent la personne que vous devenez, et non seulement celle que vous avez été. Considérez le langage comme un exercice de changement, et non comme un simple souvenir de vos limites passées. Chaque phrase, aussi courte soit-elle, est une brique. Avec suffisamment de mots, vous commencez à construire.

Ce chapitre ne se résume donc pas à trouver de meilleurs mots. Il s'agit de se réapproprier la paternité de l'œuvre. D'utiliser le langage non pas comme un camouflage, mais comme une boussole. Car, au final, la richesse ne se résume pas à ce que nous possédons, mais à la manière dont nous en parlons. Et la voix que vous utilisez pour raconter votre vie financière? C'est elle qui façonne toute l'histoire.

Les mots créent la richesse (ou la détruisent)

La façon dont nous parlons d'argent est plus importante qu'on ne le pense souvent. Non seulement parce que le langage reflète la pensée, mais aussi parce qu'il la *façonne* , façonnant l'architecture même de notre perception, de notre interaction et, finalement, de notre réalité financière. Lorsqu'une personne utilise régulièrement des expressions comme *« Je suis fauché »*, *« Je suis nul avec l'argent »* ou *« L'argent me file entre les doigts »*, elle ne décrit pas seulement une situation temporaire: elle renforce un système de croyances qui gouverne discrètement ses choix. Au fil du temps, ce langage se solidifie en un scénario, et ce scénario devient une identité financière épanouissante.

Ce phénomène est ce que de nombreux psychologues financiers et économistes comportementaux appellent *la conscience de la pauvreté*: un état mental persistant marqué par des sentiments de pénurie, de peur, de limitation et d'impuissance, quels que soient les revenus réels ou les conditions matérielles. Le langage est l'un des plus puissants vecteurs de cet état. Répété suffisamment souvent, même par plaisanterie ou par mimétisme social, un langage financier déresponsabilisant fait plus que signaler un manque de confiance: il l' *alimente* . Il ancre la pauvreté dans l'esprit avant même qu'elle ne se manifeste sur le compte en banque.

La relation entre langage et identité est bien documentée par la recherche psychologique. Notre image de soi n'est pas une vérité statique: c'est un récit permanent que nous renforçons par les mots que nous utilisons. Si ce récit est truffé de phrases comme *« Je n'arriverai jamais à m'en sortir »*, *« Je ne suis pas un homme à l'argent »* ou *« C'est pour les gens comme eux, pas pour moi »*, alors l' identité qui émerge est celle d'un sentiment d'impuissance. Et notre comportement suit le même chemin. Nous remettons à plus tard la planification financière, sous-évaluons notre travail, évitons les discussions sur les investissements ou nous contentons d'emplois sous-payés, non pas par manque de compétences, mais parce que nous avons inconsciemment appris à ne pas en attendre plus.

Des exemples concrets illustrent la puissance de ces habitudes linguistiques. Prenons l'exemple de Maya, une designer talentueuse qui répétait sans cesse à ses amis et collègues: *« Je n'ai tout simplement pas le sens des affaires. »* Cette simple phrase, prononcée avec un haussement d'épaules, lui a permis d'écarter des tâches pénibles mais nécessaires comme la tarification, la négociation et la facturation. Au fil du temps, ses revenus ont stagné. Ce n'était pas une question de talent ou de demande – les deux étaient abondants – mais de langage. Lorsqu'on lui a demandé de recadrer son discours, elle a commencé à dire: *« J'apprends à gérer une entreprise en reflétant ma créativité. »* Ce changement de formulation lui a permis de suivre une courte formation en commerce, d'augmenter ses tarifs et d'aborder l'argent par curiosité plutôt que par évitement.

L'impact du langage sur le comportement est amplifié par la nature du cerveau, qui recherche constamment des modèles. Grâce à un processus appelé *renforcement cognitif* , le cerveau recherche constamment des preuves confirmant ce que nous croyons déjà. Lorsque nous disons *« Je suis nul avec l'argent »*, le cerveau souligne chaque faux pas financier et minimise chaque réussite. Cela devient une boucle d'auto-validation. À l'inverse, lorsque nous disons *« Je développe de nouvelles habitudes financières »*, le cerveau est préparé à remarquer et à célébrer les progrès, aussi minimes soient-ils. Il ne s'agit pas de pensée magique ; il s'agit d'un conditionnement comportemental nourri par des décennies de recherche en psychologie.

Ce modèle comporte également une dimension socioculturelle. Dans de nombreuses communautés, notamment celles marquées par des inégalités systémiques, des expressions comme *« Je m'en sors toujours à peine »* ou *« L'argent ne pousse pas sur les arbres »* remplissent une double fonction: elles expriment des réalités vécues, mais elles véhiculent aussi une vision du monde où les difficultés financières sont à la fois prévisibles et inévitables. Si ces expressions peuvent offrir une solidarité ou une humour temporaires, une fois intériorisées sans réflexion, elles risquent de devenir des scénarios générationnels. Elles apprennent aux enfants non seulement à gérer leur argent, mais aussi à y *penser* – avec limites, prudence et souvent avec crainte.

C'est particulièrement problématique lorsque les difficultés financières deviennent une source d'identité. S'identifier à quelqu'un qui peine *à joindre les deux bouts* peut procurer un sentiment d'appartenance ou de vertu – *« Au moins, je ne suis pas matérialiste »* – mais cela renforce aussi les limites. Cela crée une limite à ce que l'on croit possible ou permis. On peut commencer à rejeter les opportunités de croissance financière – non pas consciemment, mais parce qu'on se sent émotionnellement en décalage avec une identité plus forte. Des phrases comme *« Les gens comme moi ne vivent pas dans des maisons comme ça »* ne sont pas de simples affirmations, ce sont des barrières.

La question devient alors: comment démanteler ces barrières linguistiques sans déshonorer les réalités qui les ont engendrées? La réponse ne réside pas dans le déni, mais dans une redéfinition. Au lieu de dire: *« Je suis fauché »*, on pourrait dire: *« Je suis temporairement à court de liquidités, mais je travaille sur de nouvelles solutions. »* Plutôt que de dire: *« Je n'en ai pas les moyens »*, on pourrait se demander: *« Comment puis-je rendre cela financièrement viable? »* Ces changements ne sont pas superficiels. Ils remplacent la pensée fixe par une pensée des possibilités. Ils n'effacent pas les limites financières, mais les transforment en un défi surmontable plutôt qu'un mur infranchissable.

Ce changement de perspective doit également s'étendre à la façon dont nous discutons d'argent avec autrui. Les schémas sociaux jouent un rôle important dans le renforcement de la conscience de la pauvreté. Lorsque des pairs échangent régulièrement des histoires de chaos financier ou des blagues auto-dépréciatives sur les dépenses excessives, il devient difficile de parler différemment. Ceux qui tentent d'adopter un langage plus affirmé peuvent être confrontés à la suspicion, aux moqueries, voire à l'exclusion. Pourtant, faire évoluer son identité financière implique d'avoir le courage d'utiliser un langage financier différent, même si cela semble gênant, même si cela perturbe les normes du groupe.

Ce courage peut se cultiver progressivement. Commencez par observer les expressions financières que vous utilisez le plus fréquemment. Notez-les. Examinez leur ton émotionnel. Sont-elles expansives ou restrictives? Dynamisantes ou démotivantes? Ensuite, créez consciemment de nouvelles expressions qui reflètent l'état d'esprit financier que vous souhaitez incarner. Prononcez-les à voix haute. Utilisez-les dans vos conversations. Notez-les dans votre journal ou votre agenda. Avec le temps, ces nouvelles expressions deviennent familières. Elles commencent à paraître vraies. Et une fois qu'une chose *semble* vraie, il devient beaucoup plus facile d'agir.

Ce processus de transformation linguistique ne consiste pas à prétendre que l'argent est facile ou à ignorer les défis économiques. Il s'agit de refuser de laisser un langage dévalorisant dicter votre identité financière. Il s'agit de reconnaître que les mots ne sont pas neutres: ils véhiculent une certaine fréquence, façonnent les comportements et construisent l'architecture cognitive. Tout comme un langage nuisible peut nous maintenir dans l'ombre, un langage intentionnel peut créer l'échafaudage de l'expansion financière.

Les thérapeutes et coachs travaillant à l'intersection de la finance et de la psychologie ont constaté que les clients qui pratiquent systématiquement un langage conscient en matière d'argent sont plus susceptibles de respecter leurs plans financiers, de surmonter les échecs et de prendre des risques calculés. Il s'avère que le langage n'est pas seulement le reflet d'un état d'esprit: c'est une forme de richesse mentale. Ceux qui apprennent à parler avec intention commencent à penser avec clarté. Et ceux qui pensent avec clarté sont mieux placés pour agir avec précision.

En fin de compte, le choix du langage financier est un choix identitaire. Voulez-vous être celui qui « s'en sort toujours à peine » ou celui qui développe ses capacités? Celui qui « ne sait pas gérer l'argent » ou celui qui développe ses compétences et sa confiance? Celui qui considère l'argent comme un ennemi ou celui qui le voit comme un outil neutre, flexible et disponible pour servir des objectifs significatifs ?

Les mots seuls ne changeront pas votre situation financière. Mais ils *changeront* votre rapport à votre compte. Ils modifieront votre façon d'interpréter les événements financiers, de réagir aux défis et d'atteindre vos objectifs. Ils transformeront votre posture: de la défensive à la proactive, de la honte à l'action, de la peur au discernement.

Pour créer de la richesse, parlez comme si elle était déjà en vous – non pas en niant la réalité, mais en vous consacrant à votre potentiel. Car dans l'économie de la pensée, le langage est une monnaie. Dépensez-la judicieusement.

Conférence sur l'énergie de l'abondance

Les mots que nous choisissons ont un pouvoir subtil mais profond, non seulement dans la façon dont ils façonnent nos pensées, mais aussi dans la façon dont ils conditionnent notre présence énergétique. Le langage que nous utilisons pour parler d'argent ne se limite pas à refléter un état d'esprit ; il projette une fréquence vibratoire qui influence notre comportement, nos relations et même les opportunités que nous attirons ou repoussons. C'est là que convergent les disciplines de la psychologie et de la métaphysique, à la croisée du langage, de la cognition et des énergies subtiles qui régissent les interactions humaines. Le « discours sur l'abondance » n'est pas seulement un langage positif. C'est un changement délibéré et incarné dans notre façon de parler, de penser et de ressentir l'argent, ancré à la fois dans les neurosciences du comportement et dans le principe métaphysique selon lequel l'énergie précède la forme.

Pour comprendre l'énergie du discours sur l'abondance, il faut commencer par reconnaître un principe fondamental de la psychologie humaine: nos états intérieurs influencent nos réalités extérieures. Ce n'est pas du mysticisme ; c'est corroboré par des recherches en neurosciences affectives, qui montrent que des états émotionnels tels que la gratitude, l'espoir et la curiosité augmentent la flexibilité neuronale, améliorent la résolution de problèmes et renforcent la tolérance au risque. Lorsque vous parlez avec abondance – même si votre situation financière n'est pas encore celle que vous souhaiteriez – vous activez la capacité de résilience et d'expansion du cerveau. À l'inverse, un langage empreint de manque, de honte ou de défaite restreint la concentration, limite la créativité et renforce une attitude réactive face à la vie.

La dimension métaphysique du discours sur l'abondance va encore plus loin. S'inspirant de traditions telles que la philosophie hermétique, la pensée quantique et les enseignements spirituels orientaux, l'idée est que le langage émet une fréquence. Les mots, chargés d'intention et d'émotion, irradient des signatures énergétiques qui se propagent vers l'extérieur. Que l'on croie ou non aux champs vibratoires, ce principe se manifeste souvent par l'expérience. Imaginez comment vous réagissez à quelqu'un qui dit: « Je fais ce que je peux avec ce que j'ai, ça me réussit pour l'instant », par rapport à quelqu'un qui soupire: « Rien ne marche jamais pour moi, quoi que j'essaie. » Même si les faits matériels sont similaires, l'effet énergétique est différent. L'un invite à la collaboration, l'autre ferme la porte.

Il ne s'agit pas de nier les difficultés ni de prétendre à l'abondance. Il s'agit de dire la vérité depuis un état d'esprit différent, celui qui s'aligne sur la croissance, les possibilités et l'autorité intérieure plutôt que sur l'impuissance ou le manque. Parler d'abondance n'est donc pas un optimisme superficiel. C'est une forme d'auto-leadership.

Prenons le cas d'Alicia, une consultante qui a commencé à remarquer que chaque fois qu'elle parlait de son entreprise, elle utilisait la phrase: « J'essaie juste de survivre ici. » Bien qu'exprimée avec humour, cette expression reflétait une conviction profonde: elle était constamment au bord de l'effondrement. Cette conviction façonnait sa posture en réunion, la façon dont elle présentait ses services et même le type de clients qu'elle attirait – ceux qui sous-estimaient ou exploitaient son temps. Avec l'aide d'un coach, Alicia a modifié son discours: « Je construis quelque chose de précieux et j'apprends à servir à un niveau supérieur. » L'effet immédiat n'a pas été seulement interne, il a été comportemental. Elle a commencé à augmenter ses tarifs, à fixer des limites plus claires et à choisir des projets en adéquation avec ses points forts. Ses revenus ont doublé en six mois. Le changement énergétique a précédé le changement matériel.

Ce principe s'applique également dans des contextes plus quotidiens. Quelqu'un qui répète constamment: « Je n'arriverai jamais à m'en sortir » incite subtilement son subconscient à s'attendre à des limites. Chaque opportunité est filtrée à travers le prisme de l'indignité ou de la futilité. À l'inverse, quelqu'un qui affirme: « J'explore de nouvelles voies de développement », même face aux défis, se positionne comme un agent créatif. Son langage renforce son potentiel plutôt que sa souffrance. Il ne nie pas les difficultés: il choisit l'orientation de ses priorités.

D'un point de vue comportemental, le discours sur l'abondance redéfinit également la boucle de rétroaction entre le langage et l'action. Lorsque nous parlons comme si nous avions un pouvoir, nous sommes plus susceptibles d'agir en conséquence. Ce principe trouve son origine dans le concept psychologique d' *auto-efficacité* , développé par Albert Bandura, qui désigne la croyance d'une personne en sa capacité à influencer les résultats. Une auto-efficacité élevée est corrélée à une motivation, une persévérance et une adaptabilité accrues, autant d'éléments essentiels à la croissance financière. Le langage est l'un des moyens les plus immédiats et les plus accessibles de la développer.

Il est important de noter, cependant, que les discours sur l'abondance doivent être ancrés dans l'authenticité. Les affirmations creuses – des mots répétés sans résonance ni intégrité émotionnelle – peuvent se retourner contre vous. Si une personne dit: « Je suis extrêmement riche », tout en se sentant désespérée et déconnectée, la dissonance peut renforcer la croyance opposée. Ce qui compte, c'est l'alignement. Un point de départ plus efficace pourrait être: « J'apprends à bâtir ma richesse d'une manière qui respecte mes valeurs. » Cela permet d'honorer la réalité présente tout en s'ouvrant aux possibilités.

Le discours sur l'abondance a également des conséquences relationnelles. En modifiant notre façon de parler d'argent, nous insufflons une nouvelle énergie à nos échanges avec nos partenaires, nos enfants, nos clients et notre communauté. Un parent qui parle de budget non pas avec appréhension, mais avec clarté et vision, façonne une relation différente avec l'argent. Un chef d'entreprise qui aborde l'investissement non pas comme un risque à craindre, mais comme un outil de développement stratégique crée un champ d'engagement différent. Le langage que nous utilisons devient l'environnement dans lequel nous évoluons et dans lequel nous invitons les autres.

Les traditions métaphysiques offrent un éclairage complémentaire sur cette dynamique. La Loi de Vibration, souvent citée dans les cercles ésotériques et pratiques, suggère que tout dans l'univers bouge et résonne à une fréquence, y compris la pensée et la parole. Un langage à haute fréquence – caractérisé par la gratitude, la vision et l'autonomisation – est censé s'harmoniser avec des résultats à haute fréquence. Que l'on adhère ou non à cette vision métaphysique, elle a des corrélations psychologiques et comportementales évidentes. Les personnes reconnaissantes ont tendance à faire état de meilleurs résultats financiers, non pas parce qu'elles ignorent les problèmes, mais parce que leur état émotionnel favorise un comportement proactif, une pensée créative et la cohésion sociale.

C'est là que le discours sur l'abondance devient un outil de changement personnel et culturel. Il nous invite à examiner les habitudes linguistiques héritées de nos familles, de nos communautés ou des médias, et à nous demander: *ces mots correspondent-ils à la personne que je suis en train de devenir?* Sinon, ils peuvent être réécrits. Il ne s'agit pas d'un simple exercice sémantique. C'est une forme d'hygiène énergétique. Tout comme nous détoxifions notre alimentation ou désencombrons notre maison, nous pouvons purifier notre langage pour mieux refléter nos aspirations et nos valeurs.

Une méthode pratique consiste à effectuer un audit linguistique. Pendant une semaine, notez les expressions récurrentes que vous utilisez à propos de l'argent, surtout dans les moments de stress. Utilisez-vous un langage dévalorisant? Présentez-vous vos désirs comme impossibles? Faites-vous écho à de vieux récits qui ne reflètent plus votre vérité? Une fois identifiées, ces expressions peuvent être doucement remplacées par des alternatives qui préservent l'honnêteté tout en transformant l'énergie. *« C'est un défi »* peut devenir *« C'est une opportunité de grandir ». « Je ne peux pas me le permettre »* peut évoluer en *« Je n'accorde pas la priorité à cela pour le moment. »* Chaque ajustement est un rééquilibrage de la concentration, de l'action et du ton émotionnel.

Ces changements, bien que subtils, sont cumulatifs. Tout comme les intérêts composés créent de la richesse au fil du temps, l'utilisation constante d'un langage puissant et cohérent développe la richesse mentale – un réservoir de confiance en soi, de clarté et de souveraineté émotionnelle. C'est l'essence même de l'abondance: non seulement avoir plus, mais *se sentir entier* quelles que soient les circonstances. Et cela commence, toujours, par les mots que nous choisissons de prononcer.

En fin de compte, parler d'abondance ne consiste pas à faire comme si tout allait bien. Il s'agit de choisir de raconter sa vie sous l'angle du pouvoir créatif, de la régulation émotionnelle et de l'alignement conscient. Il s'agit d'utiliser le langage comme un outil, non seulement d'expression, mais aussi d'expansion. Et lorsqu'ils sont prononcés avec intention, intégrité et ouverture, ces mots font plus qu'inspirer: ils initient la transformation. Ils deviennent un courant qui transforme la pensée en forme, et la forme en accomplissement.

Améliorer votre vocabulaire financier

Le langage que nous utilisons pour décrire notre vie financière n'est pas un reflet passif de la réalité ; il en est un puissant architecte. Les mots agissent comme des outils cognitifs, façonnant notre perception de nous-mêmes, notre réaction aux opportunités et à l'adversité, et notre relation avec le monde de l'argent, tant au niveau conscient qu'inconscient. Lorsque ce langage est déresponsabilisant, il renforce discrètement un discours limitatif. Lorsqu'il est intentionnel, constructif et ancré dans le leadership personnel, il devient l'échafaudage de la croissance financière. Améliorer son vocabulaire financier n'est pas un exercice linguistique superficiel. C'est une intervention psychologique et comportementale profonde qui a le pouvoir de reprogrammer les mentalités, les comportements et les résultats.

Le langage financier déresponsabilisant paraît souvent désinvolte, voire inoffensif. Des phrases comme *« Je ne peux pas me le permettre »*, *« Je ne suis pas doué avec l'argent »*, *« Je serai toujours endetté »* ou *« C'est comme ça »* sont prononcées sans trop réfléchir. Pourtant, elles encodent des croyances fixes, des croyances qui dictent silencieusement l'action. La psychologie comportementale le confirme: notre image de soi est en partie façonnée par le langage que nous intériorisons et répétons. Lorsque le scénario est celui de l'impuissance, de l'inadéquation ou de la résignation, notre comportement financier a tendance à le refléter. Nous retardons nos décisions, évitons de planifier et résistons aux stratégies de création de richesse, non pas nécessairement par manque d'information, mais parce que l'identité que nous avons verbalisée ne soutient pas ces actions.

Pour recadrer cette dynamique, il faut d'abord reconnaître que chaque choix de mots reflète une vision du monde sous-jacente. Dire *« Je ne peux pas me le permettre »* freine la recherche et l'exploration. Cela nous place dans la position de récepteurs passifs des circonstances économiques. À l'inverse, se demander *« Comment puis-je me le permettre judicieusement? »* laisse la porte ouverte. Cela nous fait passer de la résignation à l'ingéniosité, activant ainsi les circuits cérébraux de résolution de problèmes. Ce subtil pivot linguistique est important, non seulement parce qu'il modifie le ton du dialogue intérieur, mais aussi parce qu'il suscite une réponse comportementale différente.

Un exemple frappant est celui du coaching de Linda Zhang, thérapeute financière qui accompagne des jeunes professionnels. L'une de ses clientes, Tara, disait souvent: *« Je suis nulle avec l'argent. »* Malgré son emploi, Tara évitait de consulter ses relevés bancaires et appliquait fréquemment des frais de découvert. Linda l'a encouragée à remplacer cette phrase par: *« Je suis en train de mieux comprendre mes finances. »* Ce nouveau langage a permis à Tara d'aborder ses finances sans honte et de se créer une zone de sécurité psychologique propice à l'apprentissage. En trois mois, Tara suivait non seulement ses dépenses, mais avait également ouvert un compte d'investissement, ce qu'elle considérait auparavant comme hors de sa portée.

C'est là tout le pouvoir du « langage responsabilisé »: une formulation qui affirme l'autonomie, renforce l'apprentissage et encourage l'intentionnalité. Il ne s'agit pas de faire comme si les défis n'existaient pas. Il s'agit plutôt de les reconnaître avec curiosité et compétence. Par exemple, au lieu de dire: *« Je suis bloqué dans ce travail »*, on pourrait dire: *« J'explore les moyens de passer à un travail plus harmonieux. »* Au lieu de dire: *« Je croule sous les dettes »*, on pourrait reformuler: *« Je suis en train d'élaborer activement une stratégie pour réduire mes dettes. »* La différence n'est pas sémantique, mais stratégique. Elle modifie votre posture interne et libère un potentiel cognitif pour trouver des solutions.

La psychologie linguistique corrobore ce point de vue. Les mots que nous prononçons activent les voies neuronales correspondantes. Un langage négatif répétitif, notamment lorsqu'il est chargé d'émotion, renforce les circuits neuronaux associés au stress et à l'évitement. À l'inverse, un langage recadré et constructif active les zones cérébrales responsables de la planification, de l'empathie et de la résolution créative des problèmes. Il ne s'agit pas de pensée positive au sens strict du terme, mais de reconditionnement neurolinguistique. La science est claire: les schémas langagiers créent des schémas de pensée, qui influencent les comportements.

L'éducation financière aborde rarement ce sujet. On y enseigne les budgets, les tableurs et les intérêts composés, mais le scénario invisible – celui qui détermine si une personne met réellement en pratique ses connaissances – est souvent ignoré. Pourtant, c'est le langage que nous utilisons qui détermine si nous percevons les outils financiers comme des ressources valorisantes ou des menaces intimidantes. Par exemple, une personne pourrait dire: *« Investir est trop risqué pour quelqu'un comme moi. »* La version améliorée pourrait être: *« Je me renseigne sur les options d'investissement qui correspondent à mon niveau de confort et à mes objectifs. »* Cela ne nie pas le risque, mais le contextualise dans le cadre de l'autonomie personnelle.

Dans cette optique, améliorer son vocabulaire financier devient un acte de régulation émotionnelle. Cela contribue à atténuer la honte, l'anxiété et la paralysie qui accompagnent souvent la gestion de l'argent, en particulier pour les personnes ayant subi un traumatisme financier ou ayant des préjugés culturels sur la pénurie. Remplacer *« Je gâche toujours mes finances »* par *« J'adopte des habitudes financières plus conscientes »* peut désamorcer l'autocritique et renforcer la confiance en soi. Avec le temps, ce changement modifie votre attitude envers l'argent: de l'évitement à l'engagement, de la peur au discernement.

Cette pratique est particulièrement efficace lorsqu'elle est intégrée à la routine quotidienne. Par exemple, au lieu de dire *« Je dois réduire mes dépenses »*, on pourrait dire: *« Je choisis de donner la priorité à l'essentiel. »* Au lieu de dire *« Je n'arrive pas à joindre les deux bouts »*, on pourrait dire: *« Je travaille sur des stratégies pour augmenter mes revenus et réduire les dépenses inutiles. »* Ces phrases de remplacement n'édulcorent pas la réalité: elles créent une dynamique relationnelle différente, où l'interlocuteur reste au centre des décisions, plutôt qu'à la merci des conditions extérieures.

Les implications vont au-delà de l'individu. Lorsqu'un langage financier responsable est adopté dans les relations, les familles et les lieux de travail, il remodèle les normes collectives. Un parent qui dit à son enfant: *« Trouvons un moyen de rendre cet objectif gérable »*, au lieu de *« On ne peut pas se le permettre, ne me le demande plus »*, enseigne à la fois la capacité d'agir et le respect. Un leader qui dit à son équipe: *« Nous gérons nos ressources avec soin pour assurer la pérennité »*, au lieu de *« Les budgets sont serrés, alors n'attendez pas grand-chose »*, renforce le moral tout en préservant la responsabilité financière. Dans les deux cas, le langage utilisé présente l'argent non pas comme une contrainte, mais comme un outil exigeant discernement et vision partagée.

Une technique utile pour intégrer ce changement consiste à créer un « audit de langage » personnel: un journal en deux colonnes où vous notez les expressions dévalorisantes les plus courantes, puis vous créez leurs équivalents valorisants. Ce tableau devient un document vivant, une référence pour les moments où de vieux scénarios refont surface. Avec le temps, vous commencerez à vous repérer en temps réel, remplaçant le langage restrictif par un langage qui soutient vos objectifs. Il ne s'agit pas de ne jamais ressentir de doute ou d'anxiété. Il s'agit de donner à votre meilleur moi, celui qui est en phase avec la croissance et l'intégrité, une voix plus claire.

Le véritable avantage d'améliorer votre vocabulaire financier est qu'il vous permet d'entrer en dialogue avec votre futur moi: celui qui gère son argent avec clarté, communique ses besoins avec assurance et prend des décisions qui reflètent ses valeurs plutôt que ses peurs. Ce futur moi ne se construit pas du jour au lendemain. Mais à chaque phrase affinée, vous entraînez votre système nerveux à croire que la croissance est possible. Vous réécrivez votre scénario intérieur. Et avec le temps, ce scénario devient croyance. La croyance devient comportement. Et le comportement devient richesse, non seulement matérielle, mais aussi sous forme d'aisance, d'harmonie et d'autonomie.

À cet égard, le langage n'est pas seulement descriptif, il est générateur. Il construit le cadre émotionnel, psychologique et comportemental à travers lequel nous interagissons avec notre vie financière. Enrichir son vocabulaire, c'est donc enrichir sa vision. Et cette vision, rendue visible par les mots, devient le premier pilier d'une richesse durable.

Journal d'argent et scripts de richesse

Chaque décision financière que nous prenons est liée à une histoire, souvent racontée depuis des années, voire des décennies. Ces récits intérieurs, ou *scénarios de richesse* , fonctionnent comme un code source, façonnant silencieusement notre façon de penser, de ressentir et d'agir face à l'argent. Ils sont rarement examinés de près, mais toujours actifs. Certains scénarios sont stimulants, encourageant la prise de risque réfléchie et la pensée axée sur l'abondance. D'autres sont discrètement corrosifs, teintés de pénurie, de honte ou d'impuissance acquise. Si on ne les contrôle pas, ces histoires peuvent devenir des prophéties autoréalisatrices. Pourtant, lorsqu'on les met en lumière, qu'on les examine attentivement et qu'on les réécrit intentionnellement, elles deviennent de puissants outils de transformation.

Tenir un journal financier est une pratique qui rend visible le texte invisible. En écrivant, nous engageons le dialogue entre l'esprit, le corps et les émotions. Il ne s'agit pas de comptabilité, mais de narration. Tenir un journal favorise la clarté ; il ralentit les pensées réactives, invite à la réflexion et laisse place à des perspectives plus nuancées. Contrairement aux outils de budgétisation ou aux outils de suivi financier qui se concentrent sur des indicateurs externes, le journal financier attire l'attention sur *les raisons pour lesquelles* nous dépensons, épargnons ou évitons. Il ne s'agit pas simplement d'un exutoire émotionnel, mais d'un outil de reprogrammation stratégique.

Dans les meilleures conditions, la tenue d'un journal financier se situe à l'intersection de la psychologie cognitivo-comportementale et de l'écriture expressive. Des recherches menées par des psychologues comme le Dr James Pennebaker ont démontré que l'écriture expressive, notamment sur des sujets à forte charge émotionnelle, peut réduire le stress, améliorer la prise de décision et recadrer les récits personnels. Appliquée aux schémas financiers, la tenue d'un journal devient une méthode de restructuration cognitive. Elle nous permet d'identifier les croyances irrationnelles, de remettre en question les pensées automatiques et d'intégrer des cadres cognitifs plus sains grâce à une articulation consciente et répétée.

Un concept central de ce processus est celui du *scénario de richesse* – un récit profondément ancré sur l'argent, souvent formé durant l'enfance ou façonné par la culture, la communauté et les expériences passées. Ces scénarios peuvent inclure: *« Je dois travailler deux fois plus dur pour joindre les deux bouts », « L'argent me file toujours entre les doigts », « Je ne suis pas fait pour la richesse »* ou *« C'est égoïste de vouloir plus. »* Bien que ces affirmations puissent sembler vraies, elles ne sont pas immuables. Ce sont des histoires qui reflètent des contextes antérieurs. Le travail du journal intime consiste à les découvrir, à examiner leurs origines et à déterminer si elles méritent encore une place dans le présent.

Prenons le cas d'Emeka, un ingénieur informatique qui a grandi dans un foyer où l'on ne parlait d'argent qu'à voix basse et souvent avec anxiété. Malgré un revenu conséquent, il luttait contre la culpabilité liée aux dépenses et l'anxiété liée aux investissements. En tenant un journal, Emeka a commencé à écrire sur ses premiers souvenirs liés à l'argent. Il se souvenait avoir entendu ses parents se disputer à propos de frais médicaux et avoir vu sa mère renoncer au confort élémentaire pour donner la priorité à ses études. Son scénario était devenu: *« Dépenser pour moi-même est égoïste. »* En prenant conscience de ce récit, Emeka a pu en reconnaître l'origine sans le laisser gouverner sa vie d'adulte. Il a réécrit son scénario: *« J'honore les sacrifices de mes parents en utilisant l'argent à bon escient, y compris pour mon propre bien-être. »* Cette perspective recadrée lui a permis de se fixer des objectifs financiers avec moins de culpabilité et plus de confiance.

Le processus de réécriture des scénarios de richesse commence souvent par des questions ciblées – des questions ouvertes qui invitent à l'introspection. Par exemple: *« Quels messages ai-je reçus sur l'argent en grandissant? »* ou *« Quelles émotions suscitent mon bilan bancaire? »* Ces questions ne visent pas à extraire des données, mais à évoquer des vérités émotionnelles. Elles mettent en lumière les accords cachés que nous avons conclus avec nous-mêmes – certains valorisants, d'autres limitants – et offrent une plateforme pour une révision consciente.

Une autre idée puissante est: *si l'argent était une personne, à quoi ressemblerait notre relation?* Cette métaphore révèle souvent des perspectives surprenantes. Certains décrivent l'argent comme insaisissable ou critique. D'autres le voient comme un partenaire ignoré ou un parent qu'ils craignent de décevoir. Ces métaphores ne sont pas à prendre au pied de la lettre, mais elles aident à extérioriser les conflits internes et à les gérer plus facilement. Une fois la relation articulée, de nouveaux scénarios peuvent être écrits avec intentionnalité: *« L'argent est un outil que j'apprends à utiliser à bon escient », « L'argent me vient lorsque je suis en phase avec mon objectif »,* ou *« Je peux me faire confiance pour prendre des décisions financières. »*

La visualisation est une technique complémentaire qui renforce le pouvoir de la journalisation. En imaginant des scénarios futurs où l'argent est géré avec calme, clarté et compétence, le cerveau commence à créer de nouveaux modèles neuronaux. Des recherches neuroscientifiques montrent que le cerveau ne fait pas de distinction nette entre les expériences imaginées avec intensité et les expériences réelles ; la visualisation répétée peut, avec le temps, rendre de nouveaux comportements plus naturels. Associée à la journalisation, la visualisation permet de combler le fossé entre l'identité actuelle et l'identité souhaitée. Écrire sur sa réussite future comme si elle était déjà en cours de réalisation – *« Je passe en revue mes finances avec confiance et curiosité chaque semaine »* – renforce la familiarité émotionnelle avec l'état souhaité.

L'intégration de la journalisation et de la visualisation est particulièrement efficace pour briser les schémas d'évitement financier. L'évitement est un symptôme courant du stress lié à l'argent et découle souvent de la peur d'affronter l'inconfort, qu'il s'agisse de dettes, de dépenses excessives ou de l'inconnu. Tenir un journal permet d'affronter progressivement cet inconfort, dans un espace de sécurité et de non-jugement. Cela structure le chaos émotionnel. Plutôt que de sombrer dans la honte ou la paralysie, l'individu trouve un exutoire structuré pour l'exploration. Au fil du temps, cela développe ce que les psychologues appellent *la tolérance à l'affect*: la capacité à rester présent face à des émotions désagréables sans se sentir dépassé.

Cette pratique nous réoriente également vers l'intentionnalité. Lorsque le journal est utilisé non seulement pour traiter le passé, mais aussi pour articuler l'avenir, il devient un outil d'écriture. Chaque entrée devient un acte de conception: la construction délibérée d'une identité financière ancrée dans les valeurs, l'intégrité et la confiance en soi. C'est crucial, car la plupart des gens ne cherchent pas à créer une relation dysfonctionnelle avec l'argent ; celle-ci est simplement héritée, absorbée ou répétée inconsciemment. Le journal financier rompt cette inertie. Il dit, en substance: *je choisis ce que l'argent signifie pour moi.*

Par exemple, Priya, une travailleuse indépendante aux revenus irréguliers, a instauré un rituel hebdomadaire de journalisation au cours duquel elle passait en revue ses finances et se demandait: « *Qu'ai-je appris sur moi-même grâce à l'argent cette semaine?* » Parfois, la réponse était pratique: « J'ai trop dépensé parce que je n'avais pas planifié mes repas. » D'autres fois, elle était émotionnelle: « J'évitais de facturer par peur du rejet. » Au fil des mois, ces constats ont servi de base à de nouveaux scénarios, tels que: *« Mes revenus reflètent ma lucidité et mes limites. »* Ses habitudes financières se sont améliorées non pas par la restriction, mais par la réflexion.

Il est essentiel de ne pas considérer la tenue d'un journal comme une solution miracle. Elle ne remplace ni l'éducation financière ni les conseils d'un professionnel. Cependant, elle *amplifie* l'efficacité de ces outils en alignant votre paysage intérieur sur vos actions extérieures. Lorsque les histoires que nous nous racontons soutiennent nos objectifs plutôt que de les saboter, chaque tâche financière devient plus facile à gérer, de la budgétisation aux investissements en passant par les négociations.

De plus, tenir un journal financier est une pratique à vie plutôt qu'une solution ponctuelle. Nos vies financières évoluent, tout comme nos scénarios. Ce qui nous servait à vingt ans peut ne plus convenir à quarante ans. Ce qui était autrefois protecteur peut désormais être restrictif. Tenir un journal offre un espace permanent pour actualiser ces récits, renégocier la signification de la richesse et rester les acteurs conscients de notre vie économique.

En fin de compte, tenir un journal financier ne consiste pas à produire une prose parfaite ni à tirer des conclusions claires et nettes. Il s'agit de cultiver l'habitude de l'introspection et de l'écriture. Il s'agit de se parler à soi-même avec honnêteté et curiosité, de réécrire ce qui ne sert plus et de répéter l'avenir que l'on construit – un mot, une croyance, un scénario à la fois. Dans un monde qui traite souvent la richesse comme une simple donnée numérique, cette pratique la réapproprie comme un récit. Et lorsque ce récit est cohérent, la richesse devient non seulement ce que nous possédons, mais aussi notre façon de vivre.

Parler de votre nouvelle identité financière

Les mots que nous utilisons pour nous décrire façonnent la façon dont les autres nous perçoivent – et plus important encore, la façon dont nous nous percevons nous-mêmes. C'est particulièrement vrai en matière d'argent. L'identité financière ne se limite pas à ce que l'on gagne, dépense ou épargne. Elle dépend de la façon dont on *parle* de ces actions et des croyances qu'elles véhiculent. Le processus de reprogrammation des croyances limitantes autour de l'argent doit finalement se traduire par une expression publique. En commençant à parler différemment de l'argent – avec des partenaires, des amis, des clients ou des collègues –, vous renforcez votre nouvel état d'esprit et invitez votre environnement à s'y conformer. C'est là que la transformation personnelle devient relationnelle et que les convictions personnelles se transforment en incarnation publique.

S'auto-converser financièrement est une chose ; s'exprimer financièrement en est une autre. Le premier se déroule dans la solitude, par la tenue d'un journal, la réflexion ou le dialogue intérieur. Le second se développe en présence d'autrui et met à l'épreuve la solidité de votre nouveau scénario face aux anciens schémas sociaux. Pour beaucoup, cette étape peut être source de vulnérabilité. Dire *« Je donne la priorité à la constitution d'un patrimoine à long terme »* , *« Je facture mon travail plus cher »*, ou *« Je me concentre sur les limites financières »* peut se heurter à des résistances ou à des malentendus. Mais c'est précisément lors de ces conversations que votre identité financière se consolide, non par consensus, mais par un renforcement conscient.

Exprimer votre nouvelle identité financière commence par la clarté. Vous devez savoir ce que vous pensez désormais de l'argent et qui vous devenez financièrement. Cette clarté est inexterne. Elle naît d'un profond travail intérieur: reconnaître les anciens schémas, les remplacer par des croyances plus fortes et adopter de nouveaux comportements jusqu'à ce qu'ils deviennent cohérents. Sans cette cohérence interne, vos paroles manqueront d'authenticité et les autres percevront l'incongruence. Mais lorsque votre langage reflète une vérité que vous vivez activement, il devient magnétique. Il capte l'attention non pas par son volume, mais par sa résonance.

Cet alignement interne-externe est crucial dans les relations intimes. L'argent est une source majeure de stress dans les relations, non seulement en raison de valeurs divergentes, mais aussi de vocabulaires différents. L'un des partenaires pourrait dire *« Nous devons être plus responsables »*, tandis que l'autre entendrait *« Tu es irresponsable »*. Un changement de ton, de langage et de cadrage peut faire toute la différence. Parler de votre nouvelle identité financière ne signifie pas dominer la conversation ; il s'agit d'utiliser un langage clair, neutre et reflétant l'évolution que vous avez engagée.

Par exemple, au lieu de dire: *« Tu dépenses trop »*, une personne en phase avec sa nouvelle identité pourrait dire: *« Je m'efforce d'aligner mes dépenses sur des objectifs à long terme, et j'aimerais que nous explorions cela ensemble. »* Ce recadrage subtil réduit la défensive et centre la conversation sur des valeurs communes plutôt que sur des défauts personnels. Il illustre la responsabilité sans blâmer. Et il rend visible le nouveau moi financier – une personne axée sur les valeurs, consciente et autonome – dans le dialogue.

Ce type de langage devient également important en amitié. Nombreux sont ceux qui se retrouvent prisonniers d'habitudes de dépenses ou de rôles financiers qui ne leur conviennent plus, simplement parce que leur groupe social renforce une identité dépassée. Peut-être avez-vous toujours été « le généreux », toujours à payer l'addition ou à accepter des sorties coûteuses. Ou peut-être avez-vous été l'ami qui minimisait sa réussite pour préserver son confort ou éviter l'envie. Exprimer votre nouvelle identité financière pourrait signifier: *« Je me concentre sur les dépenses intentionnelles en ce moment, donc je renonce à ce week-end »*, ou *« J'ai commencé à faire plus attention à la façon dont je gère mon temps et mon énergie. »* Ces affirmations ne sont pas des explications pour justifier un changement, mais des déclarations qui donnent un nouveau ton.

De telles déclarations requièrent une intelligence émotionnelle. Elles doivent être prononcées avec conviction, mais sans supériorité. L'objectif n'est pas de signaler une vertu ou un statut, mais de refléter un alignement. Votre nouveau langage financier ne doit pas aliéner, mais plutôt inviter. Lorsque vos amis vous entendent parler d'argent avec une confiance et une clarté solides, cela peut remettre en question leurs propres schémas, mais cela leur donne aussi la permission d'explorer les leurs. Vous devenez un modèle de possibilités, non seulement pour votre réussite financière, mais aussi pour votre honnêteté financière.

Dans un contexte professionnel, la façon dont vous parlez d'argent peut influencer considérablement les résultats. Que vous négociiez des honoraires, discutiez de budgets ou dirigiez une équipe, votre langage financier reflète votre perception de la valeur, la vôtre et celle des autres. Les professionnels qui hésitent à parler des prix, par exemple, signalent souvent involontairement un manque de confiance. Remplacer *« Si c'est trop, je comprends »* par *« Cela reflète la valeur et les résultats que j'apporte »* transmet un message radicalement différent. L'un invite à la négociation, l'autre à la valorisation.

Prenons l'exemple de Rohan, un consultant créatif qui avait l'habitude de sous-évaluer ses services par crainte d'être rejeté. Après avoir revu ses convictions financières, il a commencé à utiliser un langage reflétant sa nouvelle perception des valeurs: *« Ces honoraires incluent non seulement les livrables, mais aussi une vision stratégique et une expérience éprouvée. »* Il s'entraînait également à dire: *« Je suis convaincu que ce tarif est juste et je serai ravi de répondre à toutes vos questions sur la façon dont je l'ai obtenu. »* L'effet fut immédiat. Les clients respectèrent ses limites, la négociation devint collaborative plutôt que défensive, et ses revenus augmentèrent, sans avoir à « redoubler d'efforts ».

Ce changement de langage s'est également répercuté sur la façon dont Rohan se parlait à lui-même. Auparavant, il disait: *« J'espère qu'ils me jugent digne. »* Aujourd'hui, il affirme: *« Je choisis des clients qui apprécient ce que j'offre. »* Ce changement de formulation reflète un changement de posture: de l'espoir au discernement, de la recherche d'approbation à l'alignement. Cette maîtrise de soi est l'essence même d'une identité financière verbale: vous ne demandez plus aux autres de définir votre valeur. Vous l'exprimez clairement et laissez les opportunités se présenter.

Il est important de noter que ce type de langage financier émancipateur ne naît pas de la bravade ou de la performance. Il naît d'une conviction incarnée. Et il se cultive par la pratique, d'abord dans des espaces sécurisés (un journal, une séance de coaching), puis dans des interactions de plus en plus complexes. Cela peut commencer par remplacer des phrases passives comme *« J'essaie de m'améliorer financièrement »* par *« Je construis activement des systèmes financiers qui soutiennent mes objectifs ».* Ou par le remplacement d'un *« Je sais que c'est cher, mais… » apologétique* par *« Cet investissement reflète la qualité du résultat ».* Avec le temps, ces nouvelles habitudes linguistiques deviennent naturelles. Elles font partie intégrante de votre façon *d'exister*, et non plus seulement de votre façon d'en parler.

Cette évolution peut paraître perturbante au début. Vous risquez de perdre l'approbation de ceux qui préféraient votre ancienne identité, surtout si votre ancien langage financier était axé sur le sacrifice, le silence ou l'effacement. Mais la clarté a toujours un prix. Et le coût de ne pas exprimer sa vérité financière est bien plus élevé: relations déséquilibrées, sous-revenus, ressentiment chronique et schisme interne entre qui vous êtes et qui vous agissez.

En fin de compte, exprimer votre nouvelle identité financière n'est pas seulement une question de langage: c'est une question de leadership. Il s'agit d'assumer la responsabilité de votre comportement dans les conversations sur les valeurs, les aspirations, les responsabilités et la croissance. Il s'agit de créer une cohérence entre votre évolution interne et votre communication externe. Et il s'agit de bâtir une vie financière non seulement prospère, mais authentique, car elle repose sur des mots qui reflètent la personne que vous avez choisi de devenir.

Alors, parlez comme la personne que vous devenez. Laissez vos mots refléter vos valeurs. Laissez votre ton incarner votre clarté. Laissez vos conversations refléter l'harmonie que vous avez forgée. Car lorsque vous parlez avec vérité, avec compassion et confiance, votre entourage vous écoute et commence à vous la refléter.

Chapitre 6
Les habitudes qui favorisent l'abondance

L'abondance, contrairement aux idées reçues, n'est pas un état d'esprit superficiel que l'on adopte simplement: c'est une discipline. Une pratique vécue. Et comme toute discipline, elle ne se façonne pas par de rares révélations ou de grands gestes, mais par ce que nous faisons – avec constance, même discrètement – jour après jour. Si une percée peut éclairer le chemin, c'est le rythme des habitudes quotidiennes qui inscrit la richesse au cœur de notre vie. Ces habitudes ne requièrent pas d'efforts héroïques. En réalité, les plus transformatrices sont généralement subtiles, à peine perceptibles prises isolément. Mais répétées avec soin, elles prennent de l'ampleur. Au fil du temps, elles remodèlent non seulement nos comptes en banque, mais aussi notre rapport à l'argent.

On nous apprend souvent à nous focaliser sur les mécanismes – budgets, investissements, multiples sources de revenus. Essentiels, certes. Mais ce ne sont que des échafaudages. Ce qui a tendance à se perdre dans ce tourbillon, c'est l'architecture profonde – la colonne vertébrale comportementale qui rend ces stratégies durables. Car sans habitudes cohérentes ancrées dans une solide estime de soi, même le plan le plus astucieux s'effondre sous le poids de la fatigue, de l'indécision ou de l'apathie. Les habitudes, dans cette optique, fonctionnent moins comme des routines que comme des rituels discrets – des actes quotidiens qui renforcent non seulement ce que nous faisons, mais aussi ce que nous croyons être.

Considérez vos matinées et vos soirées comme des repères identitaires. La façon dont vous commencez et terminez la journée façonne subtilement votre sentiment d'autonomie et d'abondance. En intégrant la pleine conscience financière à ces transitions – par exemple en tenant un journal de gratitude, en visualisant votre avenir financier ou en vous accordant un bref moment de calme et de réflexion – vous commencez à conditionner votre système nerveux. Vous lui apprenez que l'argent n'est ni un danger, ni un chaos, ni une honte. Mais quelque chose de gérable. Quelque chose de sûr. Même noter un modeste succès comme « J'ai payé ma facture d'électricité à temps » fait basculer le prisme mental de la pénurie vers le progrès.

Ce ne sont pas des astuces de pensée positive. C'est un travail préparatoire. Neuronal et émotionnel.

La science est là aussi. La recherche comportementale nous rappelle que toutes les habitudes ne se valent pas. La règle des 80/20 – cette étrange vérité selon laquelle une petite partie de nos actions produit la majeure partie des résultats – s'applique tout autant à l'argent. Certaines habitudes ont une importance disproportionnée. Prenons l'exemple du suivi des dépenses. Effectué avec neutralité (sans jugement), il fournit des données clarifiantes. Ou encore, l'automatisation – qui consiste à investir un pourcentage fixe de ses revenus dans l'épargne ou les investissements. Elle élimine complètement la variable de la volonté. Ce sont ce que l'on pourrait appeler des habitudes clés: modestes en effort, mais très rentables. Elles fonctionnent en arrière-plan, générant discrètement des résultats.

Pour acquérir de telles habitudes sans s'épuiser, il existe une astuce: associer le nouveau au familier. Les experts en comportement, dont James Clear, appellent cela « l'accumulation d'habitudes ». Le principe est simple: associer une nouvelle pratique à une routine existante. Vous ne réinventez pas votre vie ; vous intégrez quelque chose de nouveau au rythme que vous avez déjà. Passez en revue vos dépenses hebdomadaires pendant que votre café infuse. Tenez un journal sur vos finances tout en vous brossant les dents. Ce faisant, vous changez la perception: les habitudes financières ne sont plus des corvées. Elles font simplement partie intégrante de la vie.

Pourquoi est-ce important? Parce que la fatigue décisionnelle est insidieuse. Chaque jour, nous sommes confrontés à des choix – des plus banals aux plus importants – qui épuisent nos réserves cognitives. Plus une habitude financière est exigeante, plus elle devient fragile. C'est pourquoi les systèmes rationalisés sont souvent plus efficaces que la discipline. Automatisez vos factures. Fixez des rappels récurrents dans votre calendrier pour faire le point sur vos finances. Utilisez des outils de budgétisation qui simplifient et simplifient les choses. Lorsque les systèmes font le gros du travail, un bon comportement devient la voie de la facilité.

Léon, designer indépendant, illustre bien ce point. Gagnant bien sa vie, mais épargnant peu, son problème n'était pas le revenu, mais l'inertie. Lorsqu'il se souvenait de virer de l'argent sur son compte d'épargne, il était épuisé. Un coach l'a aidé à mettre en place un virement automatique de 10 % après chaque paiement client. Décision prise, l'épargne a grimpé. Six mois plus tard, il avait mis de côté plus que ce qu'il avait mis de côté au cours des deux dernières années. Le génie? Rien de spectaculaire. Il a simplement construit autour de ses limites au lieu de les dépasser par la force des choses.

Mais n'oublions pas que l'efficacité ne fait pas tout. Il y a aussi la question du plaisir. Les habitudes financières ressenties comme une punition sont rarement tenaces. Les neurosciences le confirment: les comportements liés au plaisir sont bien plus susceptibles de se reproduire. C'est là qu'intervient la ludification. Transformez vos objectifs d'épargne en échelle visuelle. Utilisez des points ou des tableaux à code couleur pour suivre les étapes. Il ne s'agit pas de banaliser l'argent. Il s'agit de donner l'impression que le processus est un mouvement, et non une corvée.

La gamification, bien menée, ne dévalorise pas la discipline: elle la personnalise. Elle stimule l'engagement de la partie du cerveau qui recherche la récompense. Soudain, épargner n'est plus synonyme de privation ; c'est un signe de progrès. Gérer un budget cesse d'être un acte de pénurie et devient un acte de structure, voire d'autonomisation. Surtout pour ceux qui ont lutté contre la régularité, ce pivot émotionnel peut faire la différence entre un nouvel échec et un changement durable.

Et pourtant, rien de tout cela ne tient sans ancrage. Les habitudes doivent découler de l'identité, sinon elles s'étiolent. Le théoricien du comportement BJ Fogg soutient depuis longtemps qu'un changement durable s'enracine dans l'image de soi. Si vous vous considérez comme « financièrement stable », actualiser votre budget n'est pas un fardeau, c'est cohérent. Si vous adoptez l'identité de « quelqu'un qui construit un patrimoine intergénérationnel », transmettre les achats impulsifs n'est pas une privation, mais une clarté. Ces habitudes deviennent des miroirs, reflétant et renforçant votre image.

C'est particulièrement efficace lorsqu'il s'agit de confronter des croyances financières héritées. Nombre d'entre nous sont porteurs d'histoires d'argent héritées: la richesse doit être thésaurisée, les dépenses sont honteuses, ou le succès exige des compromis moraux. La répétition d'habitudes axées sur l'abondance – celles qui suggèrent la suffisance, l'équilibre, l'intention – contribue à perturber ces récits. Non seulement intellectuellement, mais aussi somatiquement. Le système nerveux apprend un nouveau scénario. Au lieu de se laisser guider par la vigilance ou la culpabilité, il commence à associer l'argent à la stabilité, voire à la grâce.

Rien de tout cela, il faut le dire, n'exige la perfection. En fait, c'est souvent la quête de la perfection qui nous fait dérailler. L'objectif n'est pas une exécution impeccable, mais une cohérence résiliente. Manquer une journée? Très bien. Ce n'est pas un échec, c'est une information. Un signal pour peaufiner la structure, et non pour abandonner la mission. La tenue d'un journal a échoué? Demandez-vous pourquoi. Était-ce le mauvais moment? Le déclenchement? Les habitudes, au mieux, sont des outils d'adaptation, et non des critères de valeur morale.

À mesure que ces comportements s'intègrent à votre rythme quotidien, un changement subtil et profond commence à se produire. L'abondance n'est plus perçue comme une destination lointaine. Elle devient tangible, incarnée. Vous cessez de chercher à « mieux gérer son argent » et commencez simplement à vivre en harmonie financière: calme, intentionnel et structuré. Au fil du temps, l'effet cumulatif n'est pas seulement numérique. Il est émotionnel. Ces habitudes renforcent la confiance. Elles atténuent l'emprise de la honte. Elles créent la stabilité d'où émerge une vision, une véritable vision.

Ce chapitre n'est donc pas un sermon sur la productivité. C'est un appel à concevoir une vie où l'abondance ne soit pas un invité occasionnel, mais une présence régulière. Où vos comportements quotidiens reflètent vos valeurs profondes. Où l'argent ne soit pas une source de friction ou de peur, mais un domaine de clarté, de sens et de maîtrise en évolution lente. Ni par la force, ni par la chance. Mais par le pouvoir tranquille de la répétition – rituel après rituel, habitude après habitude, choix après choix délibéré.

Rituels de richesse quotidiens: routines du matin et du soir pour ancrer le nouvel état d'esprit

La richesse est plus que l'accumulation d'actifs ; c'est une orientation psychologique, une façon de percevoir le monde et d'interagir avec lui. Au cœur d'une croissance financière durable se trouvent non seulement la connaissance ou les opportunités, mais aussi le rythme – la cadence quotidienne des comportements et des rituels qui renforcent un sentiment d'abondance, de clarté et d'autonomie. Les routines du matin et du soir, souvent négligées dans la planification financière traditionnelle, recèlent un potentiel transformateur pour ancrer un état d'esprit de prospérité. Ces rituels, ancrés dans la gratitude, le micro-journal et la visualisation, servent non seulement à orienter le comportement, mais aussi à réguler le système nerveux, à affiner la prise de décision et à reprogrammer les récits internes sur l'argent.

Les premiers instants de la journée sont neurologiques et psychologiquement puissants. Au réveil, le cerveau passe des ondes thêta aux ondes alpha, puis bêta, une période idéale pour la suggestion, la réflexion et la définition d'intentions. C'est durant cette phase que le subconscient est le plus réceptif aux influences. Un rituel matinal de richesse délibéré exploite cette plasticité cognitive pour installer des croyances et des comportements propices au bien-être financier. Plutôt que de se précipiter sur un appareil ou de se précipiter dans l'urgence, quelques minutes de réflexion structurée peuvent transformer radicalement le ton émotionnel de la journée.

La gratitude est la pierre angulaire de tout rituel de richesse efficace. De nombreuses études en psychologie positive, notamment celles menées par le Dr Robert Emmons à l'Université de Californie, ont démontré qu'une pratique régulière de la gratitude améliore le bien-être, réduit les symptômes dépressifs et renforce la résilience. Appliquée aux finances, la gratitude tempère l'état d'esprit de rareté que beaucoup de gens intègrent, souvent inconsciemment, à chacune de leurs décisions financières. En énumérant chaque matin des gratitudes financières, même modestes, telles que « J'ai de la nourriture dans mon frigo », « J'ai payé mon loyer à temps » ou « J'apprends à gérer mes ressources », les individus recadrent leur perception de la suffisance. Ce recadrage ne consiste pas à ignorer les difficultés économiques, mais à ancrer le système nerveux émotionnel dans la suffisance, ce qui réduit l'impulsivité et favorise la capacité à différer la gratification.

La gratitude s'accompagne d'un micro-journaling: un exercice bref et ciblé conçu pour suivre les schémas émotionnels et comportementaux liés à l'argent. Il ne s'agit pas d'équilibrer les comptes ou de détailler les dépenses, mais de saisir les liens entre pensées et émotions. Une question matinale pourrait être: *« Quelle pensée liée à l'argent ai-je eue au réveil aujourd'hui? »* ou *« Comment est-ce que je veux me comporter financièrement dans les prochaines 24 heures? »* Ces micro-écritures, souvent de trois à cinq phrases maximum, développent progressivement la conscience de soi. Elles offrent également un fil conducteur pour identifier les récits récurrents, qu'ils soient valorisants ou limitants. Lorsqu'une personne commence à constater qu'elle écrit régulièrement: *« Je suis anxieuse à l'idée de consulter mon compte bancaire »*, elle est mieux armée pour aborder les systèmes de croyances et les comportements d'évitement qui sous-tendent cette émotion.

Le troisième pilier du rituel matinal est la visualisation, une technique adoptée depuis longtemps par les athlètes de haut niveau, les entrepreneurs et les thérapeutes comportementaux pour son rôle dans la préparation du cerveau à l'action ciblée. Se visualiser en train d'adopter un comportement favorable à l'autonomie financière – demander une augmentation, investir avec confiance, refuser des dépenses inadaptées – active les neurones miroirs et normalise la réussite au niveau somatique. Des recherches neuroscientifiques indiquent que le cerveau encode les expériences imaginées de manière étonnamment similaire aux expériences réelles. Pratiquée régulièrement, la visualisation ne remplace pas l'action ; elle prépare l'esprit et le corps à reconnaître et à saisir les opportunités avec moins de résistance et plus de clarté.

Les rituels du soir ont une fonction différente, mais tout aussi essentielle. Si les routines matinales sont axées sur l'intention et la préparation, les pratiques du soir sont axées sur l'intégration et la clôture. Les trente dernières minutes avant le coucher constituent une période neurobiologiquement sensible durant laquelle le subconscient consolide le ton émotionnel de la journée. Le stress financier non traité au coucher ne s'atténue pas simplement: il s'amplifie souvent pendant la nuit, contribuant à un sommeil agité, à des pics de cortisol et à une altération des fonctions cognitives le lendemain. Un bref rituel de richesse en soirée aide à métaboliser les expériences de la journée et à retrouver un sentiment de contrôle.

Une séance pratique en soirée pourrait commencer par une brève réflexion sur une action financière, aussi mineure soit-elle, qui correspond à ses valeurs. Cela pourrait être aussi simple que *« J'ai choisi de ne pas acheter quelque chose de manière impulsive »* ou *« J'ai viré 20 £ sur mon compte épargne »*. Reconnaître cela renforce l'auto-efficacité, la conviction que nos actions ont un impact significatif. Ce principe est fondamental en psychologie comportementale: en identifiant les petits gains, on devient plus constant dans ses habitudes et moins dépendant d'une motivation sporadique.

Une autre idée utile en soirée est: *« Qu'ai-je appris aujourd'hui sur moi-même et sur l'argent? »* Cette question positionne chaque expérience – qu'il s'agisse d'un échec, d'une réussite ou d'une routine – comme une donnée au service de la croissance. Au fil du temps, cela développe un état d'esprit d'apprentissage, plus résilient et adaptatif qu'un état d'esprit axé sur la performance. Plutôt que de considérer une erreur budgétaire comme un échec, le journalier pourrait écrire: *« J'ai appris que j'ai tendance à trop dépenser lorsque je suis épuisé émotionnellement. Je prévoirai de quoi me nourrir la prochaine fois. »* Ce recadrage subtil atténue la honte et favorise la réflexion stratégique.

La visualisation a également son rôle à jouer la nuit. Plutôt que de planifier ou de s'inquiéter, c'est un moment propice à l'imagination. Imaginer un avenir où l'argent circule dans la vie, en accord avec le but, la générosité et la clarté, contribue à apaiser l'anxiété financière et à ancrer un plan subconscient d'abondance. Il est important de noter que cette visualisation n'est pas un fantasme de richesse pour la richesse. C'est une répétition sensorielle de ce que l'on ressent lorsqu'on vit en harmonie avec ses valeurs et ses ressources. Régulièrement pratiquée, elle transforme les associations émotionnelles avec l'argent: du stress à l'espace, de la réactivité à la réactivité.

Ritualiser ces pratiques ne signifie pas une adhésion rigide. Leur puissance réside dans leur constance, et non dans leur perfection. Une pratique quotidienne de cinq minutes est plus efficace qu'une routine élaborée et sporadique. L'objectif n'est pas de réaliser la conscience de la richesse, mais de l'incarner. Cette incarnation commence par des moments de silence, souvent invisibles: un stylo sur du papier avant que la maison ne bouge, une respiration avant d'ouvrir l'application bancaire, une affirmation murmurée avant d'éteindre la lumière.

Les exemples concrets abondent. Prenons l'exemple de Jamila, une travailleuse sociale qui considérait autrefois la gestion de son argent comme une source de honte. En s'entraînant le matin à écrire trois gratitudes financières et en se visualisant brièvement en train de payer ses factures et de fixer des limites financières avec assurance, elle a progressivement remodelé son rapport émotionnel à l'argent. En un an, elle a réglé ses dettes de consommation et a commencé à encadrer d'autres personnes en matière de littératie financière de base, non pas grâce à une aubaine, mais parce qu'elle commençait chaque journée avec une présence bienveillante.

Ou encore Daniel, vidéaste indépendant, qui a pris l'habitude, avant de se coucher, de noter chaque jour une décision financière axée sur ses valeurs. Il a remarqué des schémas récurrents dans ses dépenses émotionnelles et a commencé à réorienter cette énergie vers un « fonds de vision » pour de futurs investissements professionnels. Le fait de remarquer, de consolider et de célébrer ces décisions a transformé son sentiment de contrôle, et les résultats ont suivi.

Ces pratiques servent également de vaccin émotionnel contre une culture qui assimile souvent la valeur financière à l'estime de soi, et la productivité à la valeur. En créant des rituels quotidiens, nous libérons l'argent de l'abstraction et l'ancrons dans le soin, la réflexion et le sens. Nous le transformons d'une source de peur en un lieu de pratique. Et nous nous rappelons, jour après jour, que l'abondance n'est pas un acquis, mais un *exercice* .

En fin de compte, les rituels de richesse ne sont pas une question de performance ou de perfection. Ce sont des actes d'alignement – subtils, constants, sacrés. Ils structurent l'intention et insufflent du souffle à la croyance. Ils nous invitent à vivre non seulement avec plus d'argent, mais aussi avec plus d'intégrité dans notre relation à lui. En ce sens, ils ne se contentent pas de soutenir la richesse ; ils la *deviennent* – incarnée, pratiquée et concrétisée dans les moments de calme qui façonnent une vie.

Le 80/20 du progrès financier: concentrez-vous sur les quelques habitudes à fort impact qui font vraiment bouger les choses

En finances personnelles, la complexité se fait souvent passer pour de l'intelligence. Plus un système est élaboré, plus on suppose que son créateur est compétent. Mais en réalité, la réussite financière durable consiste rarement à en faire *plus* , mais à en faire *moins* avec plus de précision. C'est l'essence même du principe 80/20, aussi appelé principe de Pareto: un petit nombre de comportements produisent généralement la majorité des résultats. Appliqué à la finance, cela signifie qu'une poignée d'habitudes soigneusement choisies peuvent modifier radicalement la trajectoire financière d'une personne, tandis que d'innombrables autres, bien que bien intentionnées, ne produisent au mieux que des rendements marginaux.

Comprendre le principe 80/20 dans ce contexte exige un changement de mentalité. Au lieu de se demander: « Que puis-je faire d’autre pour améliorer ma vie financière? », il est plus pertinent de se demander: « Quels sont les comportements qui ont systématiquement le plus d’impact et comment puis-je les maîtriser? » Cette approche permet non seulement de gagner du temps et de l’énergie, mais aussi de se protéger du burn-out et de la lassitude décisionnelle, deux des causes les plus fréquentes d’incohérence financière. L’objectif n’est pas la perfection absolue, mais l’excellence délibérée dans quelques domaines clés.

Suivre son argent est un comportement à fort impact. Pourtant, c'est aussi l'un des plus chargés émotionnellement. Nombreux sont ceux qui évitent de consulter leurs relevés bancaires ou leurs applications de gestion budgétaire, non pas par manque de temps ou d'outils, mais parce que ce simple fait de les consulter est porteur d'un jugement personnel. Les chiffres témoignent non seulement de transactions, mais aussi d'identité: « Je suis nul avec l'argent », « Je suis irresponsable » ou « On ne peut pas me faire confiance ». Pour que le suivi de ses dépenses devienne une habitude véritablement efficace, il faut le dissocier de la honte. Il faut d'abord recadrer cet acte non pas comme un audit, mais comme un acte de clarification, un peu comme monter sur une balance non pas pour critiquer, mais pour calibrer. On ne peut pas changer ce qu'on ne mesure pas, ni mesurer ce qu'on a peur d'affronter.

Une façon de neutraliser la charge émotionnelle du suivi est de procéder à des points réguliers et sans enjeu. Par exemple, au lieu d'un bilan mensuel qui ressemble à un tribunal, des réflexions hebdomadaires de cinq minutes permettent de normaliser les données et de mieux cerner les tendances. Il ne s'agit pas de suivre chaque centime, mais de prendre conscience des entrées, des sorties et des points de friction. Plus la clarté augmente, plus la confiance s'accroît. Et avec elle, la prise de décision s'améliore: moins d'achats réactifs, plus de dépenses intentionnelles et un meilleur alignement avec les objectifs à long terme.

L'automatisation est une autre habitude au pouvoir disproportionné. En économie comportementale, on parle d' *architecture du choix*: la conception de systèmes qui font du comportement souhaité la voie de moindre résistance. Lorsque l'épargne, les investissements ou le paiement des factures se font automatiquement, ils ne dépendent plus de la volonté, qui est limitée et incohérente. Au lieu de cela, ces actions deviennent des comportements par défaut, prévisibles, répétables et émotionnellement neutres. Il en résulte une dynamique sans contrainte mentale.

La puissance de l'automatisation réside dans son effet cumulatif. Imaginez la différence entre une personne qui transfère manuellement de l'argent sur un compte d'épargne « quand elle s'en souvient » et une personne dont le système le fait le lendemain de chaque paie. Sur une année, la différence de résultats est stupéfiante, non pas parce que la personne est plus intelligente ou disciplinée, mais parce qu'elle a externalisé la décision à un système. Le progrès financier devient moins une question de discipline qu'une question de conception.

Des exemples concrets le confirment. Prenons l'exemple de Nia, une enseignante d'une trentaine d'années qui peinait depuis des années à épargner. Après plusieurs tentatives infructueuses de budgétisation, elle a fait appel à un coach qui l'a aidée à mettre en place un système où 15 % de son salaire étaient automatiquement répartis entre trois objectifs: fonds d'urgence, voyages et investissements à long terme. En 18 mois, elle a acquis une plus grande sécurité financière qu'au cours des dix années précédentes. Non pas parce qu'elle est devenue plus frugale, mais parce qu'elle a mis en place une habitude à fort impact et a laissé le temps faire le gros du travail.

Cependant, toutes les habitudes n'ont pas besoin d'être automatisées pour être efficaces. Certaines se nourrissent de conscience, notamment celles qui sont liées à l'alignement des valeurs. L'une d'elles consiste à réfléchir régulièrement à la satisfaction de ses dépenses. Une fois par semaine, se demander: *« Quelles dépenses ont été véritablement épanouissantes? »* et *« Lesquelles ont semblé creuses ou inadaptées? »* permet de réorienter sa vie financière vers le sens plutôt que vers l'impulsion. Au fil du temps, cette habitude renforce ce que les psychologues appellent *l'intentionnalité financière*: la mesure dans laquelle votre argent reflète vos valeurs. Elle réduit également les effets émotionnels des dépenses inadaptées et améliore la satisfaction à long terme.

Une autre habitude, d'une simplicité trompeuse, mais aux effets considérables, consiste à se fixer et à revoir régulièrement des objectifs financiers à court terme. Si les objectifs à long terme, comme la retraite, sont importants, ils peuvent paraître abstraits et lointains. En revanche, les objectifs à court terme, comme rembourser une carte de crédit, épargner pour un achat précis ou atteindre un objectif de revenus mensuels, offrent une immédiateté émotionnelle. Ils créent un élan et, lorsqu'ils sont suivis de manière visible (sur un calendrier, un journal ou un tableau blanc), ils transforment l'abstrait en quelque chose de tangible. Le cerveau réagit fortement aux progrès visibles. La motivation augmente. La procrastination diminue. Et la confiance en soi s'accroît.

Ce principe s'applique également à la réduction des dettes, un comportement financier souvent teinté de honte et d'évitement. Se concentrer sur un compte à la fois, suivre la diminution du solde et célébrer les micro-victoires peut transformer le processus, le faisant passer d'une corvée à une prise de pouvoir. Ce qui compte, ce n'est pas l'ampleur du pas, mais la régularité de sa répétition. L'impact cumulé est disproportionné par rapport à l'effort requis.

Ce qui unit toutes ces habitudes à fort impact n'est pas leur complexité, mais leur clarté. Elles sont simples, stratégiques et renforcent l'identité. Elles ne vous obligent pas à devenir quelqu'un d'autre ; elles vous aident à devenir la version la plus cohérente de vous-même. C'est une distinction cruciale, car beaucoup de gens échouent financièrement non pas par paresse ou par ignorance, mais parce qu'ils adoptent des stratégies incompatibles avec leur rythme naturel, leurs valeurs ou leurs besoins psychologiques. Lorsqu'une habitude semble inadaptée, elle crée de la résistance. Mais lorsqu'elle est perçue comme une extension de l'identité que vous avez choisie, elle devient fluide.

Il est important de noter que le principe 80/20 peut également s'appliquer aux *erreurs financières* . Toutes les erreurs ne se valent pas. Certaines décisions, comme dépenser systématiquement trop pour son logement ou ne pas assurer ses actifs clés, ont des conséquences bien plus dommageables que des excès occasionnels ou des abonnements oubliés. De même, certaines craintes, comme éviter totalement d'investir en raison de la volatilité, peuvent éroder davantage le patrimoine à long terme qu'une perte occasionnelle sur les marchés. Connaître les quelques comportements responsables de la plupart de vos échecs vous permet de corriger le tir stratégiquement, sans vous perdre dans les détails.

Cette perspective invite à une approche plus humaine et axée sur les résultats de l'auto-évaluation financière. Au lieu de s'angoisser sur chaque transaction ou de s'obséder sur des fuites budgétaires mineures, l'accent devient stratégique: *quels sont les quelques changements que je peux apporter pour améliorer considérablement mes résultats?* Cette question clarifie non seulement les priorités, mais libère également l'attention de la microgestion financière et permet de s'engager plus profondément dans la vie.

En fin de compte, le 80/20 du progrès financier repose sur un minimalisme stratégique. Il s'agit de troquer l'effort contre l'élégance et l'anxiété contre l'alignement. En identifiant et en adoptant quelques habitudes à fort impact – suivre son argent sans honte, automatiser l'épargne, aligner ses dépenses sur ses valeurs – vous obtenez un retour sur investissement considérable. Les progrès s'accélèrent. La confiance grandit. Et l'argent devient moins une bataille qu'une collaboration.

Cela ne veut pas dire que la nuance et la profondeur n'ont pas leur place en finances personnelles. Mais la véritable sophistication ne réside pas dans la complexité en soi, mais dans la clarté et l'intentionnalité. Une vie financièrement autonome ne se construit pas en faisant tout, mais en accomplissant quelques tâches exceptionnellement bien, avec constance et en harmonie avec la personne que vous devenez. Et cela commence par se demander, chaque jour: *qu'est-ce qui fait vraiment bouger les choses? Est-ce que je le fais avec soin, détermination et confiance ?*

Empiler les habitudes pour une meilleure cohérence financière: associer les habitudes de création de richesse aux routines existantes

Dans l'architecture d'un changement comportemental durable, la constance prime sur l'intensité. Ce ne sont pas les grands gestes ou les résolutions annuelles qui façonnent une vie financièrement autonome, mais les petits comportements quotidiens, posés presque sans réflexion – ceux qui s'accumulent, se multiplient et définissent discrètement ce que nous devenons. C'est pourquoi la méthode de l'accumulation d'habitudes s'est imposée comme l'un des outils les plus efficaces de la psychologie du changement comportemental. Le concept est simple, mais transformateur: associez un nouveau comportement souhaité à une habitude bien ancrée dans votre quotidien. Résultat: moins de frictions, plus de constance et, surtout, un rythme naturel de création de richesse, intégré plutôt que forcé.

L'idée d'accumulation d'habitudes a pris de l'importance grâce aux travaux du spécialiste du comportement BJ Fogg, puis popularisée par James Clear dans *Atomic Habits* . Cette approche s'appuie sur un principe bien connu en neurosciences: le cerveau se nourrit de signaux. Les habitudes n'existent pas isolément ; elles sont déclenchées par le contexte: l'heure de la journée, le lieu, l'état émotionnel ou l'action précédente. Lorsqu'une nouvelle habitude est ancrée dans un comportement existant, l'effort cognitif nécessaire à son instauration diminue considérablement. Au lieu de compter sur la volonté ou la motivation, deux facteurs notoirement peu fiables, nous nous appuyons sur la fiabilité de la routine. Ce principe est particulièrement efficace lorsqu'il est appliqué aux habitudes financières, qui suscitent souvent résistance, évitement ou fatigue émotionnelle.

Les comportements financiers, notamment ceux liés au suivi, à la planification ou à la réflexion, sont souvent reportés non pas par complexité, mais par manque de point de départ naturel. On sait qu'il faut budgétiser, revoir ses dépenses ou se fixer des objectifs, mais ces actions flottent dans un espace conceptuel, détachées de la structure du quotidien. L'accumulation d'habitudes les ramène à la réalité. Passer en revue ses dépenses hebdomadaires devient un rituel du thé du dimanche soir. Vérifier ses objectifs d'épargne coïncide avec son café du matin. Mettre à jour son journal financier intervient juste après s'être brossé les dents le soir. Ces associations ne sont pas fortuites: ce sont des intégrations intentionnelles conçues pour que les finances paraissent aussi régulières et banales que se brosser les dents.

Prenons l'exemple de Harpreet, un petit entrepreneur qui peinait à suivre ses dépenses régulièrement. L'acte lui prenait moins de cinq minutes, et pourtant, il s'est retrouvé à l'ignorer pendant des semaines. Après avoir exploré ses habitudes, il a décidé d'associer le suivi des dépenses à une pratique qu'il pratiquait systématiquement: brancher son ordinateur portable à la fin de sa journée de travail. Désormais, lorsqu'il branchait le chargeur, c'était le signal pour ouvrir son application financière, consulter ses transactions et enregistrer ses dépenses. En quelques semaines, cette habitude est devenue automatique, non pas par discipline, mais parce qu'il avait conçu ce comportement pour fonctionner par impulsion, et non par mémoire.

L'intérêt de l'accumulation d'habitudes réside dans sa subtilité. La cohérence financière devient le résultat de la conception des systèmes, et non d'un effort constant. Cela correspond à ce que les économistes comportementaux appellent *la rationalité limitée*: l'idée que les humains fonctionnent avec des limites cognitives et doivent conserver leur énergie mentale pour des décisions d'ordre supérieur. En réduisant la nécessité de décider *quand* , *comment* ou *si* une habitude financière doit être mise en œuvre, l'accumulation d'habitudes rend l'habitude elle-même plus durable.

Cette technique atténue également un obstacle psychologique courant: l'effort perçu. Nombreux sont ceux qui évitent les tâches liées à l'argent, car elles leur semblent intimidantes ou émotionnellement éprouvantes. Mais lorsqu'une tâche est liée à une routine neutre ou agréable, la charge émotionnelle diminue. Imaginez associer une visualisation financière à votre méditation matinale ou une analyse budgétaire à votre podcast préféré. L'association positive renforce l'observance. Avec le temps, la tâche devient un modèle familier, ne nécessitant plus de négociation émotionnelle.

Il ne s'agit pas seulement d'une théorie comportementale: elle est étayée par des recherches empiriques. Des études sur la formation des habitudes, notamment celles menées à l'University College London, ont montré que le meilleur indicateur de leur maintien est la stabilité du contexte – la cohérence temporelle, spatiale et comportementale antérieure. Plus le signal est prévisible, plus le comportement devient automatique. Pour les habitudes financières, qui luttent souvent contre de vieux schémas d'évitement ou de honte, cet ancrage contextuel est crucial. Il fait passer la dynamique de réactive à proactive, d'épisodique à rythmique.

Prenons l'exemple de Natalie, designer indépendante aux revenus variables. Établir un budget lui semblait superflu pendant les mois de vaches maigres et superflu pendant les mois d'abondance. Son coach l'a encouragée à instaurer un rituel quotidien de gestion de patrimoine, lié à une habitude déjà établie: le café du matin. Chaque jour, avant de prendre sa première gorgée, elle consacrait deux minutes à tenir un micro-journal où elle notait ses entrées, ses sorties et son niveau émotionnel. Cette pratique a non seulement amélioré sa conscience, mais l'a aidée à construire une relation à l'argent stable, quels que soient ses flux de trésorerie. L'ancrage de cette habitude dans son rituel matinal bien-aimé lui a donné à la fois structure et résonance émotionnelle.

On ne saurait trop insister sur cette composante émotionnelle. De nombreuses habitudes financières échouent non pas à cause de défauts de conception, mais à cause d'une résistance émotionnelle: culpabilité, peur, dépassement de soi. L'accumulation d'habitudes contourne ces obstacles émotionnels en ancrant le nouveau comportement dans un cadre familier. Avec le temps, ce qui semblait autrefois laborieux s'incarne. La nouvelle habitude n'est pas une action , elle fait partie intégrante de vous . Vous êtes celui qui réfléchit à ses dépenses en vous relaxant le soir. Vous êtes celui qui fixe ses intentions financières en préparant le déjeuner. Ces micro-identités se solidifient par la répétition, ancrant une conception plus large de soi, de sa capacité d'agir et de sa responsabilité financières.

Cette technique est également évolutive. Un débutant peut commencer par une seule habitude, par exemple en passant en revue ses dépenses chaque vendredi après s'être déconnecté du travail. À mesure que la confiance grandit, d'autres habitude peuvent être ajoutées: définition d'objectifs le premier du mois avec journalisation matinale, suivi des revenus après facturation, ou bilans de patrimoine net trimestriels alignés sur la planification du calendrier. L'essentiel n'est pas le volume, mais l'alignement. Chaque nouvelle habitude doit être rattachée à une routine déjà stable et émotionnellement neutre ou positive. Cette association garantit que le comportement financier s'appuie sur la cohérence et la sérénité émotionnelle de la routine existante.

L'accumulation d'habitudes s'intègre parfaitement à la formation d'habitudes identitaires. Selon une étude du Behaviour Design Lab de Stanford, les habitudes qui renforcent une identité souhaitée sont plus susceptibles de perdurer. Lorsque des actions financières s'ajoutent à des routines qui reflètent déjà le bien-être personnel, la productivité ou la responsabilité, le renforcement identitaire est décuplé. Il ne s'agit plus seulement de revoir un budget: il s'agit d'être organisé, réfléchi et de valoriser l'alignement.

Il est important de noter que l'accumulation d'habitudes ne nécessite pas de conditions idéales pour démarrer. Elle se nourrit d'imperfections et d'itérations. La première version d'une accumulation peut sembler maladroite ou décalée. Mais avec la réflexion et le perfectionnement, les associations deviennent harmonieuses. Au fil du temps, elles deviennent l'architecture invisible du bien-être financier: peu d'efforts, mais un rendement élevé.

Cette pratique permet également de résister à la mentalité du tout ou rien qui fait échouer tant de tentatives de changement de comportement. Si une pile est manquée un jour, cela ne fait pas dérailler le système. La stabilité du signal garantit que l'habitude aura une nouvelle chance de se reproduire le lendemain. Cette résilience est essentielle. La constance ne signifie pas l'absence d'échec, mais la capacité à revenir au modèle sans punition ni honte.

En fin de compte, l'accumulation d'habitudes ne consiste pas à en faire plus, mais à faire *mieux* . Il s'agit d'intégrer l'intention financière au quotidien, non pas comme une réflexion après coup, mais comme un rythme intégré. Elle transforme la création de richesse, d'une ambition sporadique, en une expérience vécue, ancrée dans les systèmes, la psychologie et la conscience de soi. Ainsi, la régularité financière devient non pas un objectif, mais une pratique, ancrée dans les actions quotidiennes, répétée avec aisance et en phase avec la vie que vous choisissez consciemment de construire.

Systèmes sans friction plutôt que volonté: concevoir pour un progrès financier sans effort

S'il est une leçon que les sciences comportementales modernes nous ont enseignée avec une constance inébranlable, c'est bien celle-ci: la volonté est une force faible et peu fiable pour un changement comportemental durable. Nous avons tendance à surestimer notre capacité à prendre des décisions financières rigoureuses jour après jour, croyant qu'en redoublant d'efforts, nous économiserons davantage, dépenserons moins et finirons par maîtriser notre argent. Pourtant, des décennies de recherche sur la prise de décision, la surcharge cognitive et la formation d'habitudes suggèrent le contraire. Les individus les plus constants et les plus autonomes financièrement ne sont pas ceux qui possèdent une maîtrise de soi herculéenne ; ce sont ceux qui ont conçu leur environnement pour automatiser les comportements souhaités. Ils conçoivent des systèmes fluides qui éliminent la prise de décision de l'équation, remplaçant le recours à la motivation par la stabilité de la structure.

Au cœur de cette philosophie se trouve la compréhension que les choix financiers, comme toutes les décisions, sont sujets à un phénomène appelé fatigue décisionnelle. Chaque jour, nous prenons des centaines de micro-décisions, du choix de notre petit-déjeuner à la réponse à nos e-mails. Chaque choix puise dans une réserve limitée d'énergie mentale. À mesure que cette énergie s'épuise, notre capacité à prendre des décisions éclairées, notamment celles qui nécessitent une réflexion à long terme, comme l'épargne ou l'investissement, diminue fortement. Dans cet état d'épuisement, nous devenons plus enclins aux dépenses impulsives, à l'évitement des tâches financières et aux réactions émotionnelles face aux facteurs de stress liés à l'argent.

L'antidote à cette lassitude n'est pas davantage de discipline. C'est l'automatisation. Lorsque les comportements financiers clés sont automatisables, ils ne se disputent plus les ressources cognitives. Au lieu de décider chaque mois de transférer de l'argent sur un compte d'épargne, par exemple, un virement automatisé prend la décision une fois pour toutes et laisse le système l'exécuter indéfiniment. Ce changement est subtil dans son action, mais profond dans son impact. Il transforme une intention fragile en un processus stable.

Prenons le cas de Leah, une illustratrice indépendante qui se retrouvait souvent à se démener pour économiser à la fin de chaque mois. Malgré ses bonnes intentions, l'imprévisibilité de ses revenus et la variabilité de ses dépenses rendaient l'épargne manuelle difficile. Après avoir suivi un coach financier, elle a mis en place un système automatisé qui transférait un pourcentage de chaque paiement client sur un compte d'épargne à haut rendement. L'innovation clé consistait à lier le transfert non pas à une date fixe, mais à l'arrivée des revenus, une démarche adaptée à sa réalité financière. En six mois, Leah avait constitué un fonds d'urgence qui lui semblait auparavant inaccessible. Son comportement n'était pas devenu plus discipliné ; son système était devenu plus intelligent.

Au-delà des virements automatisés, les systèmes financiers fluides incluent des outils de budgétisation minimalistes qui simplifient la prise de décision. La budgétisation traditionnelle, bien que solide sur le plan intellectuel, est souvent compromise en pratique par sa complexité et sa rigidité. À l'inverse, les cadres budgétaires minimalistes, tels que l'approche 80/20 ou la budgétisation par compartiments, se concentrent sur quelques catégories de dépenses clés et des lignes directrices flexibles plutôt que sur des postes budgétaires exhaustifs. Ces outils réduisent les frictions en supprimant le fardeau d'une catégorisation et d'un recalibrage constants. Ils offrent une vue d'ensemble des dépenses sans la complexité d'un micro-suivi, permettant aux utilisateurs de rester impliqués sans se sentir dépassés.

Des applications comme You Need a Budget (YNAB), Emma ou Plum illustrent comment le design numérique peut réduire les frictions comportementales. Elles fournissent des repères visuels, des notifications en temps réel et des tableaux de bord simplifiés qui aident les utilisateurs à s'orienter sans nécessiter d'efforts cognitifs importants. Le principe à l'œuvre ici est connu sous le nom d' *architecture du choix*: la conception d'un environnement dans lequel les décisions sont prises. Lorsqu'une application de budgétisation se contente d'épargner avant de dépenser, ou qu'elle incite l'utilisateur à réfléchir avant un achat important, elle ne contrôle pas l'utilisateur ; elle le soutient dans ses objectifs supérieurs par des incitations opportunes. Ces incitations numériques s'appuient sur des recherches en économie comportementale, notamment les travaux fondateurs de Richard Thaler et Cass Sunstein, qui ont démontré que de petites caractéristiques de conception peuvent radicalement changer les résultats sans pour autant priver l'utilisateur d'autonomie.

Les systèmes les plus efficaces et fluides sont ceux qui éliminent les tentations, éliminent l'ambiguïté et réduisent le nombre de décisions financières quotidiennes. Par exemple, créer un compte séparé pour les factures récurrentes et y acheminer les dépenses fixes permet de couvrir les dépenses essentielles, réduisant ainsi l'anxiété et la complexité des décisions. De même, utiliser des extensions de navigateur qui bloquent les sites marchands ou désactivent les achats en un clic peut protéger l'esprit des impulsions en cas de fatigue. Ce ne sont pas des signes de faiblesse, mais des signes d'intelligence artificielle.

Il est important de noter que supprimer les frictions ne signifie pas supprimer complètement les efforts. Il s'agit plutôt de réaffecter les efforts là où ils sont les plus importants. Lorsque le système gère les tâches routinières – épargner, payer les factures, répartir les dépenses – votre énergie est libérée pour vous concentrer sur la réflexion stratégique: comment accroître vos revenus, investir judicieusement, aligner votre argent sur vos valeurs. Ce passage d'une finance opérationnelle à une finance intentionnelle marque la différence entre une gestion financière axée sur la survie et une constitution de patrimoine fondée sur des valeurs.

À cet égard, les systèmes fluides agissent comme un échafaudage comportemental. Ils vous permettent d'exploiter pleinement votre potentiel, même lorsque votre énergie est faible ou que votre situation est chaotique. Cet échafaudage est particulièrement précieux en période de transition – comme le début d'un nouvel emploi, la gestion d'une crise ou la gestion de revenus fluctuants – lorsque la charge cognitive est élevée et la régulation émotionnelle mise à rude épreuve. Les systèmes apportent de la stabilité lorsque la motivation vacille.

Imaginez la situation de Tariq, un jeune travailleur indépendant confronté à des flux de revenus irréguliers . Au début de sa carrière, Tariq se sentait dépassé par la nécessité de suivre ses obligations fiscales, de gérer les paiements irréguliers de ses clients et d'allouer ses revenus à plusieurs objectifs. Après avoir consulté un conseiller financier, il a mis en place un système où tous les revenus étaient versés sur un compte central, d'où des pourcentages fixes étaient automatiquement répartis: les impôts sur un compte d'épargne public, les opérations sur un compte professionnel, les dépenses personnelles sur un compte courant et les excédents sur les placements. Ce système, semblable à une enveloppe, fonctionnait de manière invisible en arrière-plan, réduisant les points de décision de dizaines à zéro. Tariq était ainsi moins stressé et disposait de plus de temps pour se concentrer sur la création de valeur pour ses clients.

Ces exemples illustrent une vérité plus vaste: les systèmes sont plus compatissants que la volonté. Ils ne vous demandent pas d'être meilleur, plus fort ou plus résilient ; ils partent du principe que vous faites déjà de votre mieux et que votre meilleur mérite d'être soutenu. Ainsi, une finance sans friction devient une forme de bien-être personnel. Elle protège contre la critique intérieure acerbe qui assimile chaque faux pas à un échec. Elle fait du succès le chemin de la moindre résistance. Et elle redéfinit la responsabilité non pas comme une vigilance constante, mais comme une conception intelligente et proactive.

Pour la plupart des gens, le défi n'est pas de savoir quoi faire, mais de savoir comment simplifier la bonne chose. Les systèmes fluides répondent à ce défi en transformant les meilleures pratiques en pratiques par défaut. Ils tiennent compte de la complexité de la vie moderne tout en simplifiant l'expérience utilisateur. Ils permettent également aux individus d'envisager leur argent non pas comme une source de stress, mais comme un outil de clarté, d'harmonisation et de vision à long terme.

En fin de compte, privilégier les systèmes à la volonté ne revient pas à renoncer à son libre arbitre, mais à le reprendre. Il s'agit de créer une vie où le bien-être financier n'est pas le fruit d'efforts perpétuels, mais le résultat naturel d'une conception intentionnelle. En réduisant les frictions, nous libérons l'espace pour la concentration. En automatisant le quotidien, nous libérons l'esprit pour le sens. Et en faisant confiance aux systèmes, nous renforçons notre confiance en nous-mêmes – discrètement, progressivement, et sans effort.

Gamifier le parcours de la richesse: transformer le progrès en jeu

L'éducation financière traditionnelle est souvent drapée dans une terminologie aride, des règles rigides et une culture du sérieux qui traite l'argent comme un sujet dénué de tout jeu. Le message implicite est que la réussite financière exige des sacrifices, la maîtrise des émotions et l'acceptation de l'ennui au nom de la responsabilité. Mais la psychologie humaine ne fonctionne pas de manière optimale dans de telles conditions. Ce que nous répétons, nous l'apprenons. Ce que nous aimons, nous le répétons. C'est pourquoi la ludification – concevoir des processus imitant la structure gratifiante et motivante des jeux – offre une alternative élégante et psychologiquement fondée aux discours honteux souvent associés à la gestion financière. Appliquée intentionnellement, la ludification peut transformer le processus de création de richesse, d'un travail soumis à obligation, en une expérience créative et émotionnellement stimulante.

Fondamentalement, la gamification ne consiste pas à banaliser des objectifs sérieux. Il s'agit plutôt de s'aligner sur la façon dont le cerveau humain est programmé pour réagir aux progrès, aux récompenses et aux retours. L'économie comportementale et les neurosciences convergent sur une idée fondamentale: le progrès est addictif. Lorsque les individus constatent des progrès tangibles, aussi minimes soient-ils, ils sont plus susceptibles de persévérer, de surmonter l'inertie et de revenir avec plus de constance. C'est pourquoi les jeux, même joués pendant des heures sans récompense externe, sont si efficaces pour maintenir l'engagement. Ils offrent un retour immédiat, des règles claires et des incitations structurées. Les systèmes financiers qui intègrent ces éléments deviennent plus accessibles, plus durables et, surtout, plus ludiques.

La psychologie du plaisir est particulièrement importante en matière d'argent. Pour beaucoup, la gestion financière est teintée d'anxiété, d'ennui ou de traumatismes historiques. La ludification offre un antidote désarmant. Elle remplace la peur par la curiosité, la culpabilité par le jeu et la rigidité par la flexibilité. Prenons l'exemple des outils de suivi visuel: un outil simple qui fournit une représentation graphique des progrès, comme colorier un thermomètre d'épargne, marquer les jours sans dépenses sur un calendrier ou remplir une « montagne de dettes » à mesure qu'elle s'amenuise. Ces repères visuels sont d'une puissance trompeuse. Ils extériorisent ce qui est habituellement abstrait, permettant aux individus de visualiser leur dynamique. Cette visibilité active les circuits cérébraux de récompense, notamment la libération de dopamine, un neurotransmetteur associé à la motivation et au renforcement. Ce qui n'était au départ qu'un outil de mesure devient une source de fierté, et la fierté devient le moteur de la constance.

Ce sentiment de progression est amplifié lorsque les comportements financiers sont liés à des étapes clairement définies. Tout comme les jeux vidéo structurent la réussite par le biais de niveaux, de quêtes ou de badges, les objectifs financiers peuvent être décomposés en étapes significatives: rembourser les 500 £ de dettes, constituer un fonds d'urgence de 1 000 £, investir les 100 £ ou réussir une cure détox de 30 jours. Chaque étape franchie offre un moment de célébration, un point de contrôle psychologique qui renforce les capacités et renforce la confiance. Contrairement aux aspirations à long terme vagues, ces objectifs ludiques offrent des gains à court terme qui semblent réalisables et satisfaisants.

Prenons l'exemple de Daniel, un responsable du service client de trente-deux ans aux prises avec des achats compulsifs en ligne et des dettes de carte de crédit. Les applications de budgétisation et les conseils financiers ne lui ont jamais semblé fonctionner jusqu'à ce qu'il découvre une approche ludique du contrôle des dépenses. Il a créé un système de points personnel: chaque jour sans dépenses lui rapportait dix points, chaque semaine de dépenses conformes à son budget cinquante, et chaque achat impulsif évité lui rapportait des crédits bonus. Il a créé une feuille de calcul avec des onglets colorés et des niveaux de récompense: cumuler des points lui permettait d'obtenir de petits privilèges, comme une soirée cinéma ou un plat à emporter supplémentaire. Résultat? Il a constaté une réduction de 40 % de ses dépenses en trois mois, non pas grâce à une amélioration de ses revenus, mais grâce à son comportement. Le système a stimulé son instinct de compétition, concrétisé des progrès abstraits et transformé la discipline en jeu.

Les outils numériques intègrent de plus en plus de mécanismes de gamification pour exploiter ces tendances comportementales. Des applications comme Qapital, Monzo et YNAB intègrent des éléments tels que des visualisations d'objectifs, des compteurs de séquences, des défis et des encouragements. Ces fonctionnalités ne remplacent pas les connaissances financières fondamentales, mais les étayent par un design motivant. Un utilisateur peut être incité à économiser 5 £ supplémentaires chaque fois qu'il saute son café du matin, voir sa barre de progression augmenter à mesure qu'il atteint un budget voyage, ou recevoir des animations de célébration pour avoir atteint un objectif. Ces actions peuvent paraître futiles à première vue, mais leur effet est profondément ancré dans la boucle de rétroaction comportementale: signal, action, récompense. Lorsque la récompense est immédiate et tangible, même symbolique, elle renforce la boucle d'habitude et favorise un engagement répété.

La gamification est également un outil puissant pour les finances de couple, où la communication autour de l'argent se transforme souvent en tension, évitement ou incohérence. Transformer des objectifs communs en jeux collaboratifs – comme un « sprint d'épargne », où les deux partenaires visent à atteindre un objectif dans un délai défini, ou attribuer des rôles amusants dans les tâches budgétaires – peut insuffler légèreté et esprit d'équipe dans un espace traditionnellement dominé par le stress. Cela transforme la planification financière d'un champ de bataille en un plateau de jeu, où les deux parties sont des alliés travaillant ensemble pour une victoire commune.

Il est important de noter que la gamification du parcours de richesse ne consiste pas à traiter les questions sérieuses comme des banalités. Il s'agit de redonner un sentiment d'autonomie, de plaisir et d'expression personnelle à ce qui a trop souvent été réduit à une arithmétique punitive. Cette approche résiste également à la pensée binaire qui caractérise une grande partie du discours financier: soit on est discipliné, soit on est irresponsable, soit on est économe, soit on est extravagant. Les jeux s'épanouissent dans la nuance. Ils récompensent la créativité, l'expérimentation et l'itération basée sur le feedback. La gamification financière fait de même. Si un système ne parvient pas à engager, un autre peut être conçu. Le processus devient adaptatif et réactif, et non figé et prescriptif.

L'un des avantages les plus sous-estimés de la gamification est sa capacité à déloger le perfectionnisme, un obstacle majeur à une progression financière constante. La planification financière traditionnelle favorise souvent une mentalité du tout ou rien: si l'on ne suit pas le budget à la lettre, le plan est considéré comme un échec. Les systèmes gamifiés, en revanche, célèbrent les réussites partielles. Manquer une journée d'économies ne remet pas le jeu à zéro, mais le met simplement en pause. Cette résilience encourage la persévérance. L'objectif n'est pas une exécution parfaite, mais un engagement continu. Au fil du temps, cela construit ce que les psychologues appellent l'auto-efficacité: la conviction que l'on peut influencer les résultats par un effort soutenu.

Il est crucial de souligner que la gamification de la finance remet également en question des mythes culturels plus profonds sur l'argent: l'argent doit être difficile, réservé aux experts ou réservé aux personnes sérieuses. Ces discours excluent souvent les personnes dont les modes d'apprentissage, les circonstances de vie ou les histoires émotionnelles ne correspondent pas au modèle de l'éducation financière traditionnelle. La gamification ouvre la voie à l'inclusion. Elle rencontre les gens là où ils se trouvent – et non là où les manuels scolaires les recommandent – et les invite à nouer un nouveau rapport à l'argent, marqué par la curiosité, le jeu et l'autonomisation.

Ce changement est particulièrement significatif pour les jeunes générations, élevées dans une culture numérique axée sur l'interactivité et le feedback. Pour les natifs du numérique, les budgets statiques sur des feuilles de calcul sont perçus comme des reliques. L'intégration d'outils financiers ludiques dans l'éducation préscolaire et la pratique adulte offre un pont entre la littératie financière et la maîtrise du numérique. Elle utilise le langage des barres de progression, des classements et de la conception adaptative, faisant de la gestion financière une quête qui vaut la peine d'être entreprise plutôt qu'un devoir.

En fin de compte, l'objectif de la gamification du parcours de richesse n'est pas d'échapper à la discipline, mais de la transformer. De remplacer la retenue par un engagement volontaire. De favoriser la résilience non pas par la honte, mais par la motivation. Et de développer les compétences financières non pas comme une corvée, mais comme un jeu à pratiquer avec intention, créativité et plaisir.

En transformant le progrès en jeu, nous nous alignons sur ce qu'il y a de plus profond et de plus durable dans le comportement humain: le désir de défi, la satisfaction de la maîtrise et la joie de voir des progrès tangibles se concrétiser. La finance, réimaginée sous cet angle, devient non pas une épreuve d'endurance, mais un champ de possibilités. Et dans ce domaine, la croissance n'est pas seulement réalisable, elle devient inévitable.

Chapitre 7
Richesse consciente – Aligner l'argent sur le sens

Que signifie réellement être riche? C'est le genre de question qui paraît d'une simplicité trompeuse, presque enfantine. Mais en creusant un peu, on découvre une complexité qui résiste aux réponses faciles. Dans une culture obsédée par la perfection soignée, la production incessante et les rituels numériques du soi-disant succès, notre conception de la richesse est devenue remarquablement unidimensionnelle. L'équation se présente généralement ainsi: plus d'argent, plus de luxe, plus de statut social égalent plus de succès. Mais est-ce vraiment le cas ?

Décollez ce vernis brillant, et une autre forme de richesse commence à émerger, mesurée non pas en chiffres, mais en profondeur. Le temps. L'autonomie. Un sentiment de paix. L'intégrité. Une joie indépendante des résultats. La capacité de contribuer de manière significative, sans se brûler les doigts. Dans ce chapitre, nous nous éloignons du grand livre pour aborder une discussion plus large, qui considère la réussite financière non pas comme une simple accumulation, mais comme un alignement. Avec des valeurs. Avec un but. Avec la vie elle-même.

Pendant trop longtemps, on nous a imposé une vision binaire rigide: soit on est riche au sens conventionnel et hyper-visible du terme – voitures rapides, hauts plafonds, travail acharné –, soit on est intègre, créatif, motivé par une mission… et perpétuellement à court d'argent. Ce faux choix contraint les individus à des compromis douloureux, comme si âme et sécurité ne pouvaient pas partager le même toit. Prenons l'exemple du « millionnaire débrouillard » glorifié – un mythe moderne alimenté par des publications LinkedIn, des vidéos virales et une culture qui traite l'épuisement comme un signe d'honneur. Derrière le montage de réveils à 4 h du matin et d'astuces de productivité se cache souvent un vide. Un système qui confond activité et valeur, productivité et vertu, et qui laisse très peu de place à la réflexion ou au repos.

Les conséquences sont réelles. On nous dit que le repos est un handicap. Que ralentir est un signe de faiblesse. Qu'il est acceptable, voire noble, de reporter la joie jusqu'à ce que nous ayons atteint un objectif financier arbitraire (et même dans ce cas, la joie est souvent insaisissable). Derrière tout cela se cache une croyance néfaste: l'argent et le sens ne font pas bon ménage. Que choisir un but est un luxe, pas une voie légitime. Voilà un scénario à abandonner.

En réalité, non seulement objectif et prospérité peuvent coexister, mais ils peuvent aussi se nourrir mutuellement. Lorsque chacun aligne ses décisions financières sur ses valeurs fondamentales, quelque chose change. Le travail acharné laisse place à l'ancrage. L'agitation se transforme en clarté. Le travail axé sur une mission, loin d'être une activité caritative secondaire, peut être un moteur de profit important. Mais cela nécessite un changement mental: de l'extraction à la contribution, de la quête du plus à la création du mieux. Cela commence par se poser des questions différentes. Pas seulement: « Comment maximiser mes revenus? », mais « Pour quel but? »

L'histoire de Laila illustre parfaitement ce changement. Autrefois étoile montante du monde de l'investissement, elle a quitté son poste pour lancer une initiative en faveur de la santé mentale auprès des communautés marginalisées. Au début, elle a éprouvé un sentiment de culpabilité, percevant, peut-être inconsciemment, qu'un travail significatif devait avoir un coût financier. C'est une conviction que beaucoup d'entre nous portent, souvent sans la remettre en question. Mais en gérant ses finances avec le même soin qu'elle apportait à sa mission – structuration de prix équitables, investissement dans des systèmes, développement ciblé –, Laila n'a pas seulement réussi à joindre les deux bouts. Elle a dépassé ses revenus précédents. Plus important encore, son travail avait une portée, une profondeur et une résonance. Un rappel que l'argent, lorsqu'il est lié à un sens, a un effet multiplicateur.

Vivre dans cet alignement implique de dépasser les modèles budgétaires que la plupart d'entre nous ont appris. L'approche habituelle – réduire les coûts, honorer les obligations, recommencer – est utile en cas de besoin, mais rarement inspirante. La richesse consciente suscite une question plus stimulante: comment mon argent peut-il refléter ce qui compte vraiment pour moi? Soudain, la budgétisation devient une toute autre affaire – non plus un exercice de rigueur, mais de conception. Vous commencez à allouer des ressources non seulement à vos obligations, mais à ce qui vous anime: cours de musique, randonnées le week-end, fonds pour la générosité spontanée.

Cela devient alors une forme de narration. Observez attentivement le budget d'une personne et vous découvrirez une carte de ses valeurs. Une famille qui met régulièrement de l'argent de côté pour des fournitures artistiques affirme sa personnalité. Un étudiant qui se crée un budget pour les dons, même avec un revenu modeste, rejette le scénario de la rareté. Un retraité qui finance des initiatives de mentorat ne se contente pas de dépenser: il façonne un héritage. Il ne s'agit pas forcément de grands gestes. Mais avec le temps, ils s'accumulent pour donner une vie cohérente, où l'argent n'est pas séparé du sens, mais en est le prolongement.

Ce qui nous amène à la question de l'héritage. Souvent réduit aux testaments, successions et dotations, l'héritage est généralement considéré comme un élément à prendre en compte lorsque la vie touche à sa fin. Mais qu'en est-il si l'héritage ne se limite pas à ce que vous laissez derrière vous, mais à votre façon de vivre aujourd'hui? Les systèmes que vous modélisez. La tonalité émotionnelle que vous apportez à vos finances. Les habitudes que vos enfants observent. Vos choix ont-ils été influencés par la peur ou par la liberté? Vos dépenses ont-elles reflété la suffisance ou une panique silencieuse ?

L'héritage réside aussi dans les structures que vous construisez. Une entreprise équitable. Un fonds pour les fondateurs sous-représentés. Une plateforme d'apprentissage qui égalise les chances. Ce sont des décisions financières qui se répercutent. Non pas des intentions abstraites, mais l'expression concrète de vos convictions. Et chaque action financière – épargner, dépenser, investir, donner – devient une sorte de vote. Une déclaration subtile sur le monde que vous contribuez à façonner.

Bien sûr, ce type d'alignement ne se produit pas par hasard. Il exige de la vigilance. Une volonté de prendre conscience – et, si nécessaire, de réécrire – les schémas financiers dont on a hérité. Nombre d'entre nous portent en eux des scénarios qu'ils n'ont pas choisis: « Vouloir la richesse est égoïste », « L'argent corrompt », « Mieux vaut jouer la sécurité ». Ces scénarios ne sont pas anodins. Ils guident nos choix, souvent inconsciemment. Il s'agit donc de les faire émerger, de les examiner et, s'ils ne servent plus à rien, de les libérer.

Des outils comme la budgétisation axée sur les valeurs, la cartographie des objectifs et la planification successorale ne sont pas seulement théoriques. Ils constituent le fondement d'une vie plus réfléchie. Ils aident à faire de l'argent une source d'anxiété et à le transformer en un moyen d'expression. La clarté remplace la confusion. L'autonomie remplace la honte. Et la vie financière devient moins un champ de bataille qu'un canevas.

Ce chapitre est une invitation à ce changement. À explorer ce que la richesse signifie *réellement* pour vous. À remettre en question les idées reçues qui ne correspondent plus. Et à envisager l'argent non pas comme une mesure de votre valeur, mais comme un moyen de vivre concrètement vos valeurs – concrètement, consciemment et avec courage.

En fin de compte, être riche, c'est peut-être vivre de telle manière que ses ressources, quelle que soit leur ampleur, soutiennent ce qui compte pour soi, étendent son influence au-delà de sa vie et permettent d'être intègre. La richesse devient moins une ligne d'arrivée qu'un reflet. Quelque chose que l'on cultive, et non que l'on poursuit. Quelque chose qui prend du sens à mesure que l'on prend conscience. C'est sans doute la richesse la plus riche qui soit.

Que signifie « riche » pour vous ?

Que signifie être riche? La réponse, souvent considérée comme évidente, est l'une des questions les plus complexes et les plus révélatrices que l'on puisse se poser sur soi-même. Dans une culture qui a longtemps associé la richesse à l'accumulation – d'argent, de biens, de distinctions –, le concept de richesse a été vidé de sa nuance et de sa profondeur. La définition dominante réduit le succès à des mesures numériques: tranches de salaire, bilans, portefeuilles d'investissement. Mais lorsqu'on s'arrête et réfléchit au-delà des schémas sociétaux, une vérité différente émerge. La richesse, pour beaucoup, n'est pas fondamentalement une question d'argent. Elle est synonyme de liberté, de temps, de paix intérieure, de relations, d'autonomie, de sens et de capacité à influencer le monde de manière significative.

Cette dissonance entre les messages culturels et la réalité personnelle n'est pas fortuite. Nous vivons dans des économies programmées pour mesurer et monétiser pratiquement tout – de la capacité d'attention au nombre de pas – et, ce faisant, elles risquent de marchandiser même les aspects les plus profonds de la vie. La notion de « riche » est ainsi devenue synonyme de statut économique élevé, indépendamment de la qualité émotionnelle, mentale ou existentielle. Pourtant, comme l'ont constaté nombre de ceux qui ont atteint l'aisance matérielle, l'argent seul ne garantit pas le sens de la vie. La pauvreté existentielle qui peut accompagner la réussite financière – vide, isolement, épuisement professionnel – est réelle et de plus en plus reconnue tant dans la littérature psychologique que dans l'expérience vécue.

Le défi consiste donc à se réapproprier le concept de richesse, à se demander, avec sincérité et sans se fier à des indicateurs externes: *que signifie être riche pour moi?* Cette question n'est pas rhétorique. Elle est diagnostique. Elle révèle les valeurs qui sous-tendent les décisions financières, les croyances qui façonnent l'estime de soi et les priorités qui façonnent le quotidien. Elle invite à une définition plus large et personnalisée de la richesse, une définition qui peut évoluer au fil du temps, des étapes de la vie et des circonstances.

Pour beaucoup, la richesse commence par l'autonomie: la liberté de faire des choix sans contrainte financière. Cela peut se traduire par la capacité à refuser un travail qui compromet ses valeurs, à prendre un congé sabbatique sans craindre la ruine, ou à vivre en respectant le rythme plutôt que la routine. L'autonomie permet de s'ouvrir à l'espace – mental, émotionnel et temporel. Elle libère du temps et ouvre un espace à la créativité, aux liens et au repos. Dans ce contexte, la richesse ne se résume pas à avoir plus, mais à avoir besoin de moins pour se sentir en sécurité et épanoui.

Le temps apparaît également comme une monnaie d'échange essentielle pour une richesse consciente. De nombreuses études ont montré qu'au-delà d'un certain seuil de revenus – souvent estimé entre 60 000 et 75 000 £ par an dans les pays occidentaux – les revenus supplémentaires ont un impact décroissant sur le bonheur. Ce qui améliore la satisfaction de vivre, en revanche, c'est la maîtrise de son temps. L'économiste Daniel Hamermesh et la psychologue Ashley Whillans ont tous deux constaté que l'abondance temporelle – le sentiment subjectif d'avoir suffisamment de temps – est plus fortement corrélée au bien-être que le revenu seul. Lorsque les individus privilégient le temps à l'argent dans leurs prises de décision, ils déclarent une plus grande satisfaction de vivre, une meilleure santé et des relations plus solides. Être riche, par conséquent, pourrait davantage être lié à des petits-déjeuners tranquilles, des après-midis libres et des soirées ininterrompues qu'à des revenus élevés ou à des biens de luxe.

La paix est un autre élément sous-jacent souvent négligé dans les discussions traditionnelles sur la richesse. La paix financière ne se résume pas à l'absence de risque, mais à la présence de résilience. C'est le calme intérieur qui naît du fait de vivre selon ses moyens, de se doter de marges de manœuvre et de se faire confiance pour affronter l'incertitude. Elle est aussi émotionnelle: une estime de soi inébranlable qui ne fluctue ni au gré des fluctuations du marché ni des comparaisons avec ses pairs. Cette richesse est intérieure, cultivée par la clarté, l'intelligence émotionnelle et un profond sentiment de suffisance. Pour certains, elle se traduit par une vie modeste mais pleinement rémunérée. Pour d'autres, c'est une relation consciente au risque, ancrée dans le sens, et non dans l'anxiété.

Tout aussi important est le concept d'impact: la façon dont la richesse s'exprime par la contribution. Pour de nombreuses personnes motivées par un but, la richesse ne se mesure pas à ce qu'elles peuvent consommer, mais à ce qu'elles peuvent donner, construire ou changer. Que ce soit par la philanthropie, le mentorat, le travail communautaire ou l'entrepreneuriat éthique, la richesse devient un moyen d'influence. Il ne s'agit pas d'altruisme au sens de performance, mais d'intégration. Le désir de faire la différence est indissociable des aspirations financières ; il en fait partie intégrante. Dans ce contexte, être riche signifie avoir les ressources et la capacité d'agir pour laisser les choses en meilleur état qu'on ne les a trouvées.

Cette compréhension élargie de la richesse transparaît dans la vie de ceux qui ont consciemment redéfini leur rapport à l'argent. Prenons l'exemple de James et Clara, un couple qui a quitté des postes bien rémunérés en entreprise pour diriger un projet d'agriculture durable. Leurs revenus ont diminué de moitié, mais leur qualité de vie, leur sentiment d'autonomie et leur bien-être émotionnel ont explosé. Pour eux, la richesse a été redéfinie comme le fait de se réveiller avec un but, de travailler en accord avec les valeurs écologiques et de passer ses journées avec ses enfants. Leurs choix financiers étaient délibérés, et non sacrificiels. Ils ont opté pour une autre forme d'abondance, ancrée dans la cohérence et la contribution.

Prenons l'exemple d'Elena, une diplômée universitaire de première génération qui a passé des années à rechercher la stabilité financière par nécessité de survie. Une fois son objectif de revenu atteint, elle a réalisé que cette quête incessante était devenue un piège. Elle a réévalué ses objectifs, s'est reconvertie dans le conseil à temps partiel et a consacré plus de temps à l'écriture et à la défense des droits. Sa nouvelle définition de la richesse incluait du temps pour faire du bénévolat, la flexibilité nécessaire pour prendre soin de ses parents âgés et la liberté créative nécessaire pour travailler sur son roman. Ce changement n'a pas été facile, mais il était intentionnel. Et il a complètement transformé sa perception de la richesse.

Ces histoires ne sont pas des anecdotes. Elles reflètent une prise de conscience croissante que la réussite financière, dénuée de sens, n'est pas une réussite. Le mouvement vers une richesse consciente repose sur cette prise de conscience. Il ne rejette pas l'argent et ne romantise pas la difficulté. Au contraire, il invite au discernement. Il encourage chacun à définir, pour lui-même, ce qu'il poursuit réellement et à déterminer si cette quête tient ses promesses.

Cette redéfinition a également des implications pratiques. Elle influence la manière dont les individus structurent leur budget, planifient leur carrière et mesurent leurs progrès. Si la richesse se définit comme la liberté de temps, les décisions concernant les dettes, le logement et les horaires de travail refléteront cette priorité. Si la paix est l'objectif, la minimisation du chaos financier prime sur la maximisation des revenus. Si la contribution est primordiale, les dépenses et les investissements s'orienteront vers des choix conformes à leurs valeurs. Cet alignement engendre l'intégrité, non pas morale, mais structurelle: plénitude, cohérence et congruence intérieure.

En fin de compte, se demander *« Que signifie être riche pour moi? »* ne consiste pas à trouver une réponse fixe. Il s'agit de cultiver une pratique de la recherche, qui évolue au fil de la vie. Il s'agit de résister aux définitions héritées et d'en forger des personnelles. Il s'agit de veiller à ce que les objectifs financiers soient non seulement impressionnants, mais aussi pertinents. Que la quête de richesse ne se fasse pas au détriment des biens mêmes qu'elle est censée garantir.

En repensant la richesse comme multidimensionnelle – englobant le temps, la paix, l'autonomie, l'impact et la joie – nous libérons la vie financière de la tyrannie des indicateurs et l'ancrons dans le sens. Il ne s'agit pas d'un rejet de l'ambition ou de la prospérité. Il s'agit d'un approfondissement de ces valeurs. C'est la prise de conscience que les richesses les plus précieuses sont souvent les moins visibles – et que les vies les plus riches ne sont pas toujours les plus bruyantes.

Vivre richement, c'est donc vivre délibérément. Nommer ce qui compte. Structurer son argent non pas en fonction des valeurs que la société nous impose, mais de celles que nous valorisons *réellement*. Et laisser cette clarté guider chacun de nos choix, du plus banal au plus monumental. Ce faisant, la richesse devient non pas une destination, mais un reflet. Non pas une possession, mais une pratique. Non seulement ce que l'on possède, mais la façon dont on vit pleinement, librement et avec sens.

Le mythe du millionnaire arnaqueur: défier la productivité toxique et le culte du travail acharné

L'image culturelle du millionnaire débrouillard – acharné, toujours à la tâche, jamais satisfait – est devenue un archétype moderne. Il se lève à 4 heures du matin, domine la journée avec une charge de travail insurmontable et ne se repose que le temps de publier une autre citation motivante sur le sacrifice. Ce personnage est glorifié sur les réseaux sociaux, présenté comme un modèle dans les milieux entrepreneuriaux et exhibé dans des best-sellers qui assimilent souffrance et réussite. Mais sous ce vernis de productivité se cache une réalité troublante: le millionnaire débrouillard est, le plus souvent, un mirage. Cet archétype est non seulement irréaliste, mais profondément préjudiciable, perpétuant des mythes sur la création de richesse, l'estime de soi et la voie vers une vie pleine de sens.

À première vue, l'esprit d'entreprise semble valorisant. Il prône l'effort, la résilience et l'autonomie. Mais poussé à l'extrême – comme c'est souvent le cas – il se transforme en une forme d'angoisse de la performance déguisée en ambition. Il apprend à confondre épuisement personnel et dévouement, à glorifier le burn-out comme un honneur et à assimiler repos et paresse. Dans cette vision du monde, le temps n'est pas une dimension à vivre, mais une ressource à optimiser. La vie se réduit à des résultats. Les relations, la santé et la vie intérieure deviennent secondaires – des sacrifices sur l'autel de l'ascension financière.

Cette obsession culturelle pour le travail acharné reflète une pathologie plus large du surmenage, enracinée dans tous les secteurs et toutes les catégories démographiques. Dans son ouvrage révolutionnaire *« Do Nothing »* , Celeste Headlee décrit comment les sociétés occidentales modernes ont normalisé l'activité à tel point que notre estime de soi se mesure à la productivité. La culture du travail acharné alimente cette pathologie en perpétuant la croyance selon laquelle seul un dévouement total – mesuré en heures et non en efficacité – permet d'atteindre une richesse significative. Cette idéologie s'inspire largement de l'éthique protestante du travail, repensée à travers le prisme du capitalisme moderne et boostée par des plateformes numériques en perpétuel sommeil.

Pourtant, lorsqu'on examine les données, le mythe commence à s'effondrer. Selon une étude de 2021 de la Harvard Business School, le surmenage n'entraîne pas d'augmentation de la productivité au-delà d'un certain seuil. Après environ 50 heures par semaine, la productivité chute fortement. Plus important encore, l'étude n'a révélé aucune corrélation significative entre de longues heures de travail et la réussite financière à long terme pour la plupart des individus. En réalité, ceux qui accordaient la priorité au travail stratégique, à la régulation émotionnelle et au capital relationnel ont souvent surpassé ceux qui travaillaient simplement plus d'heures. Le millionnaire à l'effort, semble-t-il, pourrait être surpassé par le stratège reposé.

Des histoires vécues illustrent encore mieux ce phénomène. Prenons l'exemple du fondateur d'une start-up technologique qui a levé des millions en capital-risque, mais qui a sombré dans la dépression après deux ans de travail acharné. Ou encore de l'influenceur des réseaux sociaux qui prône l'agilité tout en externalisant une grande partie de sa création de contenu et de son équipe de soutien. Ce ne sont pas des anomalies, mais les caractéristiques d'une culture qui privilégie l'apparence au bien-être, la rapidité à la durabilité. Les réussites visibles cachent souvent des structures invisibles: richesse générationnelle, partenaires solidaires, réseaux professionnels, soutien psychologique, autant d'éléments qui contredisent le discours du loup solitaire et acharné.

Ce mythe renforce également des préjugés profondément inégaux en matière d'accès et d'opportunités. Il suggère que n'importe qui peut devenir riche avec suffisamment de cran, occultant ainsi les avantages structurels qui sous-tendent de nombreuses réussites. Le milieu socio-économique, les privilèges raciaux, la dynamique de genre et l'accès à l'éducation sont souvent commodément omis des récits sur le travail à la dure. Le message devient non seulement trompeur, mais cruel: si vous ne réussissez pas, c'est forcément parce que vous ne travaillez pas assez dur.

Sur le plan psychologique, le coût est lourd. La culture du travail acharné érode les frontières entre vie professionnelle et vie privée, entraînant stress chronique, anxiété et érosion identitaire. Lorsque les individus se définissent principalement par leur productivité, toute pause dans leur rendement est perçue comme une menace existentielle. Le burn-out n'est plus un simple dysfonctionnement du système, mais un rite de passage attendu. Selon l'Organisation mondiale de la santé, le burn-out est désormais reconnu comme un phénomène professionnel et sa prévalence a explosé parmi les personnes évoluant dans des environnements axés sur la performance. Le mythe du travail acharné exacerbe ce phénomène en pathologisant l'équilibre et en sanctifiant l'épuisement.

On observe cependant un contre-courant croissant, qui cherche à remplacer l'effort par l'alignement, et l'effort acharné par une conception consciente. Ce changement ne rejette pas l'ambition, mais la redéfinit. Il invite les individus à s'interroger sur la finalité de leur travail, les valeurs qui sous-tendent leurs objectifs et le coût de leur définition du succès. Dans ce paradigme, la richesse ne se mesure pas uniquement en termes financiers, mais aussi en termes de liberté, d'intégrité, de créativité et de contribution.

Priya, consultante en marketing à succès, en est un parfait exemple. Elle a développé son entreprise en travaillant 30 heures par semaine. Son approche n'était pas axée sur l'effort, mais sur l'intentionnalité: choisir des projets à fort impact, entretenir les relations clients, déléguer efficacement et préserver sa santé mentale et physique étaient des priorités stratégiques. Son processus de création de richesse a été plus lent que celui de ses pairs, mais il a été durable, cohérent et épanouissant. Plus important encore, elle avait encore de l'énergie pour sa famille, son art et sa communauté. Elle fait partie d'une nouvelle avant-garde qui redéfinit la richesse – non pas par l'intensité, mais par l'intégrité.

Le rejet de la culture du travail à la tâche se manifeste également dans les tendances professionnelles. L'essor du télétravail, des horaires flexibles et le phénomène des « départs en douceur » reflètent tous un désir croissant de récupérer du temps et de l'autonomie. On commence à se demander: si le travail accapare mon énergie, ma présence, ma santé, qu'est-ce que je gagne exactement? Et le jeu en vaut-il la chandelle ?

D'un point de vue financier, la réponse est de plus en plus négative. La véritable création de richesse résulte plus souvent de la clarté, de systèmes et d'un effet de levier que d'un effort brut. C'est l'essence même de la finance stratégique: utiliser son temps judicieusement, investir délibérément, constituer des actifs qui génèrent des revenus indépendants du travail. Cela exige de la concentration, certes, mais pas du martyre. Les créateurs de richesse les plus efficaces ne sont souvent pas les plus épuisés, mais les plus lucides. Ils comprennent que le but de la richesse n'est pas seulement de posséder plus, mais de vivre plus.

Pour démanteler le mythe de l'arnaque, nous devons d'abord remettre en question nos propres croyances intériorisées. Où avons-nous appris que le succès est forcément douloureux? À qui profite notre surmenage? Quelles histoires avons-nous assimilées sur l'effort, la valeur et l'identité? Ce n'est qu'en confrontant ces questions que nous pourrons commencer à construire une vie financière qui nous ressemble vraiment.

Cela nécessite également une rééducation culturelle. Nous devons cesser d'idolâtrer ceux qui glorifient l'auto-négligence au nom de l'ambition. Nous devons élargir le discours sur la réussite pour inclure ceux qui construisent tranquillement, lentement et consciemment. Nous devons enseigner aux jeunes générations que le repos n'est pas synonyme de paresse, que l'équilibre n'est pas la médiocrité et que la finalité n'est pas incompatible avec le profit.

Il ne s'agit pas d'un appel à la complaisance. L'ambition a sa place. Mais sans alignement, l'ambition devient une addiction – un cercle vicieux d'efforts sans aboutissement. La richesse consciente remet en question ce cercle vicieux. Elle pose la question: que suis-je en train de construire? Pourquoi est-ce important? Qui deviens-je au passage? Et existe-t-il un moyen de concevoir une vie où le travail favorise, plutôt que de supplanter, le bien-être ?

Le mythe du millionnaire débrouillard a fait son temps. Son scénario s'effiloche. À sa place, nous sommes invités à écrire de nouveaux récits, qui honorent l'énergie, le sens, la durabilité et la joie. Les nouveaux millionnaires ne sont pas ceux qui travaillent sans relâche, mais ceux qui vivent délibérément. Non pas ceux qui sacrifient tout pour le statut, mais ceux qui associent l'argent à la liberté, à un but et à la paix. Le travail acharné est facultatif. La richesse consciente ne l'est pas.

Argent et objectif: peuvent-ils coexister?

Depuis des générations, un profond fossé culturel persiste entre objectif et profit, comme si le sens devait se faire au détriment de l'argent et que la réussite financière devait être dissociée d'un travail axé sur l'âme. Le mythe de « l'artiste affamé » et le cliché du « guérisseur fauché » ne sont pas de simples mises en garde ; ce sont des identités qui ont été intégrées à la psyché collective, renforçant l'idée que l'épanouissement spirituel, créatif ou éthique implique un compromis financier. Pourtant, cette fausse dichotomie n'a jamais servi l'humanité. Elle déresponsabilise ceux qui accomplissent certains des travaux les plus essentiels au monde et restreint la définition de la richesse à ceux qui la recherchent sans se soucier de leur mission. Il est temps de tourner la page sur ce discours désuet et de se demander, avec lucidité et courage: l'argent et l'objectif peuvent-ils non seulement coexister, mais aussi se soutenir et se renforcer mutuellement ?

La réponse courte est oui, mais seulement lorsque nous désapprenons le conditionnement qui les traite comme des opposés.

L'idée selon laquelle un travail significatif doit être marginalisé financièrement découle de siècles de discours religieux, philosophiques et économiques qui idéalisaient le sacrifice et diabolisaient le profit. Dans de nombreuses traditions spirituelles, le renoncement était considéré comme une vertu morale, tandis que l'argent était associé à la cupidité ou à la corruption. Cette idée s'est infiltrée dans le langage des professions créatives et d'entraide, où souffrir pour son art ou ses clients est devenu un symbole d'authenticité. Ces discours, autrefois ancrés dans des contextes historiques spécifiques, se sont depuis figé en croyances limitantes qui ne répondent plus aux besoins du monde moderne.

Aujourd'hui, les professionnels motivés par une mission – thérapeutes, artistes, coachs, éducateurs, praticiens du bien-être, dirigeants d'organismes à but non lucratif – continuent de sous-évaluer leurs prestations, de surperformer et de se sacrifier, persuadés que l'abondance financière altère la pureté de leur mission. Ils évitent de facturer correctement, investissent peu dans leur propre développement et retardent leur planification financière personnelle, tout en consacrant leur énergie à un travail de transformation. Cela crée un cycle d'épuisement professionnel, de pénurie et, in fine, de réduction de l'impact. Lorsque les personnes motivées par une mission sont financièrement démunies, leur capacité à servir durablement diminue. La mission en pâtit. Le travail lui-même en pâtit. Et la communauté dans son ensemble s'en trouve appauvrie.

Il ne s'agit pas d'une simple critique théorique. Elle est corroborée par d'innombrables exemples concrets. Prenons l'exemple de Maya, professeure de yoga sensible aux traumatismes et défenseure de la santé mentale. Pendant des années, elle a maintenu ses tarifs bien en dessous des normes du secteur, convaincue que la guérison devait être « accessible à tous ». Malgré ses nobles intentions, son modèle tarifaire l'a laissée épuisée, incapable de se développer et l'a finalement contrainte à accepter des petits boulots qui ont sapé son énergie créatrice. Lorsqu'elle a finalement restructuré son offre (en introduisant des programmes de groupe évolutifs, en augmentant ses tarifs individuels et en offrant des bourses pour maintenir l'accessibilité), ses revenus ont triplé en douze mois. Plus important encore, elle a déclaré se sentir plus énergique, concentrée et capable d'aider les autres. Sa raison d'être n'a pas souffert de la rentabilité, elle l'a rendue possible grâce à elle.

Les exemples comme Maya se multiplient. Entreprises sociales, marques éthiques et prestataires de services centrés sur le cœur commencent à briser le lien binaire entre argent et mission. Ils prouvent que raison d'être et profit ne sont pas des forces concurrentes, mais des partenaires potentiels. La clé réside dans une refonte du modèle économique: non pas comme une structure capitaliste froide, mais comme un vecteur d'expansion aligné sur des valeurs. Dans ce contexte, le profit n'est pas une question de cupidité personnelle, mais de durabilité, de souveraineté et d'impact à grande échelle.

Une partie de cette redéfinition consiste à revendiquer la neutralité morale de l'argent. L'argent, en soi, n'est ni vertueux ni corrompu. C'est un outil, un amplificateur d'intention. Détenu par des forces exploiteuses, il peut effectivement causer de graves dommages. Mais entre les mains de ceux qui s'engagent pour la guérison, la justice et la transformation, l'argent devient un multiplicateur de force. Il permet aux idées de devenir des institutions, aux conversations de se transformer en campagnes et au soutien individuel de se transformer en solutions à l'échelle communautaire.

L'idée fausse selon laquelle objectif et argent sont incompatibles découle également d'une mauvaise compréhension de la valeur. De nombreux professionnels motivés par un objectif assimilent la tarification à de l'exploitation. Or, le prix n'est pas qu'un simple chiffre: c'est un signal. Il communique la valeur du travail, les limites du praticien et l'engagement du bénéficiaire. Lorsque la tarification est alignée sur la véritable valeur énergétique, émotionnelle et transformatrice délivrée, elle devient une expression d'intégrité. En revanche, une sous-facturation peut inconsciemment traduire une sous-estimation, non seulement du service, mais aussi de soi-même.

Ceci est particulièrement crucial dans les professions d'aide, où les praticiens souffrent souvent de « fatigue compassionnelle », un épuisement émotionnel résultant d'un don soutenu sans réapprovisionnement adéquat. Une facturation équitable n'est pas seulement une question de revenu ; c'est une question d'hygiène énergétique. Il s'agit de respecter la nature réciproque de tout travail de guérison et de croissance. Lorsque les prestataires de services sont financièrement stables, ils sont mieux armés pour maintenir l'espace, établir des limites et produire un impact durable.

De plus, la rentabilité permet d'évoluer. Une entreprise ou une mission axée sur un objectif ne peut aller plus loin que si elle est limitée par le travail personnel de son fondateur. Les ressources financières permettent la délégation, l'automatisation, les partenariats stratégiques et la création de produits ou de services allant au-delà de la contribution directe du fondateur. Cela fait passer la mission de fragile à résiliente, d'unique à institutionnelle, de réactive à visionnaire.

Prenons le cas de « SoulWell », un collectif de coaching fondé par deux anciens travailleurs sociaux. Initialement, ils proposaient des séances individuelles à bas prix et parvenaient à peine à atteindre le seuil de rentabilité. En deux ans, ils ont adopté un modèle incluant des cours intensifs collectifs à prix élevé, des programmes d'intelligence émotionnelle en entreprise et des formations agréées pour d'autres professionnels. Cela leur a permis non seulement d'augmenter leurs revenus, mais aussi d'employer dix autres coachs motivés et de servir des milliers de clients. Leur rentabilité n'a pas affaibli leur mission, mais l'a au contraire amplifiée.

Il est important de noter que ce changement implique également de redéfinir l'image de l'individu motivé par un objectif. L'« artiste affamé » et le « guérisseur fauché » doivent être consciemment remplacés par de nouveaux archétypes: le créateur abondant, l'agent de changement autonome, le visionnaire aisé. Ce sont des individus qui ne s'excusent pas de leur ambition, qui voient l'argent comme un outil plutôt qu'une menace, et qui comprennent que le moyen le plus efficace de démanteler les systèmes injustes n'est pas de se retirer de la richesse, mais de la réorienter.

Cette redéfinition doit également s'étendre à la formation et au mentorat. Les jeunes professionnels dans des domaines axés sur les valeurs doivent acquérir non seulement les compétences de leur métier, mais aussi les compétences financières qui leur permettront de prospérer. La culture commerciale, la psychologie des prix, le marketing éthique et la gestion de patrimoine ne sont pas des luxes, mais des nécessités. Sans eux, trop de talents quittent leur domaine par épuisement ou par désespoir financier, privant ainsi le monde des services nécessaires.

En fin de compte, l'argent et le sens cohabitent plus intensément lorsqu'ils sont ancrés dans la clarté. Clarté sur les valeurs, les limites, le style de vie que l'on construit et l'impact que l'on crée. Dans ce contexte, la croissance financière n'est pas une indulgence, c'est un acte d'alignement. Elle permet à une vie pleine de sens de ne pas être un équilibre précaire, mais un écosystème durable, où les ressources circulent, l'énergie est protégée et le travail s'étend au-delà de l'individu.

Ce changement n'est pas seulement idéologique. Il est structurel. Il exige des changements dans notre façon d'éduquer, de fixer les prix, de construire des systèmes et de raconter des histoires. Mais il commence au niveau personnel. En choisissant de se libérer des schémas hérités de la pénurie et du martyre, les individus motivés par un objectif peuvent reconquérir leur pouvoir financier – non pas comme une trahison de leur mission, mais comme son fondement.

En permettant à l'argent et à la raison d'être de coexister, nous créons un nouveau paradigme: un paradigme où faire le bien est non seulement durable, mais aussi prospère, et où la liberté financière n'est pas un détournement de la raison d'être, mais son allié le plus puissant. Le monde n'a pas besoin de nouveaux idéalistes épuisés. Il a besoin de visionnaires dynamiques, dotés de ressources importantes et dotés d'une stratégie d'action, qui comprennent que la raison d'être sans profit est un murmure, mais qu'avec lui, elle devient un rugissement.

Créer un budget adapté à vos objectifs: comment budgétiser non seulement pour la survie, mais aussi pour la joie, la croissance et le don

Pour beaucoup, le mot « *budget* » évoque des images de contrainte, de pénurie et de déni: un tableau rigoureusement contrôlé destiné à limiter les désirs et à imposer une discipline. Dans le discours populaire, la budgétisation est présentée comme une mesure réactive, principalement axée sur la réduction des coûts et la limitation de la consommation. Mais et si un budget pouvait faire plus que nous protéger des difficultés financières? Et si, au lieu de simplement préserver notre capacité de survie, il devenait un cadre proactif pour vivre plus consciemment, pour orienter nos ressources vers la joie, l'épanouissement personnel et une contribution significative? Un budget axé sur un objectif part du principe que notre argent n'est pas seulement un moyen de protection, mais un instrument d'expression.

Cette réorientation remet en question de nombreuses hypothèses traditionnelles ancrées dans les conseils financiers traditionnels. La plupart des méthodes budgétaires fonctionnent selon une logique de déficit: chaque dépense est perçue comme une ponction sur les ressources et les dépenses non essentielles comme indulgentes ou irresponsables. À l'inverse, un budget axé sur les objectifs recadre les dépenses comme le reflet de valeurs. Plutôt que de se demander « *Que puis-je me permettre?* », il pose une question plus profonde: *qu'est-ce qui compte le plus pour moi et comment mes finances peuvent-elles y contribuer ?*

Au cœur de cette approche se trouve le concept d'allocation intentionnelle. Chaque euro dépensé ou économisé est porteur d'énergie: il indique nos priorités, ce que nous construisons et ce que nous estimons mériter. Un budget conventionnel sépare souvent le nécessaire du désir, plaçant les besoins de survie au centre et la joie reléguée aux marges. Mais cette division binaire est non seulement émotionnellement insatisfaisante, mais aussi psychologiquement intenable. Les êtres humains ne sont pas des unités purement économiques ; nous sommes des créatures complexes et émotionnelles qui s'épanouissent lorsque nos valeurs et nos ressources sont en harmonie. Un budget qui néglige cette dimension émotionnelle et psychologique ne parvient pas à susciter un engagement à long terme.

Prenons le cas de Darren, un enseignant du secondaire qui avait suivi un budget à base zéro strict pendant plus de dix ans. Ses finances étaient techniquement en ordre: les factures étaient payées, les dettes étaient minimes et ses économies augmentaient. Pourtant, Darren ressentait un ressentiment persistant envers sa routine financière. Les expériences agréables – voyages, loisirs, sorties au restaurant – étaient traitées comme des dépenses futiles, et sa motivation, autrefois liée à l'éducation, était étouffée par un scénario financier rigide. Après avoir participé à un atelier sur le bien-être financier, il a restructuré son budget pour y inclure trois nouvelles catégories: « Aventure », « Apprentissage » et « Impact ». Ces allocations étaient modestes, mais elles ont transformé son rapport à l'argent. Les fonds de voyage lui ont permis de faire du bénévolat à l'étranger pendant les vacances d'été ; les fonds d'apprentissage lui ont permis de suivre un cursus à temps partiel en leadership pédagogique ; et sa catégorie « Impact » lui a permis de faire régulièrement des dons à des causes en accord avec ses valeurs. Sa vie financière a pris un sens, et non plus seulement mécanique.

Ce changement illustre un principe crucial: les budgets doivent être personnels, et pas seulement pratiques. Les budgets traditionnels suivent souvent des pourcentages fixes: 50 % pour les besoins, 30 % pour les envies et 20 % pour l'épargne. Bien qu'utiles comme point de départ, ces modèles reflètent rarement toute la complexité de la vie, des valeurs et des aspirations d'un individu. Un budget axé sur un objectif ne commence pas par des formules ; il commence par une réflexion. Qu'est-ce qui vous apporte de la joie? Quelles expériences ont façonné votre épanouissement? Quel impact souhaitez-vous avoir sur votre communauté, votre famille, le monde? Ce ne sont pas des questions financières, mais des questions existentielles. Pourtant, la façon dont vous y répondrez déterminera votre réalité financière.

La mise en œuvre concrète d'un budget axé sur les objectifs implique de dépasser les catégories statiques comme « loyer » ou « courses » et de créer des catégories dynamiques reflétant des intentions axées sur les valeurs. Cela peut impliquer l'introduction d'étiquettes telles que « Créativité », « Guérison », « Connexion » ou « Héritage ». Pour un jeune parent, allouer des fonds à des soirées en amoureux mensuelles peut être aussi crucial pour son bien-être que la nourriture ou les transports. Pour un entrepreneur, consacrer du capital à l'expérimentation, même si cela ne génère pas de retour sur investissement immédiat, peut représenter un engagement envers l'innovation et la croissance. Les catégories elles-mêmes importent moins que la conscience qui les sous-tend.

De plus en plus de preuves étayent cette approche fondée sur les valeurs. En économie comportementale, les recherches montrent systématiquement que les individus sont plus enclins à suivre des plans financiers qui leur semblent personnellement significatifs. Une étude de 2020 publiée dans le *Journal of Consumer Psychology* a révélé que les personnes qui associaient leurs comportements financiers à des objectifs intrinsèques, tels que le développement personnel ou la contribution, faisaient preuve d'un engagement plus important et d'une plus grande résilience financière au fil du temps. Les auteurs de l'étude ont conclu que la pertinence émotionnelle, et non la simple structure logique, était le facteur clé de la réussite budgétaire.

Il est crucial qu'un budget axé sur un objectif laisse également une place intentionnelle aux dons. Dans les modèles traditionnels, les dons caritatifs sont souvent considérés comme facultatifs, à considérer *s'il reste un surplus*. Mais dans une philosophie financière axée sur un objectif, le don n'est pas accessoire ; il est fondamental. Donner renforce la croyance en la suffisance. Il développe le sentiment d'autonomie et d'abondance. Et c'est une expression tangible de cet alignement, reliant valeurs internes et impact externe.

Prenons l'exemple d'Anjali, graphiste indépendante, qui considérait autrefois les dons caritatifs comme financièrement inaccessibles. Après avoir participé à une retraite sur le sens de la vie et l'argent, elle a commencé à allouer 5 % de ses revenus à un « Fonds de compassion ». Parfois, cet argent était destiné à des œuvres caritatives officielles, d'autres fois à des causes personnelles: payer les frais vétérinaires d'un ami, faire les courses d'une mère célibataire ou soutenir des collectifs d'artistes réfugiés. Au fil du temps, ce petit geste de générosité a transformé sa perception d'elle-même. Elle ne se sentait plus comme une simple personne qui s'en sortait, mais comme une personne qui contribue. Sa confiance en elle a grandi, son travail s'est épanoui et, fait intéressant, ses revenus ont doublé en deux ans. Si corrélation n'est pas causalité, son cas reflète une tendance courante: lorsque les gens alignent leurs finances sur leurs valeurs, ils bénéficient souvent d'une plus grande clarté, d'une plus grande confiance et d'opportunités.

Cela ne signifie pas que la budgétisation doive faire fi de la discipline financière. Un budget axé sur un objectif respecte les principes fondamentaux d'une saine gestion financière: dépenser moins que ce que l'on gagne, éviter les dettes à taux d'intérêt élevé et épargner pour l'avenir. Mais il le fait d'une manière qui résonne émotionnellement. Il remplace la culpabilité par l'intention, la privation par le discernement et la rigidité par la fluidité. Il reconnaît également que les étapes de la vie nécessitent des priorités différentes. Un jeune diplômé peut avoir besoin de privilégier la stabilité ; un professionnel en milieu de carrière peut privilégier la croissance et le don ; un retraité peut privilégier la paix et l'héritage. Une structure flexible et axée sur un objectif permet ces changements sans honte.

La technologie peut accompagner cette transformation. De nombreux outils de budgétisation numériques permettent désormais de personnaliser les catégories, les notes et les rappels, facilitant ainsi la conception de budgets reflétant les expériences personnelles. Des applications comme YNAB (You Need A Budget), Goodbudget et Monarch permettent aux utilisateurs d'aller au-delà du simple suivi et de privilégier une conception réfléchie. Associés à une réflexion périodique (bilans mensuels, bilans annuels), ces outils deviennent plus que de simples registres, mais de véritables miroirs. Ils montrent non seulement où l'argent est allé, mais aussi s'il a été utilisé à bon escient.

En fin de compte, un budget est une forme de narration. Il raconte ce qui nous tient à cœur, ce que nous croyons possible et comment nous évoluons dans le monde. Un budget axé sur un objectif garantit que cette histoire n'est pas écrite par défaut ou dictée par des pressions extérieures, mais rédigée consciemment, avec une voix qui nous est propre. Il transforme l'argent, source de stress, en un moyen d'expression personnelle. Et il redéfinit la richesse non pas comme une accumulation de monnaie, mais comme l'alignement constant de nos ressources avec nos vérités les plus profondes.

Budgétiser pour le plaisir, la croissance et le don n'est pas naïf, c'est visionnaire. Cela reconnaît que la santé financière n'est pas seulement une question de feuilles de calcul, mais d'âme. Cela nous invite à considérer non seulement ce que nous possédons, mais aussi la plénitude de notre vie. Et cela nous met au défi d'utiliser l'argent non pas comme un simple outil de protection, mais comme un canevas pour atteindre un but. Ce faisant, cela nous invite à vivre la finance non pas comme une contrainte, mais comme un modèle libérateur, où chaque poste budgétaire est un acte d'alignement et chaque transaction une expression discrète de ce à quoi nous tenons vraiment.

Construire votre héritage financier: penser au-delà de vous-même

L'héritage est un concept souvent relégué au crépuscule de la vie, évoqué à voix basse par les planificateurs financiers et les avocats spécialisés en droit successoral, et soigneusement résumé dans les testaments et autres documents juridiques. Mais l'héritage est bien plus qu'une répartition ordonnée des biens après le décès. C'est l'ombre portée de nos valeurs, de nos décisions et de nos actions à travers le temps. En termes financiers, un héritage ne se résume pas à ce que nous laissons derrière nous, mais à la façon dont nous façonnons l'avenir par notre façon d'utiliser l'argent aujourd'hui. Construire un héritage financier n'est donc pas un événement passif qui survient à la fin de la vie: c'est un processus actif de conception intentionnelle qui reflète notre façon de vivre, nos priorités et la manière dont nous choisissons de contribuer au-delà de nous-mêmes.

Fondamentalement, un héritage financier pose une question provocatrice: que souhaitez-vous que votre argent fasse lorsque vous ne serez plus là pour le gérer? Cette question touche au cœur même de la raison d'être profonde de la richesse. Elle remet en question l'idée reçue selon laquelle la planification financière se limite à la sécurité personnelle ou aux objectifs de retraite. Elle nous incite plutôt à envisager une perspective plus large et intergénérationnelle, intégrant gestion, vision et impact.

Pour beaucoup, l'héritage financier commence par la famille. Soutenir ses proches – que ce soit par un héritage, des fonds pour les études ou la stabilité du logement – est une aspiration naturelle et noble. Mais même dans ce contexte, l'héritage peut être réactif ou intentionnel. Un héritage réactif est motivé par des comportements par défaut: accumuler des richesses dans l'espoir qu'elles retombent significativement. Un héritage intentionnel, en revanche, est conçu avec clarté et communication. Il implique d'expliquer non seulement *ce qui* sera transmis, mais aussi *pourquoi* . Il invite à discuter avec les enfants ou les bénéficiaires des valeurs, de la littératie financière et de la responsabilité qui accompagne les ressources.

Prenons l'exemple de Malcolm, un entrepreneur de deuxième génération qui a bâti un portefeuille immobilier prospère. Plutôt que de simplement léguer des actifs à ses trois enfants, il a créé une fondation familiale aux objectifs philanthropiques clairs et a impliqué chaque enfant dans son fonctionnement. Dès leur plus jeune âge, ses enfants ont participé aux décisions concernant les causes à soutenir, l'évaluation de l'impact et l'équilibre entre dons et viabilité financière. Cette structure a non seulement servi de mécanisme de transmission de patrimoine, mais aussi de plateforme pour le développement éthique, l'engagement civique et la réflexion stratégique. Pour Malcolm, l'héritage ne consistait pas à créer des bénéficiaires passifs, mais à former des gestionnaires de valeur.

Ce passage – du transfert à la transformation – est au cœur d'une planification successorale ciblée. Il dépasse les mécanismes de l'héritage pour s'étendre au domaine de l'influence. Il reconnaît que l'argent, transmis sans contexte, peut être déstabilisant. Les gains inattendus, en particulier chez les héritiers mal préparés à les gérer, entraînent souvent une diminution du patrimoine, des relations brisées ou une dépendance involontaire. Une étude réalisée en 2018 par le Williams Group a révélé que 70 % des familles fortunées perdent leur patrimoine à la deuxième génération, et 90 % à la troisième. La cause profonde est rarement technique. Elle est relationnelle: manque de communication, décalage des valeurs et absence de vision commune.

Pour bâtir un héritage financier durable, il faut donc d'abord établir une philosophie vivante de l'argent. Cela implique de questionner des croyances fondamentales: à quoi *sert l'argent*? Quel rôle doit-il jouer dans la vie de ceux qui en héritent? Quelles valeurs doivent guider son utilisation? L'expression de ces principes par écrit – ou mieux encore, par la pratique – fournit une boussole essentielle aux générations futures. L'héritage, dans ce sens, devient moins une question de transmission que de continuité.

Pour certains, l'héritage financier s'étend au-delà de la cellule familiale et s'étend à la communauté. Les dotations, les fondations et les legs sont des instruments courants, mais des actes de générosité plus modestes et plus personnels peuvent également laisser une empreinte durable. Prenons l'exemple d'Amina, une enseignante à la retraite qui a mis en place un programme de micro-bourses pour les étudiants universitaires de première génération de sa région. Bien que les bourses individuelles aient été modestes – 1 000 £ par étudiant –, l'effet cumulatif a été profond. Des dizaines d'étudiants ont obtenu leur diplôme alors qu'ils auraient autrement abandonné leurs études. Plusieurs sont revenus comme mentors et donateurs. L'héritage d'Amina ne se mesure pas en termes monétaires, mais en termes d'effet d'entraînement – ce que les spécialistes du comportement appellent le « retour social sur investissement ».

La notion d'héritage entrepreneurial est tout aussi importante. Les fondateurs et créateurs ont une occasion unique d'ancrer des valeurs dans l'ADN de leur entreprise. Des structures telles que l'actionnariat salarié, les entreprises sociales ou les B Corporations formalisent cette intention. Mais même en l'absence de cadre juridique, les chefs d'entreprise peuvent concevoir des plans de succession, des modèles de capital-actions ou des systèmes de partage des revenus qui reflètent leurs aspirations plus larges. Par exemple, Luis, un restaurateur passionné par la justice alimentaire, a transformé son entreprise en coopérative de travail avant de prendre sa retraite. Ce faisant, il a non seulement préservé les moyens de subsistance de ses employés, mais a également codifié un principe d'autonomisation au sein même de l'entreprise.

L'héritage ne se limite donc pas aux seuls instruments juridiques. Il se nourrit de systèmes, d'histoires et de relations. Il se demande non seulement: *« Que vais-je laisser derrière moi? »* , mais aussi: *« Qu'est-ce qui continuera de croître grâce à mon action? »* Et, point crucial: *« Ceux qui me suivront sauront-ils quoi faire de ce que j'ai construit? »*

C'est là que l'éducation financière joue un rôle essentiel. Transmettre des actifs sans les connaissances nécessaires revient à confier un navire sans les outils de navigation. Un héritage fondé sur la sagesse – en enseignant aux enfants et aux membres de la communauté l'investissement, le don, la gestion budgétaire et la prise de décision éthique – crée une capacité d'action durable. En fait, les plans de succession les plus efficaces combinent souvent trois éléments: le capital financier, le capital humain et le capital social. Le capital financier est l'argent lui-même. Le capital humain comprend l'éducation, le caractère et les compétences. Le capital social englobe les réseaux, la réputation et la bonne volonté. Ensemble, ils forment un héritage multidimensionnel, résistant à l'érosion et dont l'impact s'amplifie.

Un aspect souvent négligé de l'héritage financier est sa résonance émotionnelle. L'argent est rarement neutre. Il est chargé d'histoires: luttes, triomphes, sacrifices, peurs et fierté. Laisser des récits non exprimés ouvre la voie à des interprétations erronées ou à des conflits. Mais lorsque des personnes racontent consciemment leur parcours financier – les décisions qu'elles ont prises, les erreurs dont elles ont tiré les leçons, les intentions qu'elles nourrissaient – elles offrent quelque chose de bien plus précieux que des actifs. Elles offrent une perspective. Une lettre d'intention financière, jointe à un testament, peut servir de pont entre les générations, ancrant les décisions futures dans une lignée de réflexion.

Il est important de noter que la constitution d'un héritage financier ne requiert pas nécessairement une fortune considérable. Elle exige une grande intentionnalité. Que l'on laisse 1 000 ou 1 million de livres sterling, l'impact dépend de la clarté de l'objectif. Un simple geste – un don, une leçon, une conversation – peut catalyser un changement bien au-delà de son contexte immédiat. Comme le soulignent souvent les penseurs systémiques, de petits changements dans une partie d'un système peuvent entraîner de grands changements dans l'ensemble.

Créer un héritage financier cohérent avec mes objectifs commence par une série de questions courageuses: quelles sont mes valeurs? Qu'est-ce que je souhaite accomplir? Quels mécanismes – financiers, relationnels, structurels – puis-je mettre en place pour garantir la pérennité de mon influence? Ces questions ne sont pas seulement logistiques ; elles sont spirituelles. Elles nous invitent à prendre conscience de notre impermanence et à planter des graines dont nous ne pourrons peut-être jamais récolter les fruits.

Pourtant, dans cette plantation, il y a de l'espoir. L'espoir que nos ressources, aussi modestes soient-elles, puissent être utilisées à des fins porteuses de vie. L'espoir que ceux qui nous suivront seront dotés non seulement d'argent, mais aussi de sens. Et l'espoir que l'histoire de notre vie financière ne s'arrêtera pas à notre mort, mais perdurera – comme source de conseils, d'inspiration et de possibilités pour les générations futures.

En fin de compte, un héritage financier ne vise pas à être commémoré, mais à être utile. Il s'agit de concevoir l'argent pour qu'il survive à l'ego, serve les autres et prolonge ses valeurs au-delà d'une vie. C'est là toute la puissance de l'héritage. Non pas dans ce qu'il préserve, mais dans ce qu'il rend possible.

Chapitre 8
Expansion financière: jouer un jeu plus grand

À un moment donné de notre parcours financier, une question surgit discrètement mais avec insistance: et si nous cessions de gérer notre argent simplement pour survivre, et commencions à le gérer pour le faire fructifier, pour nous développer? C'est un changement fondamental, souvent ignoré. Nombre d'entre nous, façonnés par les périodes de vaches maigres, apprennent la discipline, la prudence et une certaine ingéniosité prudente. Ces qualités nous sont utiles lorsque la pénurie règne. Pourtant, si nous nous y accrochons trop fermement lorsque l'occasion se présente, elles peuvent devenir des entraves plutôt que des outils. Passer d'un état d'esprit de survie à un état d'esprit visionnaire exige plus que de nouvelles stratégies: cela nécessite un tournant psychologique. Soudain, il ne s'agit plus seulement d'éviter les pertes, mais de cultiver l'abondance. Cela exige d'être prêt à cesser de se rétracter sous l'effet de la peur et à s'engager avec audace dans la clarté, le courage et une intention déterminée.

Ce chapitre aborde précisément cette transformation. Il marque le moment où nous cessons de nous inquiéter de savoir « Comment éviter de manquer d'argent? » et commençons à oser nous demander: « Que signifie vraiment s'épanouir et contribuer de manière significative? » Pour trop de personnes, en particulier celles qui portent les lourdes traces d'un traumatisme financier, de barrières systémiques ou de récits ancestraux sur la pénurie, la mentalité de survie persiste longtemps après que la situation s'est améliorée. Les comptes en banque peuvent s'enrichir, mais la boussole intérieure reste bloquée en mode crise. Les gens sous-estiment, évitent les opportunités ou réduisent discrètement leurs ambitions pour se conformer à des croyances dépassées. Rien de tout cela n'est irrationnel: c'est la façon automatique du système nerveux de rechercher la sécurité. Mais c'est aussi un obstacle à l'épanouissement.

Pour jouer un rôle financier plus important, il faut commencer par réécrire ces schémas mentaux qui nous limitent à notre taille. Non pas en oubliant la prudence, mais en reconnaissant que la création de richesse durable exige une approche visionnaire, et non une simple gestion réactive. Le mode survie est synonyme de sécurité. Le mode vision recherche la cohérence: une vie financière en harmonie avec ses valeurs, ses dons et ses rêves à long terme. Il ne s'agit pas d'un pari risqué ; c'est du courage. Du courage avec l'argent.

Et pourtant, le courage se heurte souvent à la culpabilité. Surtout pour ceux qui adhèrent à une vie éthique, l'aspiration à l'abondance financière peut susciter un malaise. « Est-il juste de vouloir plus? Suis-je égoïste? Comment les autres me verront-ils si je réussis? » Ces préoccupations sont légitimes, surtout dans un monde marqué par les inégalités. Mais la culpabilité est rarement une boussole utile. Si on ne l'examine pas, elle enferme les gens dans un double piège, pris entre le désir de prospérer et la crainte de se déconnecter de leurs principes ou de leur communauté. Le résultat? L'auto-sabotage: une tendance à éviter, à retarder, ou à fixer un plafond invisible à l'ambition.

Accueillir la richesse sans culpabilité exige un changement d'éthique. La richesse, en soi, n'est pas immorale ; sa nature dépend de la manière dont elle est acquise, gérée et partagée. Lorsque l'argent découle d'actions cohérentes, est géré avec intégrité et est consacré à des objectifs enrichissants, il se transforme en une sorte de pouvoir – un pouvoir qui nourrit à la fois l'individu et la collectivité. La richesse est éthique lorsqu'elle est intentionnelle. Et le but, à son tour, devient évolutif lorsqu'il est soutenu par des ressources.

Cela nous amène à ce que l'on pourrait appeler le cercle de l'expansion. Tout commence par un état d'esprit: un tournant vers le possible, la suffisance et une croissance délibérée. Ce changement mental suscite différents comportements: prendre des risques mesurés, s'affirmer, saisir des opportunités à plus fort impact. Ces étapes se traduisent souvent par une augmentation des ressources, ouvrant ainsi de nouvelles perspectives: de meilleurs systèmes, des réseaux plus solides, de nouveaux investissements, des partenariats. Ces options renforcent ensuite l'état d'esprit, consolidant la conviction que l'expansion est non seulement réalisable, mais aussi durable. Cette boucle vertueuse contraste fortement avec la spirale de la rareté, où la peur se contracte, engendrant encore plus de peur. Le cercle de l'expansion se nourrit de courage, de clarté et d'élan.

Bien sûr, le courage ne se résume pas à l'absence de peur ; c'est la détermination d'agir malgré elle. Cela est particulièrement évident dans la prise de risques financiers. Lancer une entreprise, explorer de nouvelles catégories d'investissement, négocier sa rémunération: ces actes impliquent presque toujours une certaine incertitude. Pourtant, culturellement, nos perceptions du risque privilégient fortement la peur de la perte à la recherche du gain. Des biais cognitifs comme l'aversion à la perte et le biais de confirmation faussent encore davantage notre évaluation du risque, nous poussant à une prudence excessive.

L'expansion financière exige de maîtriser l'art du risque calculé – des risques alignés sur nos objectifs, étayés par la recherche et fondés sur la confiance en soi. Cela implique de se constituer des réserves pour surmonter les revers et de cultiver la résilience émotionnelle nécessaire pour supporter l'inconfort inévitable. Il s'agit de dépasser la logique binaire « sûr ou dangereux » pour adopter un spectre plus nuancé, où les petites expériences produisent des données et où les données nourrissent la confiance.

Prenons l'exemple de Priyanka. Ancienne cadre intermédiaire, elle a quitté le monde de l'entreprise pour créer un cabinet de conseil dédié au leadership inclusif. Au début, la tarification de ses services était un véritable casse-tête: la peur du rejet ou de paraître cupide la freinait. Mais en investissant dans le coaching, en entretenant des relations stratégiques et en pilotant ses programmes, elle a pris conscience de sa valeur. Ses honoraires ont augmenté en conséquence, tout comme son impact. Aujourd'hui, son cabinet sert non seulement des clients internationaux, mais finance également des bourses pour des femmes leaders de couleur. Sa croissance n'a pas nécessité un abandon irréfléchi, mais simplement une redéfinition du risque comme un courage créatif.

L'environnement financier que nous créons est primordial. Tout comme les athlètes aménagent leurs espaces d'entraînement pour favoriser l'excellence, ceux qui cherchent à se développer financièrement doivent cultiver un environnement qui soutient leur vision. Cela va au-delà des espaces physiques: outils numériques, habitudes et relations. Nos fréquentations, le contenu que nous consommons et même le langage que nous utilisons autour de l'argent influencent notre réalité financière.

Par exemple, les applications d'épargne automatique, les plateformes d'investissement intuitives et les outils de suivi visuel des progrès réduisent la fatigue décisionnelle et rendent les progrès tangibles. Se connecter avec des pairs incarnant l'intégrité et l'abondance contribue à normaliser un état d'esprit ouvert sur les possibilités et à se libérer des vieux schémas restrictifs. Le simple fait de passer de « Je ne peux pas me le permettre » à « Comment puis-je y parvenir? » peut transformer le climat de pénurie en opportunité.

Créer un environnement financier favorable implique également de prendre soin de notre architecture interne. Notre système nerveux est conditionné par des schémas hérités et acquis sur ce qui nous semble sûr ou acceptable. La croissance financière nous pousse souvent à sortir de notre zone de confort. Apprendre à discerner quand l'inconfort est un signe de croissance plutôt que de danger est crucial. Des outils tels que la conscience somatique, le coaching mental, la journalisation ou la visualisation peuvent aider à recalibrer nos paramètres internes et favoriser ainsi l'expansion externe.

En fin de compte, s'investir financièrement ne signifie pas simplement chercher à en avoir plus pour le plaisir. Il s'agit d'élargir notre réflexion, d'affiner notre stratégie et d'approfondir notre courage. Cela implique de reconnaître que l'argent n'est pas un animal à part entière, mais qu'il est intimement lié à notre vie créative, relationnelle et spirituelle. La richesse n'est pas une destination, c'est un outil qui peut amplifier nos peurs ou notre raison d'être, selon la façon dont nous l'utilisons.

Ce chapitre vous invite à dépasser la survie minimaliste et à vous engager dans une croissance intentionnelle. Non pas pour accumuler des richesses, mais pour les exploiter. Non pas pour rechercher un statut social, mais pour revendiquer une certaine autonomie. C'est un appel à démanteler les barrières héritées du passé, à réécrire les schémas obsolètes et à bâtir des écosystèmes financiers qui favorisent l'expansion avec grâce.

L'expansion financière n'est pas réservée à quelques privilégiés. Elle est ouverte à tous ceux qui sont prêts à penser différemment, à agir avec intention et à rester ancrés dans un but précis. Elle nous invite à considérer l'argent non seulement comme une question de survie, mais aussi comme un moyen d'expression et d'impact. Jouer plus grand, ce n'est pas prendre des risques, c'est concevoir. Avec précision. Avec courage. Et avec la confiance tranquille de savoir que vous ne vous contentez plus de gérer votre argent, mais que vous le mobilisez pour un avenir façonné par vos plus hautes intentions.

Du mode survie au mode vision: retrouver son autonomie financière grâce à une vie stratégique

La plupart des gens ne prennent pas leurs premières décisions financières dans un état de calme et de réflexion, mais par nécessité. Il faut payer les factures, faire les courses, rembourser les dettes. Dans ces moments-là, la gestion financière devient une sorte de pompier. L'objectif n'est pas de construire, mais de survivre. C'est ce qu'on appelle le *mode survie*: un état psychologique et comportemental dans lequel la pensée financière est réactive, à court terme et guidée par la peur. Souvent essentiel en période de réelle difficulté, le mode survie peut devenir un état auto-entretenu, survivant longtemps à la crise initiale. Nombreux sont ceux qui continuent de fonctionner à partir de ce mode même une fois le danger immédiat passé, sans jamais se rendre compte que leur boussole financière interne est toujours réglée sur « urgence ». L'alternative – *le mode vision* – exige un état d'esprit totalement différent. Il remplace la panique par la perspective, la rareté par la stratégie et l'urgence par l'intentionnalité.

Le mode survie n'est pas intrinsèquement irrationnel. Il reflète souvent des conditions bien réelles: revenus instables, inégalités systémiques, problèmes de santé inattendus ou pauvreté intergénérationnelle. C'est un mode né de la nécessité et affiné par la répétition. De fait, des recherches neuroscientifiques confirment que face à une instabilité financière persistante, la bande passante cognitive du cerveau est altérée. Le stress chronique limite la concentration sur le présent, réduisant ainsi la capacité de planification à long terme ou d'évaluation des risques. Une étude de 2013 publiée dans *Science* a révélé que la pénurie financière peut réduire les fonctions cognitives jusqu'à l'équivalent d'une perte de

13 points de QI – un déficit comparable aux effets du manque de sommeil.

En d'autres termes, le mode survie n'est pas un défaut de caractère. Il s'agit d'une adaptation neurologique et émotionnelle à la précarité. Mais ce qui est initialement adaptatif peut devenir restrictif. Les personnes habituées aux crises ont souvent du mal à retrouver la stabilité, même lorsque leur situation change. Des habitudes comme accumuler des liquidités, éviter d'investir, sous-performer ou procrastiner financièrement peuvent persister car elles leur semblent familières. Le système nerveux, ayant intériorisé la peur comme base, interprète le calme comme un risque. Même l'idée de « vision » peut paraître indulgente ou dangereuse pour une personne dont l'identité financière s'est forgée dans la contrainte.

C'est pourquoi le passage à la vision n'est pas simplement une question de revenus. Il s'agit d' une question *de permission*: la permission intérieure de voir plus grand, de planifier plus loin et d'agir proactivement plutôt que défensivement. La vision invite chacun à se demander: *« Qu'est-ce que je construis? » Quel genre de vie est-ce que je veux que mon argent soutienne? À quoi cela ressemblerait-il si je concevais mes finances plutôt que de les subir ?*

Pour opérer cette transition, il faut d'abord reconnaître les signes d'un enlisement dans une logique de survie. Ceux-ci peuvent inclure une anxiété financière constante, même lorsque les factures sont payées, une incapacité à établir des plans à long terme, un sentiment de culpabilité face aux dépenses liées aux loisirs ou à la créativité, ou une obsession excessive de la prudence, qui frise la paralysie. Cette prise de conscience permet de cultiver de nouvelles habitudes, non pas par la honte, mais grâce à un soutien structuré.

Un cas d'étude pertinent est celui de Sofia, graphiste qui a passé la majeure partie de sa vingtaine au chômage et au jour le jour. Au début de la trentaine, son activité indépendante avait connu une croissance constante et elle avait épargné six mois de dépenses. Pourtant, elle évitait toujours de consulter son compte bancaire, refusait d'augmenter ses tarifs et se disait qu'elle était « nulle avec l'argent ». En thérapie, elle a réalisé que ses comportements financiers étaient ancrés non pas dans la logique, mais dans la peur, plus précisément celle de retomber dans la pénurie. Accompagnée, elle a commencé à mettre en œuvre des stratégies visionnaires: se fixer des objectifs de revenus trimestriels, automatiser son épargne, investir dans le développement de ses compétences et planifier un congé sabbatique pour voyager. Sa situation financière n'avait pas changé du jour au lendemain, mais sa perception de l'argent, si. Elle était passée de la défense au design.

Le mode visionnaire n'annule pas la prudence. Il la repositionne simplement. Plutôt que d'éviter complètement le risque, les penseurs visionnaires apprennent à prendre des risques *éclairés* au service de résultats à long terme. Ils comprennent la notion de coût d'opportunité, non seulement en termes d'argent, mais aussi de temps, d'énergie et de potentiel. Ils savent que jouer constamment pour ne pas perdre est différent de jouer pour gagner. Concrètement, cela peut signifier choisir d'investir dans une entreprise, de changer de carrière ou de classe d'actifs même si la décision paraît légèrement inconfortable, car l'inconfort n'est plus confondu avec le danger.

Adopter le mode vision implique notamment de construire des structures qui remplacent la volonté par des systèmes. Le mode survie repose souvent sur la microgestion mentale: gérer les factures, se souvenir des échéances, réagir aux événements financiers au fur et à mesure qu'ils surviennent. Cela engendre une fatigue cognitive et renforce le stress. Le mode vision, en revanche, externalise la prise de décision. Les budgets sont prédéfinis pour refléter les valeurs. Les paiements et l'épargne sont automatisés. Les analyses financières sont effectuées dans les délais. Ces systèmes n'éliminent pas l'incertitude, mais ils réduisent le fardeau émotionnel que cela représente.

Les stratégies financières visionnaires abordent également le temps différemment. Le mode survie se concentre exclusivement sur le présent ou l'avenir à court terme. Le mode vision intègre plusieurs horizons temporels, planifiant sur cinq, dix, voire vingt ans. Il ne s'agit pas de prévisions rigides, mais de directionnalité. Il crée un récit financier en phase avec les objectifs de vie profonds: devenir propriétaire, créer un patrimoine générationnel, soutenir une cause, prendre une retraite anticipée, financer ses études ou prendre des risques créatifs. Sans un tel récit, l'argent devient sans but. Avec lui, il devient directionnel.

Une caractéristique particulièrement transformatrice du mode vision est l'accent mis sur *l'action* . En mode survie, le lieu de contrôle est externe: krach boursier, augmentation des loyers, disparition des clients. Les individus se sentent à la merci des circonstances. En mode vision, le contrôle est internalisé, non pas au sens de nier la réalité, mais au sens de reprendre son influence. La question passe de « Que m'arrive-t-il? » à « Comment puis-je réagir stratégiquement à ce qui se passe? » Ce changement cognitif restaure l'autonomie et élargit les options perçues.

Pourtant, passer de la survie à la vision nécessite souvent de surmonter un fossé de résistance émotionnelle. Nombreux sont ceux qui portent des croyances intériorisées qui limitent leur capacité à envisager l'argent avec plus d'ouverture. Ils craignent d'être jugés, de perdre leur communauté ou de devenir quelqu'un qu'ils ne reconnaissent pas. Il peut également exister des schémas hérités selon lesquels l'argent est dangereux, corrupteur ou moralement suspect. Il est essentiel de s'attaquer à ces schémas – par le coaching, la communauté ou l'introspection. La vision n'est pas seulement financière ; elle est psychologique, relationnelle et même spirituelle.

Il est important de noter que la réflexion visionnaire ne nécessite pas de disposer d'une fortune considérable. Elle peut débuter à n'importe quel niveau de revenu. Même l'affectation d'une petite partie de ses revenus à un objectif d'avenir – vacances, formation, fonds d'investissement ou don – peut commencer à reprogrammer sa mentalité financière. Ce qui compte, ce n'est pas l'ampleur de l'allocation, mais le changement d'intentionnalité. On dit: « Je ne me contente pas de survivre. Je dirige. » Cet acte, répété au fil du temps, devient le fondement d'une nouvelle identité financière, ancrée dans la souveraineté plutôt que dans la rareté.

Les éducateurs et planificateurs financiers reconnaissent de plus en plus l'importance de ce changement de paradigme. C'est précisément pour cette raison que la thérapie financière, qui intègre l'intelligence émotionnelle à la gestion financière, a gagné en popularité. Comme l'ont observé les praticiens, aucun budget ne tient, aucune stratégie d'investissement ne perdure, à moins que l'état d'esprit sous-jacent n'évolue. L'expansion financière est, fondamentalement, un phénomène comportemental.

Passer de la survie à la vision a également des répercussions. Les individus qui agissent en mode vision ont tendance à devenir des multiplicateurs au sein de leur communauté. Ils partagent leurs connaissances, illustrent les possibilités, encadrent les autres et créent des infrastructures – que ce soit par le biais des affaires, de la philanthropie ou du leadership – qui élèvent les autres . Ainsi, la vision devient non seulement personnelle, mais aussi collective. Elle transforme la croissance financière en une forme de contribution civique.

En fin de compte, passer de la survie à la vision n'est pas une destination, c'est une discipline. C'est une pratique consciente et continue qui consiste à résister à la réactivité fondée sur la peur et à cultiver une clarté stratégique. Il ne s'agit pas seulement d'accumuler des richesses. Il s'agit d'élargir ce qui semble possible – financièrement, émotionnellement et existentiellement.

Vivre en mode vision, c'est refuser de se laisser définir par les contraintes du passé. C'est considérer l'argent non seulement comme un moyen de transaction, mais aussi comme un vecteur de transformation. C'est se demander non seulement: « Puis-je me le permettre? », mais aussi: « Est-ce en adéquation avec ce que je construis? » Ce faisant, nous reprenons notre autonomie, repensons nos récits et concevons des vies financières non seulement durables, mais aussi profondément porteuses de sens.

Accepter la richesse sans culpabilité: l'éthique de la prospérité financière

La richesse a toujours été bien plus qu'une simple question de chiffres. Sa quête, sa possession et sa perception sont imprégnées de récits culturels, de jugements moraux et d'associations personnelles qui façonnent le regard que chacun porte sur l'argent – et sur lui-même. L'un des obstacles les plus omniprésents et les plus tacites à une croissance financière durable est la culpabilité: un sentiment subtil, souvent inexprimé, de honte ou d'indignité qui accompagne l'accumulation de richesses. Cette culpabilité ne nuit pas seulement au bien-être personnel ; elle compromet aussi la capacité à créer un impact, à gérer les ressources de manière responsable et à contribuer significativement au monde.

Pour comprendre comment prospérer financièrement sans culpabilité, il faut d'abord examiner les racines de ce malaise. La culpabilité liée à la richesse découle souvent d'un conditionnement moral précoce. Dans de nombreuses familles, notamment celles aux revenus modestes ou aux convictions religieuses fortes, les enfants grandissent avec l'idée que l'argent est intrinsèquement suspect, un objet de tentation, de cupidité ou de danger spirituel. Des expressions telles que « l'argent ne pousse pas sur les arbres », « être riche comme un roc » ou « plus d'argent, plus de problèmes » ne sont pas des expressions anodines ; ce sont des scripts culturels qui façonnent les croyances subconscientes. Ces messages sous-entendent que la réussite financière est soit le résultat de l'exploitation, soit le précurseur d'un compromis moral.

Ces récits sont encore renforcés par les représentations médiatiques. La culture populaire a longtemps dressé un parallèle entre les « pauvres vertueux » et les « riches corrompus ». Que ce soit dans la littérature, le cinéma ou la télévision, la richesse est souvent présentée comme synonyme d'arrogance, de froideur ou de faillite morale, tandis que ceux qui ont des difficultés financières sont présentés comme humbles, authentiques et méritants. Ces archétypes peuvent rendre extrêmement difficile pour les individus – en particulier ceux qui s'engagent pour le bien commun, l'expression créative ou l'entrepreneuriat éthique – de se sentir à l'aise avec leur propre croissance financière. Par conséquent, ils peuvent inconsciemment s'autolimiter, sous-estimer leurs dépenses, refuser des opportunités ou dissiper leur richesse aussi vite qu'elle est acquise.

Les exemples concrets abondent. Prenons le cas de Noor, une acupunctrice et éducatrice bien-être hautement qualifiée qui a développé son activité pendant la pandémie pour répondre à une demande croissante. Malgré l'essor de sa clientèle et la forte augmentation de ses revenus, elle se sentait en proie à un certain malaise. Elle évitait de consulter son compte bancaire, peinait à fixer des tarifs viables et éprouvait des tensions relationnelles lorsqu'elle parlait d'argent. En y réfléchissant plus attentivement, Noor a réalisé qu'elle avait intériorisé la conviction que son travail de guérison était incompatible avec l'abondance financière – que le profit déprécierait d'une certaine manière sa raison d'être. Grâce au coaching et à la thérapie financière, elle a commencé à repenser la richesse non pas comme une contradiction avec sa mission, mais comme une source d'énergie pour celle-ci. Elle a restructuré son modèle économique pour inclure des options d'accès communautaire aux offres premium, lui permettant de prospérer tout en respectant ses valeurs.

Cette redéfinition est cruciale. Pour véritablement appréhender la richesse sans culpabilité, il est essentiel de dissocier la notion d'argent de la pureté ou de l'impureté morale. L'argent n'est ni bon ni mauvais en soi: c'est une énergie neutre. Sa dimension éthique découle de son *application* et de *son intention* . Un revenu important tiré de pratiques d'exploitation peut en effet être éthiquement discutable. Mais la richesse acquise grâce à un travail cohérent et axé sur des valeurs – par le service, la créativité, l'innovation ou la gestion responsable – n'est pas seulement éthique ; elle est nécessaire pour étendre la portée et la résilience de ce travail. Le malaise lié à la richesse provient souvent de l'amalgame entre *les moyens* et *les fins* , et de la confusion entre la possession d'argent et le but de la vie. Mais lorsque l'argent est perçu comme un outil et non comme un objectif, il devient un serviteur de l'intégrité, et non une menace pour celle-ci.

Un autre niveau de culpabilité lié à la richesse naît de la comparaison. Dans un monde où les inégalités sont criantes, accumuler des richesses pendant que d'autres peinent peut sembler éthiquement problématique. Cette tension est légitime, mais elle ne doit pas être paralysante. Une réponse saine aux inégalités ne réside pas dans l'austérité auto-imposée, mais dans une redistribution consciente et une contribution systémique. Ceux qui en ont les moyens sont particulièrement bien placés pour orienter leurs capitaux vers des changements positifs, par le biais de la philanthropie, de l'investissement d'impact, de pratiques d'emploi équitables ou simplement en incarnant des valeurs économiques alternatives. Le ressentiment envers la richesse provient souvent de son accumulation, et non de son existence. Lorsque la richesse circule –

lorsqu'elle est mise en mouvement avec un but précis – elle profite non seulement à l'individu, mais aussi à l'écosystème qui l'entoure.

Prenons l'exemple de Tomas et Lena, cofondateurs d'une agence de design durable. Après avoir décroché un important contrat, leur chiffre d'affaires annuel a doublé. Au lieu de se détourner de leur nouvelle fortune, ils se sont attachés à leurs valeurs. Ils ont offert une participation aux bénéfices à leurs employés, investi dans des projets communautaires locaux et commencé à encadrer de jeunes entrepreneurs issus de milieux sous-représentés. Leur succès n'a pas affaibli leur éthique ; il l'a amplifiée. Ce qui a permis cela, c'est leur refus de se laisser séduire par la culpabilité. Ils ont compris que se sentir coupable face à l'argent était une distraction ; que leur responsabilité ne résidait pas dans la dissimulation de leur richesse, mais dans son utilisation consciente.

D'un point de vue psychologique, la culpabilité se nourrit également du silence. Nombreux sont ceux qui nourrissent un malaise tacite face à l'argent, faute d'avoir trouvé le langage ou le cadre pour en parler ouvertement. L'argent reste un sujet tabou dans de nombreux foyers et cercles sociaux, en particulier dans les cultures où parler de richesse est perçu comme maladroit, dangereux ou honteux. Ce silence engendre l'ignorance, l'isolement et l'anxiété. L'un des antidotes les plus efficaces est le dialogue: engager des conversations honnêtes et nuancées sur la richesse, les valeurs et les aspirations. Ces conversations créent un espace de conscience de soi, d'apprentissage et, finalement, de libération des schémas hérités.

Concrètement, ce changement exige un engagement constant en faveur de la clarté. Ceux qui souhaitent prospérer financièrement sans culpabilité doivent exprimer clairement leurs valeurs financières et adapter leurs comportements en conséquence. À quoi ressemble le « suffisant »? Quel rôle l'argent devrait-il jouer dans la vie créative, familiale ou citoyenne? Quels mécanismes, tels que les plans de dons, les investissements éthiques ou l'engagement communautaire, peuvent garantir que la richesse reste ancrée dans le service? Ces questions n'ont pas de réponse universelle. Mais les poser consciemment permet de se réapproprier le récit et de transformer la culpabilité en guide.

Fondamentalement, ce travail n'est pas seulement individuel. Il est culturel. À mesure que de plus en plus de personnes remettent en question le binôme culpabilité-richesse et adoptent un modèle de prospérité intégrée, de nouveaux archétypes émergent: ceux du leader généreux, du guérisseur ingénieux, de l'investisseur éthique, de l'activiste prospère. Ces identités brisent la fausse dichotomie entre épanouissement spirituel et abondance financière. Elles suggèrent un monde où la prospérité n'est pas une marque d'ego, mais d'évolution.

Les établissements d'enseignement, les conseillers financiers et les leaders d'opinion ont également un rôle à jouer. L'éducation financière doit dépasser la budgétisation et l'investissement pour inclure l'intelligence émotionnelle, l'identité et l'éthique. Le coaching patrimonial et la thérapie financière sont des domaines en plein essor, précisément parce qu'ils reconnaissent que l'argent n'est pas seulement une question de mathématiques, mais aussi de sens. En créant des espaces où les clients peuvent explorer ces dimensions sans jugement, les professionnels contribuent à démanteler les barrières intériorisées à l'abondance.

En fin de compte, accepter la richesse sans culpabilité, c'est honorer la pleine expression de l'épanouissement humain. C'est dire: je n'ai pas besoin de m'excuser de prospérer. Je ne réduirai pas ma réussite pour apaiser le malaise des autres. Et je ne confondrai pas sacrifice et vertu lorsque stratégie et gestion peuvent faire plus de bien . La culpabilité peut nous envahir, mais elle n'est pas forcément ancrée en nous. C'est un signal de réflexion, et non une condamnation à la stagnation.

En revendiquant la richesse comme une dimension naturelle, méritée et utile de la vie, les individus se libèrent non seulement eux-mêmes, mais aussi leur entourage. Ils deviennent des modèles de ce qui est possible lorsque éthique et abondance se rencontrent – non pas en contradiction, mais en collaboration. Ce faisant, ils réécrivent le scénario culturel: de la richesse honteuse à la richesse souveraine, de l’argent fardeau à l’argent bien géré.

Le cercle de l'expansion: comment l'état d'esprit, le revenu et les opportunités se renforcent mutuellement

Il existe une boucle de rétroaction subtile mais profonde qui opère sous la surface de chaque vie financière. Elle ne commence pas par un solde bancaire ou une feuille de calcul ; elle commence par un état d'esprit. Nos croyances sur l'argent façonnent nos comportements, qui influencent nos revenus, et ces derniers élargissent ou réduisent les options qui s'offrent à nous. Ces options, à leur tour, renforcent notre état d'esprit actuel ou le remettent en question. Cette dynamique récursive – ce que l'on peut appeler *le cercle d'expansion* – est l'une des forces les plus puissantes, et souvent négligée, des finances personnelles. Lorsque cette boucle est saine, elle peut déclencher une croissance exponentielle. Lorsqu'elle est entravée, elle peut perpétuer silencieusement la stagnation ou la pénurie.

Comprendre ce phénomène nécessite de s'éloigner de l'idée reçue selon laquelle la réussite financière résulterait uniquement de décisions tactiques – budgétisation, épargne, investissement. Si ces outils sont indispensables, ils agissent en aval des croyances. Comme le démontrent de plus en plus les économistes comportementaux et les psychologues financiers, la façon dont les individus *perçoivent* l'argent – ce qu'ils croient possible, permis ou probable – détermine les paramètres de leur réalité financière. Changez d'état d'esprit, et les indicateurs externes suivront . Laissez-le tel quel, et même les meilleures stratégies auront du mal à s'implanter.

Prenons l'exemple de Rafael, un immigré de première génération à qui l'on a appris dès son plus jeune âge que l'argent se gagne par un travail acharné et une frugalité sans faille. Cette croyance lui a été utile durant ses premières années: il a cumulé plusieurs emplois, vécu au-dessous de ses moyens et amassé une modeste épargne. Mais, à l'aube de la trentaine et lorsqu'il a lancé son cabinet de conseil, cet état d'esprit est devenu limitant. Il a résisté à l'idée de développer son entreprise ou d'augmenter ses tarifs, estimant que cela serait « avidité » ou « ingratitude ». Ses revenus ont plafonné, son stress a augmenté et il a commencé à éprouver du ressentiment envers son travail. Ce n'est qu'après avoir suivi des séances de coaching et revisité ces croyances héritées qu'il a commencé à repenser son rapport à l'argent. Alors que son état d'esprit s'orientait vers la suffisance et l'estime de soi, il a commencé à recruter de manière stratégique, à élargir sa clientèle et à fixer des honoraires reflétant sa valeur. Ses revenus ont augmenté, son temps s'est libéré et sa confiance s'est renforcée. Ses nouveaux résultats ont renforcé ses nouvelles convictions, créant un cercle vertueux d'expansion.

Cette dynamique circulaire – état d'esprit, revenu, opportunité, état d'esprit – n'est pas anecdotique. Des recherches en neuroéconomie et en psychologie positive confirment sa validité. Des études ont montré que les personnes qui possèdent ce que les psychologues appellent un « état d'esprit de croissance » en matière de finances – convaincues que leurs capacités financières peuvent s'améliorer avec l'effort – sont plus susceptibles de se fixer des objectifs, de planifier proactivement et de prendre des risques adaptatifs. Ces comportements sont fortement corrélés à l'ascension sociale et à la résilience financière. À l'inverse, un « état d'esprit fixe » – marqué par des croyances telles que « Je suis juste nul avec l'argent » ou « Les gens comme moi n'y arrivent jamais » – est corrélé à l'évitement financier, à de faibles taux d'épargne et à des revenus insuffisants.

Le rôle du revenu dans cette boucle de rétroaction est tout aussi crucial. Si l'état d'esprit détermine la trajectoire, le revenu en fournit le carburant. Un revenu plus élevé, lorsqu'il est aligné avec des valeurs conscientes, élargit le champ des choix disponibles: de meilleurs soins de santé, un logement plus sûr, des opportunités de développement des compétences, des loisirs et un soutien générationnel. Ces choix n'améliorent pas seulement la qualité de vie ; ils renforcent la conviction que la croissance financière est à la fois possible et durable. Ils créent ce que la psychologue Barbara Fredrickson appelle un effet « d'élargissement et de développement », où les expériences positives élargissent le champ de conscience d'un individu et construisent de nouvelles ressources psychologiques pour sa réussite future.

Mais l'inverse est également vrai. Lorsque les revenus sont limités – que ce soit par des inégalités systémiques, des limites auto-imposées ou des croyances incontestées – les options se réduisent. Les individus sont contraints de prendre des décisions sous contrainte, ce qui renforce les discours fondés sur la rareté. Une mère qui refuse une promotion professionnelle faute de services de garde, ou un artiste qui décline une commande par crainte de surfacturation, ne manquent peut-être pas de talent ou d'éthique professionnelle ; ils sont peut-être simplement pris dans un cercle vicieux où de faibles revenus renforcent des croyances limitantes, qui perpétuent des comportements à faible risque et à faible rendement.

Pour sortir de cette boucle, il faut intervenir au niveau des croyances. L'une des interventions les plus efficaces est *l'étirement des mentalités basé sur des données probantes* . Cela implique d'adopter délibérément des comportements qui contredisent les anciens discours, générant ainsi de nouvelles données internes. Par exemple, une personne convaincue que « personne ne me paiera plus que cela » peut tester cette croyance en proposant un tarif plus élevé à un client, et découvrir que celui-ci est accepté. Cet événement singulier peut remettre en question des années de programmation interne, offrant un nouveau discours: « J'ai peut-être sous-estimé ma valeur. »

Ces actions qui bouleversent les croyances ne sont pas toujours agréables. En fait, elles suscitent souvent des résistances. Pourtant, elles sont essentielles. Sans elles, le cercle d'expansion ne peut s'auto-alimenter. Il devient un circuit brisé, l'état d'esprit étant déconnecté de l'action et l'action déconnectée du résultat. Lorsque la boucle est intacte, chaque composante alimente et renforce les autres. C'est l'essence même de la capitalisation, non seulement en finance, mais aussi dans la perception de soi.

Les outils numériques peuvent soutenir ce processus. Les applications de budgétisation qui suivent l'évolution des revenus au fil du temps, les plateformes visuelles de définition d'objectifs et les tableaux de bord de patrimoine fournissent tous des preuves tangibles des progrès. Ces preuves renforcent la confiance, ce qui encourage à passer à l'action. Mais la technologie seule ne suffit pas sans une intégration émotionnelle et psychologique. C'est là qu'interviennent les pratiques réflexives telles que la tenue d'un journal, le coaching et le mentorat par les pairs, offrant l'espace nécessaire pour remettre en question les anciens scénarios et les remplacer par de nouveaux récits générateurs.

Un exemple notable est celui du réseau d'entrepreneurs Conscious Capital Collective, qui aide les entrepreneurs à intégrer la conscience de la richesse à l'impact social. Les membres partagent régulièrement non seulement la croissance de leur chiffre d'affaires, mais aussi les changements de mentalité qui l'ont permise, comme la guérison de la honte financière, la libération d'un sentiment de culpabilité hérité ou l'adoption d'une ambition éthique. Ces témoignages d'entre eux servent de preuves collectives, élargissant ce que les membres croient possible pour eux-mêmes. Ainsi, le cercle d'expansion devient non seulement personnel, mais aussi collectif.

Il est important de ne pas confondre le cercle d'expansion avec une croissance linéaire ou automatique. Il est itératif, souvent chaotique et sujet à des revers. Des difficultés financières, des rejets ou des habitudes improductives peuvent perturber temporairement la boucle. Mais une fois la dynamique fondamentale comprise, la récupération est plus rapide. L'individu ne considère plus les revers comme des verdicts, mais comme des variables. Cette flexibilité psychologique est la marque d'une boucle de rétroaction saine: elle s'adapte, se réajuste et se poursuit.

Ce modèle comporte également une dimension morale. En développant leur capacité à gagner, à épargner et à investir, les individus développent leur capacité d'influence. Le revenu devient non seulement un indicateur de réussite, mais aussi un multiplicateur de valeurs. Une personne financièrement autonome dispose de davantage de marge de manœuvre pour soutenir des causes, financer des innovations, employer d'autres personnes et être un modèle de richesse consciente pour sa communauté. En ce sens, le cercle vicieux de l'expansion n'est pas une quête égoïste, mais une contribution systémique. Lorsque des mentalités financières saines circulent au sein des familles, des organisations ou des communautés, elles créent des répercussions qui vont bien au-delà des comptes bancaires individuels.

Pourtant, rien de tout cela n'est possible sans une prise de conscience fondamentale: l'état d'esprit n'est pas statique, le revenu n'est pas une fatalité et les options ne se limitent pas à ce que l'on voit aujourd'hui. Le cercle vicieux de l'expansion commence par un simple changement de mentalité, mais il ne s'arrête pas là. Il doit être renforcé par un comportement délibéré, des choix stratégiques et une réflexion continue. Il ne s'agit pas de motivation superficielle ; il s'agit d'une architecture comportementale. C'est la différence entre une vie financière façonnée par la réaction et une vie conçue par l'intention.

Vivre dans un cercle vicieux d'expansion, c'est passer de l'impuissance à l'action, de la pénurie à la suffisance, de l'endurance passive à la création active. C'est reconnaître que l'argent ne change pas qui nous sommes ; il révèle à quel point nous croyons mériter le changement. Et dans cette conviction réside le pouvoir silencieux et radical de concevoir une vie financière non limitée par la peur, mais guidée par la croissance.

Risque, courage et croissance financière: repenser la psychologie de la prise de décision audacieuse

La croissance financière, en particulier celle qui permet non seulement d'accroître les comptes bancaires, mais aussi de développer l'autonomie personnelle, se déroule rarement de manière linéaire. Elle est façonnée non seulement par la stratégie, mais aussi par la psychologie du risque: par la volonté d'affronter l'incertitude, de dépasser les limites habituelles et d'agir malgré la peur. Qu'il s'agisse de créer une entreprise, d'investir sur un marché volatil, de demander une augmentation ou de présenter une nouvelle offre, la capacité à prendre des risques intelligents est un élément clé de la maturité financière. Pourtant, pour beaucoup, le risque est synonyme d'imprudence. L'inconfort qu'il suscite entraîne souvent l'évitement, l'hésitation ou la paralysie. Pour prospérer financièrement, il faut cultiver une nouvelle relation au risque, une relation qui ne se définit pas par l'imprudence, mais par le courage.

Fondamentalement, le risque implique de prendre des décisions sans garantie de résultat. C'est une confrontation avec l'inconnu. Mais toutes les inconnues ne se valent pas. En finance, le risque n'est pas une variable binaire, mais un continuum. Il existe des risques stratégiques mesurés, avec un potentiel de hausse asymétrique (rendement potentiel élevé, baisse limitée), et des paris aveugles, alimentés par le désespoir ou l'ego. La distinction ne réside pas dans l'absence de peur, mais dans la présence de discernement. C'est là que la psychologie prend toute son importance: la façon dont nous percevons, évaluons et réagissons au risque détermine non seulement nos résultats financiers, mais aussi notre trajectoire de croissance.

L'économie comportementale étudie ce phénomène depuis longtemps. Les travaux pionniers de Daniel Kahneman et d'Amos Tversky ont révélé que les humains sont bien plus sensibles aux pertes qu'aux gains équivalents – un concept connu sous le nom d'aversion aux pertes. La peur de perdre 100 £ a un impact émotionnel plus fort que le plaisir de gagner la même somme. Ce biais conduit de nombreuses personnes à éviter des opportunités, même lorsque les probabilités sont rationnellement en leur faveur. Il explique également pourquoi certaines personnes peuvent conserver des emplois sous-payés, éviter d'investir ou refuser de développer une entreprise, tout en sachant que la stagnation comporte des coûts cachés.

Pour repenser le risque, il faut repenser la peur. Le courage est souvent interprété à tort comme l'absence de peur, alors qu'il s'agit en réalité de la capacité d'agir *malgré* la peur. Les neurosciences montrent que la peur n'est pas seulement un état psychologique, mais aussi physiologique. Face à l'incertitude, l'amygdale cérébrale active une réaction de menace, inondant le corps de cortisol et d'adrénaline. Cela peut détourner la pensée rationnelle et pousser les individus à adopter un comportement trop conservateur. Cependant, avec de la sensibilisation et de l'entraînement, les individus peuvent développer une tolérance à cet inconfort et prendre malgré tout des décisions conformes à leurs valeurs.

Une méthode efficace pour y parvenir consiste à recontextualiser le risque par le récit. Au lieu de se demander: « Et si ça tournait mal? », on peut se demander: « Quel est le coût de l' *inaction*? » Le risque est alors recadré non pas comme une perte potentielle, mais comme une opportunité manquée. Par exemple, un entrepreneur qui évite d'augmenter ses prix par crainte de se mettre ses clients à dos pourrait plutôt se demander: « Quel est le coût à long terme de la sous-évaluation de ma valeur? » De même, un professionnel hésitant à négocier une augmentation de salaire pourrait se demander: « En quoi le silence renforce-t-il la sous-évaluation systémique, non seulement pour moi, mais aussi pour ceux qui me succèdent? »

Prenons l'histoire de Raj, un chef de produit qui n'avait pas reçu d'augmentation de salaire depuis quatre ans, malgré des performances constamment supérieures à ses objectifs. Il craignait que demander une augmentation ne le fasse paraître ingrat ou ne mette en péril son poste. Mais après qu'un mentor l'a encouragé à préparer un argumentaire axé sur la valeur, Raj a recadré son malaise. Il a compris que rester silencieux n'était pas neutre, mais complice de sa propre sous-estimation. Il a sollicité un rendez-vous, présenté ses résultats et des données de marché, et demandé une augmentation de 20 %. Son responsable a accepté sans hésiter. Les revenus de Raj ont augmenté, mais surtout, sa confiance en lui aussi. Cet acte de courage est devenu une référence pour les négociations, les investissements et les décisions de leadership futurs. Un risque calculé a remodelé son image de soi.

Ce concept de points de référence est crucial. Chaque fois qu'un individu prend un risque intelligent et survit – ou mieux encore, prospère –, sa carte mentale se reconfigure. Il commence à se percevoir comme capable de naviguer dans l'ambiguïté. Ces expériences construisent ce que le psychologue Albert Bandura appelle « l'auto-efficacité » – la croyance en sa capacité à influencer les résultats. Une auto-efficacité élevée est fortement corrélée à la réussite entrepreneuriale, à l'avancement professionnel et à l'accumulation de richesses.

En affaires, le risque n'est pas facultatif ; il est fondamental. Aucune innovation ne naît de la certitude. Pourtant, de nombreux entrepreneurs sabotent leur propre expansion en évitant les risques cruciaux: se lancer avant d'avoir perfectionné leur entreprise, embaucher avant d'être pleinement prêt, présenter leur projet à des clients plus importants ou s'adapter aux réactions du marché. La différence entre ceux qui évoluent et ceux qui stagnent ne réside souvent pas dans l'intelligence ou le financement, mais dans leur seuil de risque. Ont-ils la souplesse psychologique nécessaire pour s'adapter? Peuvent-ils supporter les blessures d'ego liées à des expériences ratées sans abandonner leur vision ?

Une croissance financière courageuse implique également une prise de risque en matière d'investissement, un domaine qui déclenche des réactions psychologiques profondes. Pour les nouveaux investisseurs, la volatilité des marchés peut être perçue comme menaçante, voire immorale. L'investissement émotionnel – acheter à prix fort en période d'euphorie et vendre à bas prix en période de panique – est un modèle bien connu. Pourtant, ceux qui cultivent l'état d'esprit d'un investisseur comprennent que volatilité n'est pas synonyme de perte. Ils considèrent les baisses comme des opportunités d'achat et les gains comme des récompenses pour un positionnement à long terme. Ils comprennent la différence entre *spéculation* et *investissement* , et élaborent des règles pour les deux.

Une pratique utile consiste à évaluer les risques potentiels sous l'angle de l'asymétrie. Quel est le pire scénario et dans quelle mesure est-il récupérable? Quel est le meilleur scénario et dans quelle mesure pourrait-il être transformateur? Cette approche permet de désamorcer la peur et de la remplacer par un calcul stratégique. Le risque n'est plus à éviter, mais à gérer, grâce à la diversification, à la préparation et à une prise de décision réfléchie.

L'auto-représentation, en particulier pour les groupes marginalisés, est un autre domaine où risque et courage se croisent. Les femmes, les personnes de couleur et les professionnels de première génération sont souvent confrontés à des préjugés tacites lorsqu'ils affirment leur valeur. Demander – qu'il s'agisse de financement, de visibilité ou de rémunération – peut être non seulement inconfortable, mais aussi dangereux. Les schémas culturels sur l'humilité, la déférence ou le fait d'« attendre son tour » aggravent cette anxiété. Pourtant, refuser de demander contribue souvent à maintenir les inégalités structurelles.

Cette affirmation est étayée par un nombre croissant de recherches sur le « déficit de demande » – ce phénomène selon lequel les personnes sous-représentées sont moins susceptibles de négocier des offres ou de réclamer des ressources, ce qui entraîne un désavantage financier cumulatif. Les programmes qui enseignent l'affirmation de soi, la négociation et la définition de limites commencent à combler ce fossé, mais le principal défi reste psychologique. Il ne s'agit pas seulement d'apprendre des scénarios ;

il s'agit de revendiquer un droit – non pas au sens péjoratif, mais au sens légitime du mérite.

Les outils pratiques sont utiles, mais les changements de mentalité sont les plus importants. Il faut commencer à considérer le courage non pas comme un acte de rébellion, mais comme une composante normale de la maturité financière. Prendre des risques calculés n'est pas une trahison de son passé ; c'est souvent l'accomplissement de ses sacrifices. Prendre un risque ne signifie pas toujours quitter un emploi, investir en bourse ou lancer une start-up. Cela peut signifier dire « non » à un client qui vous épuise, tester un nouveau modèle de tarification ou admettre qu'une stratégie ne fonctionne plus. Ce sont des micro-risques, mais ils sont les éléments constitutifs du changement macroéconomique.

Les institutions qui façonnent les comportements financiers – écoles, familles et entreprises – doivent également évoluer. La maîtrise du risque doit être intégrée à l'éducation financière. Les discussions sur la richesse doivent inclure la résilience émotionnelle, la normalisation de l'échec et l'ambition éthique. Ce n'est qu'alors que les individus développeront non seulement la capacité de gérer leur argent, mais aussi le courage de poursuivre une croissance financière significative.

Prendre des risques, c'est se placer au seuil du possible. C'est dire: je choisis de ne pas laisser la peur dicter mes décisions. Je suis prêt à accepter l'inconfort pour une vie financière plus épanouissante. Et je suis convaincu que les bénéfices d'une action intègre – qu'ils soient matériels, psychologiques ou spirituels – valent la vulnérabilité qu'implique la demande, la promotion ou l'investissement.

Le courage financier ne signifie pas l'absence de risque. C'est l'art d'aborder le risque avec sagesse, créativité et en pleine conscience de ses valeurs. C'est une compétence qui se développe avec le temps, réécrivant non seulement l'histoire de ses finances, mais aussi celle de sa personnalité et de ses capacités. C'est, tout simplement, le seuil entre le passé et l'avenir, si l'on osait.

Créer un environnement financier qui vous soutient: concevoir des systèmes pour une richesse durable

L'une des variables les plus sous-estimées de la croissance financière à long terme n'est ni le talent, ni la discipline, ni même les connaissances, mais l' *environnement* . La plupart des conseils financiers se concentrent sur le comportement individuel: gagner plus, mieux épargner, investir judicieusement. Mais un comportement ne se produit pas en vase clos. Il est façonné, influencé, contraint ou renforcé par l'environnement dans lequel il se produit. Tout comme les athlètes de haut niveau conçoivent des espaces d'entraînement qui optimisent leurs performances, ceux qui souhaitent bâtir un patrimoine durable doivent concevoir des environnements financiers qui soutiennent, plutôt que de saboter, leurs ambitions. Ce n'est pas une question d'esthétique ou de commodité ; c'est une question de structure, de psychologie et d'alignement.

Pour créer un environnement propice à l'expansion financière, nous devons prendre en compte cinq domaines clés: l'espace physique, les systèmes numériques, l'architecture temporelle, les relations sociales et les récits internes. Chacun de ces éléments agit comme un levier ou un frein. Bien calibrés, ils réduisent les frictions, améliorent la clarté et font de la réussite un processus fluide et fluide.

L'espace de travail physique, bien qu'apparemment anodin, exerce une influence subtile mais puissante sur le comportement financier. Un bureau encombré reflète souvent un état d'esprit désordonné, où les factures restent impayées, les reçus se perdent et les tâches administratives sont reportées. À l'inverse, un espace de travail propre et bien pensé favorise la concentration, la proactivité et le respect des tâches à accomplir. Des recherches menées par le Princeton Neuroscience Institute ont montré que le désordre physique accapare notre attention, réduisant ainsi les performances et augmentant le stress. Pour les entrepreneurs, les freelances et les télétravailleurs, la différence entre stagnation et dynamisme financier réside peut-être en partie dans le fait que leur environnement favorise la discipline ou la distraction.

Les outils numériques constituent le système nerveux de la vie financière moderne. Virements automatisés, applications de budgétisation, tableaux de bord visuels, logiciels de préparation des déclarations de revenus: ce ne sont pas des luxes ; ce sont des échafaudages. Leur véritable puissance ne réside pas seulement dans leur fonctionnalité, mais dans leur automatisation. Lorsque les systèmes sont automatisés, la fatigue décisionnelle diminue et la cohérence s'améliore. Par exemple, la mise en place d'un virement mensuel automatique sur un compte d'épargne à intérêt élevé élimine la nécessité de négocier avec soi-même concernant l'épargne. Cela impose un comportement qui, laissé à la seule volonté, pourrait se produire sporadiquement, voire pas du tout. Les meilleurs environnements financiers ne reposent pas sur une motivation constante ; ils sont conçus pour que les actions par défaut soient les bonnes.

Le temps est aussi une forme de capital. Pourtant, il est souvent gaspillé dans des tâches à faible effet de levier et offrant un faible rendement financier. Un environnement favorable comprend une *architecture de calendrier* privilégiant les activités génératrices de revenus et la réflexion stratégique. Par exemple, réserver un temps hebdomadaire à la revue financière (analyse des flux de revenus, prévision des dépenses, mise à jour des objectifs) transforme la gestion financière d'une simple réaction ponctuelle aux crises en une routine normalisée. Ceux qui intègrent la gestion financière à leur rythme régulier constatent une diminution de l'anxiété, une confiance accrue et une prise de décision plus stratégique. Ils cessent de réagir à l'argent et commencent à le *gérer* .

L'environnement social est peut-être la dimension la plus puissante – et la plus négligée – de la croissance financière. En tant qu'êtres sociaux, les humains sont profondément influencés par les attitudes, les normes et les comportements de leur entourage. Si vous êtes entouré de personnes qui perçoivent la richesse comme corrompue, risquée ou inaccessible, il devient difficile d'incarner un discours différent sans culpabilité ni friction. À l'inverse, la proximité avec des pairs financièrement autonomes normalise la réussite, élargit les perspectives et offre des connaissances pratiques qui ne peuvent être acquises uniquement dans les livres.

Prenons l'exemple de Tanya, graphiste qui avait longtemps pratiqué des tarifs bas par crainte du rejet de ses clients. Après avoir rejoint un groupe de réflexion composé d'entrepreneurs créatifs, elle a découvert que ses tarifs étaient non seulement inférieurs au marché, mais aussi intenables. Les encouragements et la transparence du groupe lui ont donné la confiance nécessaire pour augmenter ses tarifs de 40 %. Non seulement elle a conservé la plupart de ses clients, mais elle en a aussi attiré de nouveaux, respectueux de ses tarifs et de son professionnalisme. Ce changement n'était pas dû à une nouvelle compétence, mais à un nouveau *contexte* .

Les environnements en ligne auxquels nous participons ont également leur importance. Les réseaux sociaux peuvent renforcer la pensée de la rareté ou exacerber les pulsions consuméristes, selon les algorithmes que nous alimentons. Organiser ses apports numériques – suivre des sources d'information financière, participer à des forums d'investisseurs, s'abonner à des newsletters de qualité – crée une immersion quotidienne dans un contenu informatif et inspirant plutôt que distrayant et déformant. Ces décisions ne sont pas anodines. Elles façonnent ce que nous croyons possible et influencent les actions que nous sommes prêts à entreprendre.

L'environnement émotionnel et psychologique, l'espace intérieur dans lequel les décisions financières sont prises, est tout aussi important. Aucune application de gestion budgétaire ne peut compenser un critique intérieur qui vous dit: « Vous êtes nul avec l'argent. » Aucun plan d'investissement ne peut prospérer dans l'ombre de la culpabilité, de la honte ou du syndrome de l'imposteur. Un environnement financier favorable comprend des pratiques introspectives régulières qui aident à faire émerger, remettre en question et recadrer les croyances limitantes. La tenue d'un journal, le coaching, la thérapie et même les pratiques somatiques comme la respiration ou la méditation ne sont pas accessoires: ils sont essentiels. Ils contribuent à ce que votre environnement intérieur ne sabote pas vos efforts externes.

Ce travail intérieur conduit souvent à réancrer son identité financière. Au lieu de se considérer comme quelqu'un qui « survit à peine » ou qui « n'est pas doué avec les chiffres », le discours devient celui d'une gestion consciente, d'une croissance stratégique et d'une confiance en soi. Ce changement se répercute à l'extérieur. Une nouvelle identité influence de nouvelles habitudes, qui renforcent de nouveaux résultats, et qui, à leur tour, renforcent l'identité. C'est un cercle vicieux, mais qui commence par le contexte.

Créer un environnement financier favorable n'est pas un acte ponctuel: c'est un processus itératif. Les étapes de la vie changent, les objectifs évoluent, les relations se transforment et les systèmes doivent s'adapter. La clé réside dans une conception intentionnelle: se demander régulièrement: mon environnement actuel reflète-t-il et soutient- *il le patrimoine que je souhaite bâtir?* Si ce n'est pas le cas, quels ajustements, petits ou grands, peuvent faciliter l'alignement et réduire la résistance ?

L'environnement financier n'est pas synonyme de luxe ou d'optimisation en soi. Il est question d'intégrité: il s'agit d'aligner la structure de la vie quotidienne sur ses valeurs et sa vision financières. Lorsque votre environnement est en phase avec vos aspirations, la constitution d'un patrimoine cesse d'être une ascension constante. Elle devient une ascension bien soutenue.

Il ne s'agit pas de théorie, mais de psychologie architecturale appliquée au monde de l'argent. Elle respecte la réalité: la volonté est limitée, les êtres humains sont des créatures réactives aux signaux et le succès est rarement le fruit de l'héroïsme, mais souvent le fruit d'une conception intelligente. En rendant les bons comportements plus faciles et les mauvais plus difficiles, on n'a pas besoin de plus de discipline, mais de moins.

En fin de compte, la richesse ne se construit pas uniquement dans des feuilles de calcul. Elle se construit dans les choix discrets du quotidien: les applications auxquelles vous faites confiance, les personnes que vous appelez, les messages que vous lisez, les espaces que vous fréquentez et les convictions que vous portez. Si ces éléments sont cohérents avec vos aspirations financières, ils vous propulseront vers l'avant avec une grâce subtile mais inébranlable. Dans le cas contraire, vous vous retrouverez à lutter contre des courants invisibles.

Concevez avec sagesse. L'environnement que vous choisissez – ou non – façonnera non seulement votre compte en banque, mais aussi votre conviction en vos capacités de création.

Conclusion
La réinitialisation n'est que le début

Vous n'avez jamais vraiment été « mauvais avec l'argent ». Ce dont vous avez hérité, le plus souvent, c'est d'un scénario – silencieux, tacite et rarement examiné – qui s'est transmis de génération en génération et s'est reproduit silencieusement dans vos habitudes financières. Peut-être a-t-il été façonné par des parents qui vivaient dans la peur de l'instabilité, ou par des attentes culturelles qui associent modestie et vertu, ou même par un système éducatif qui n'a jamais pris la peine d'enseigner les bases – et encore moins les émotions nuancées liées au fait de gagner, de dépenser ou d'épargner. En réalité, la plupart des gens ne sont pas ruinés financièrement ; ils fonctionnent simplement avec une programmation obsolète.

Ce livre n'a jamais eu pour but de vous proposer des solutions miracles ou des astuces budgétaires astucieuses. Il s'agit plutôt d'un appel à repenser votre perception de l'argent: non pas comme un puzzle de chiffres à résoudre, mais comme une expérience profondément humaine à comprendre, à gérer et, finalement, à maîtriser. Nous avons dépassé les bilans et les feuilles de calcul pour explorer les mécanismes sous-jacents: les croyances, les schémas émotionnels, les blessures générationnelles, le langage, les habitudes et les environnements qui façonnent votre vie financière. Et de cette exploration émerge une vérité plus profonde: la transformation financière n'est pas une ligne d'arrivée. C'est une perspective.

En changeant votre perception de l'argent, vous commencez à transformer votre relation avec vous-même. Votre valeur n'est plus liée à votre salaire ou à vos erreurs passées. Vous commencez à reconnaître les signaux émotionnels qui déclenchent des dépenses impulsives, une sous-performance chronique ou une accumulation alimentée par la peur. Plus important encore, vous apprenez à intervenir – avec douceur mais avec discernement – lorsque ces anciens schémas tentent de reprendre le dessus. Et surtout, vous commencez à faire des choix en accord avec vos valeurs et votre vision, plutôt que par peur ou par conformisme social.

Voilà ce que signifie vivre une vie réinitialisée: s'éloigner consciemment de la programmation d'autrui et la remplacer par un système qui reflète vos propres priorités, en constante évolution. Il ne s'agit pas d'un système parfait – il n'existe pas – mais d'un système flexible, conscient de lui-même et réactif aux complexités du quotidien.

Prenons l'exemple d'Elena, une institutrice qui se considérait autrefois comme ignorante en matière financière. Pendant des années, elle a évité de consulter ses relevés bancaires, laissé les décisions importantes à d'autres et dissimulé son malaise derrière un stoïcisme de façade. Mais en appliquant les principes exposés ici, elle a commencé à consigner ses croyances financières dans un journal, révélant un profond sentiment d'inutilité hérité d'un foyer où les femmes ne parlaient tout simplement pas d'argent. Lentement, elle a pris des mesures courageuses: automatiser son épargne, renégocier son salaire, investir dans son développement professionnel. Son changement n'a pas été spectaculaire ni spectaculaire, mais profond. Pour la première fois, ses décisions financières n'étaient pas guidées par la culpabilité ou la honte, mais par la lucidité.

Ce qu'Elena, et bien d'autres, découvrent, c'est que la croissance financière n'est jamais vraiment « terminée ». Franchir une étape importante n'est pas la ligne d'arrivée ; c'est le début d'un nouveau point de départ. La véritable richesse, mesurée non seulement en termes d'argent, mais aussi d'autonomie, de tranquillité d'esprit et de liberté de choix, exige une attention constante. Tout comme la forme physique ou l'intelligence émotionnelle, c'est une relation qui dure toute la vie et qui exige des bilans, des ajustements et un engagement réguliers.

Concrètement, cela signifie revenir souvent à vos convictions. Se demander: « Cette pensée est-elle toujours utile à la vie que je souhaite créer? » Cela signifie considérer votre budget non pas comme un exercice de sacrifice rigide, mais comme l'expression vivante de vos valeurs. Cela signifie réexaminer votre environnement financier, éliminer ce qui ne vous convient plus et cultiver ce qui favorise votre croissance. Et cela signifie vous accorder la grâce de l'erreur sans sombrer dans l'autocritique.

Il y aura des moments où d'anciens programmes reviendront à la surface, lorsqu'un élément déclencheur déclenchera une spirale de pénurie ou que les réseaux sociaux susciteront des comparaisons. Il ne s'agit pas d'un échec, mais d'une maintenance. Et si la maintenance est rarement aussi exaltante qu'une percée, c'est là que la véritable maîtrise prend forme.

donc pas une destination. C'est une porte d'entrée. Le début d'une nouvelle organisation financière, fondée non pas sur un contrôle rigide ou un abandon téméraire, mais sur le discernement, la résilience et la confiance en soi.

Il y a une force tranquille là-dedans. Une fois que vous avez confiance en vous-même avec l'argent – non pas comme un concept abstrait, mais comme une réalité vécue et incarnée – vous cessez de courir après la certitude. Vous cessez de rechercher la validation des autres pour vos choix financiers. Vous ne déléguez plus votre autorité. Et dans cet espace, de nouvelles possibilités commencent à fleurir. Des possibilités de richesse aussi agréables qu'elles en ont l'air. Une générosité qui n'est pas un spectacle, mais profondément utile. Une ambition qui honore votre système nerveux autant que votre patrimoine.

La liberté financière, ainsi formulée, ne consiste pas à fuir ses responsabilités ni à rechercher un état mythique de revenu passif. Il s'agit d'avoir la capacité de réagir – aux défis, aux opportunités, à son objectif changeant – avec intégrité et confiance. Il s'agit de devenir l'auteur de sa vie financière, plutôt que de se contenter d'exécuter le plan de quelqu'un d'autre.

À mesure que vous avancez, ne vous demandez pas: « Ai-je terminé? », mais plutôt: « Qu'est-ce que je construis maintenant? » Car, en réalité, chaque décision – chaque achat, chaque investissement, chaque conversation sur l'argent – est une brique de l'architecture de votre avenir. Et le plan directeur importe bien moins que la conscience que vous apportez au processus de construction.

Vous avez réinventé non seulement votre état d'esprit, mais aussi votre vision. Il ne vous reste plus qu'à l'assumer, à la laisser façonner non seulement vos relevés bancaires, mais aussi votre estime de soi, vos relations, vos choix et, au final, votre héritage.

Si cela vous semble intimidant, eh bien, ça l'est. Mais c'est aussi l'un des travaux les plus significatifs, libérateurs et profondément humains que vous aurez à accomplir.

Ce n'est pas une fin. C'est la première ébauche d'un nouveau départ, un projet que vous pouvez réviser, peaufiner et réimaginer à votre rythme et selon vos propres conditions. Persévérez. La véritable richesse ne réside pas seulement dans la destination, mais dans la conscience qu'enfin, c'est vous qui tenez la plume.

Vous n'êtes pas « mauvais avec l'argent »: vous avez dirigé le programme de quelqu'un d'autre

Pour la plupart des personnes aux prises avec des difficultés financières, le problème n'est pas l'intelligence, la paresse, ni même la discipline. C'est une question de programmation. Des cadres de pensée, d'émotions et d'attentes profonds, souvent invisibles, adoptés bien avant le premier salaire. Nous absorbons ces cadres par nos parents, notre culture, notre religion, les médias, le système scolaire et nos cercles sociaux. Puis, sans jamais donner notre autorisation explicite, nous commençons à vivre selon eux. Ces scénarios empruntés – certains obsolètes, d'autres carrément néfastes – deviennent les systèmes d'exploitation qui dictent silencieusement notre façon de penser le fait de gagner, de dépenser, d'épargner et de mériter.

Être « mauvais avec l'argent » est une histoire, pas un diagnostic. Et comme toutes les histoires, elle peut être réécrite. Mais pour la réécrire, il faut d'abord en comprendre l'origine.

L'enfance offre la première exposition aux comportements financiers, mais pas toujours par des leçons explicites. Pour beaucoup, c'était le non-dit qui avait le plus de poids. Le silence autour de l'argent traduit souvent la honte. Assister à des disputes à propos de factures, ressentir la tension liée à l'insécurité financière ou observer un parent se sacrifier jusqu'à l'épuisement: ces expériences ancrent les croyances plus profondément que n'importe quel sermon. Elles disent à l' enfant: *L'argent est une source de stress. Mieux vaut ne pas en parler. On se dispute à son sujet. On n'en a pas assez. Et on n'en aura probablement jamais assez.*

À l'âge adulte, ces croyances se manifestent de multiples façons: sous-facturer les services, dépenser trop pour avoir un sentiment de contrôle ou de validation momentanée, éviter les décisions d'investissement ou se sentir coupable lorsque tout va bien. Une personne peut comprendre intellectuellement qu'il est judicieux de budgétiser ou d'investir tôt, mais se retrouver incapable d'agir en conséquence. Il ne s'agit pas d'ignorance, mais d'un conflit entre la logique consciente et la programmation inconsciente.

Les cas concrets abondent. Prenons l'exemple de Leah, consultante indépendante d'une trentaine d'années, qui sous-évaluait systématiquement son travail malgré des témoignages élogieux et des clients fidèles. Après quelques recherches, elle a réalisé qu'elle avait intériorisé la conviction qu'« aider les gens ne devrait pas avoir de prix ». Cette conviction lui venait du fait d'avoir observé sa mère, assistante sociale, se débattre financièrement malgré l'admiration pour sa générosité. Il s'est avéré que la tarification de Leah ne reposait pas sur une étude de marché, mais sur une fidélité à une identité qui associait service et sacrifice personnel. Une fois ce constat établi, elle a pu distinguer la valeur qu'elle apportait de la culpabilité qu'elle avait appris à ressentir lorsqu'elle recevait. Sa structure tarifaire a évolué, tout comme ses relations avec ses clients, désormais marquées par des limites plus claires et un respect mutuel.

Ces scénarios sont profondément ancrés. Leur contenu n'est pas toujours erroné, mais leur contexte est souvent erroné. Ce qui a servi votre famille par le passé – l'épargne en temps de guerre, ou la méfiance envers les banques après un effondrement économique – pourrait ne plus servir vos objectifs aujourd'hui. Pourtant, sans remise en question, les croyances héritées continuent de fonctionner en secret. Vous vivez peut-être selon des principes qui ne correspondent plus à votre économie, à vos valeurs ou à votre vision.

C'est pourquoi la transformation financière ne se résume pas à changer les chiffres ; il s'agit de changer les discours qui les sous-tendent. Et ce changement, pour être durable, doit être relationnel. Il doit inclure non seulement vos convictions financières, mais aussi celles que vous avez de vous-même. Nombre de difficultés financières sont des symptômes secondaires d'une perception de soi déformée: je ne suis pas assez bon. Je ne mérite pas la facilité. Si je réussis, je serai jugé. Il ne s'agit pas de problèmes d'argent, mais de distorsions identitaires qui se manifestent à travers des décisions financières.

Pour vous recentrer, commencez par vous poser d'autres questions. Au lieu de vous demander: « Pourquoi n'arrive-je pas à respecter un budget? », demandez-vous: « Quelle histoire suis-je en train de vivre qui donne l'impression de gérer un budget comme une punition? » Au lieu de vous demander: « Pourquoi n'ai-je jamais assez? », demandez-vous: « Qui me dit ce qu'est "assez"? » Ce changement de questionnement transforme la honte en lucidité et la confusion en clarté. Il vous fait passer de l'impuissance à la responsabilité d'auteur.

Cette réinitialisation n'est pas une question de perfection. C'est une question de perspective. On ne peut pas s'attendre à ce qu'une personne ayant grandi en mode survie adopte sans difficulté les comportements associés à la planification patrimoniale à long terme. Se fier à l'abondance, retarder la gratification, prendre des risques stratégiques: tout cela exige une sécurité psychologique. Cette sécurité ne se construit pas du jour au lendemain. Elle se construit par des actes répétés et intentionnels de confiance en soi. Payer une facture à temps. Exiger ce que l'on vaut. Dire non aux obligations qui nous épuisent. Automatiser son épargne. Ce sont de petits gestes, mais ce sont des événements de reprogrammation majeurs. Chacun envoie un nouveau signal à votre système nerveux: *nous sommes en sécurité. Nous sommes capables. Nous construisons.*

C'est là qu'un rééquilibrage devient essentiel. Même si votre situation extérieure évolue, votre structure interne doit s'adapter. Une personne qui gagne plus que jamais peut encore se sentir pauvre. Une personne qui a remboursé ses dettes peut encore avoir l'impression d'être à deux doigts de la ruine. Le subconscient a besoin de temps pour s'adapter. Sans une réflexion et un rééquilibrage réguliers, de vieilles croyances peuvent refaire surface, déformer la perception et saboter le progrès.

C'est pourquoi la transformation financière doit être envisagée comme une perspective à long terme, et non comme un point de pivot unique. Une telle perspective signifie que vous ne cessez jamais de la voir. Vous percevez les décisions, les relations, les opportunités et les échecs à travers un cadre recalibré. Et ce cadre grandit avec vous. Il évolue avec vous.

Par exemple, au début de votre rétablissement financier, la réussite pourrait consister à respecter enfin un budget. Plus tard, cela pourrait signifier donner généreusement sans crainte. Plus tard encore, cela pourrait signifier renoncer sans culpabilité à une opportunité lucrative mais mal adaptée. Chacun de ces actes requiert un niveau différent de connaissance de soi et de confiance. L'essentiel de la transformation ne réside pas dans ce que vous faites de l'argent, mais dans la personne que vous devenez par rapport à lui.

À quoi cela ressemble-t-il au quotidien? Il s'agit de développer une relation durable avec vos finances, incluant des points réguliers, non seulement pour gérer votre budget, mais aussi pour analyser vos croyances. Agissez-vous par peur ou par nouvelle vision? Vos objectifs sont-ils réactifs ou proactifs? Recherchez-vous la sécurité ou visez-vous l'épanouissement ?

Cela signifie également vous entourer d'environnements qui renforcent votre nouvel état d'esprit. Communauté, mentorat, contenu numérique et soutien professionnel façonnent tous l'écosystème financier dans lequel vous évoluez. On ne peut guérir d'un état d'esprit de pénurie en étant plongé dans des récits de peur et de comparaison. Votre environnement doit refléter et soutenir vos intentions, sinon vous retomberez dans vos vieux schémas, non par faiblesse, mais par habitude.

Il ne s'agit pas de blâmer. Il s'agit de responsabilité, celle, puissante et libératrice, qui dit: « *Je n'ai peut-être pas choisi le programme initial, mais je peux choisir de le réécrire.* » Cette réécriture n'a pas besoin d'être radicale. En fait, les changements les plus durables commencent souvent discrètement: choisir des mots différents, s'exercer à la gratitude pour ce qui fonctionne, prendre des décisions bien au-dessus de ce que la peur veut vous maintenir.

La réinitialisation n'est donc pas une fin en soi. C'est un nouveau système d'exploitation. Un système qui honore votre parcours, sans vous en faire prisonnier. Un système qui accueille l'évolution, tolère l'imperfection et célèbre la croissance qui se mesure non seulement en revenus, mais aussi en confiance en soi, en lucidité et en courage.

Vous n'êtes pas « mauvais avec l'argent ». Vous avez hérité de croyances, vous vous êtes adapté à des systèmes et avez réagi aux pressions, souvent sans en avoir fait le choix conscient. Maintenant, avec la conscience, vous reprenez possession de ce choix. Ce n'est pas rien. C'est tout.

Que ceci ne marque pas la fin de votre histoire financière, mais plutôt la revitalisation de votre rôle d'auteur. Que cela vous rappelle que votre richesse ne commence pas dans votre portefeuille, mais dans votre vision du monde. Et que chaque réajustement, aussi minime soit-il, est un acte de souveraineté.

La réinitialisation n'est que le début. Maintenant, vous recommencez, plus intelligemment, plus courageux et enfin, selon vos conditions.

À propos de l'auteur

Rami de Vries est un stratège patrimonial et coach en état d'esprit issu d'une expérience multiculturelle et passionné par la libération du potentiel humain. Mêlant finance comportementale, neurosciences et philosophie ancienne, il aide les individus à reprogrammer leurs croyances limitantes autour de l'argent et de la réussite. Fort de son expérience auprès de clients en Europe, au Moyen-Orient et en Amérique du Nord, Rami offre une perspective globale sur ce que signifie cultiver l'abondance, non seulement en termes de revenus, mais aussi de pensées. « The Wealth Mindset Reset » est son guide pour ceux qui sont prêts à passer de la rareté à l'infini.

www.ingramcontent.com/pod-product-compliance
Lightning Source LLC
LaVergne TN
LVHW042301051026
849519LV00012B/1885

* 9 7 8 9 3 7 1 3 4 5 7 9 8 *